庆祝中国共产党成立100周年

The 100th Anniversary of the Founding of
The Communist Party of China

谨以此书献给中国共产党成立100周年

云南民族大学傈僳学研究中心
怒江州傈僳族文化研究院　　　　　　　　合作项目
中国人类学民族学研究会傈僳学专业委员会

云南省“万人计划”青年拔尖人才专项资助
云南大学青年英才培育计划资助

傈僳学史料丛编

鲁建彪　主编

第一卷

云南大学出版社
YUNNAN UNIVERSITY PRESS

图书在版编目（CIP）数据

傈僳学史料丛编. 第一卷 / 鲁建彪主编. -- 昆明：云南大学出版社，2021
ISBN 978-7-5482-3908-6

Ⅰ.①傈… Ⅱ.①鲁… Ⅲ.①傈僳族－民族历史－史料－中国 Ⅳ.①K285.6

中国版本图书馆CIP数据核字（2020）第000482号

策　　划：朱　军　孙吟峰
责任编辑：徐　曼
装帧设计：刘　雨

傈僳学史料丛编

LISUXUE SHILIAO CONGBIAN

第一卷

鲁建彪　主编

出版发行：云南大学出版社
印　　装：昆明理煋印务有限公司
开　　本：787mm×1092mm　1/16
印　　张：17.25
字　　数：296千
版　　次：2021年6月第1版
印　　次：2021年6月第1次印刷
书　　号：ISBN 978-7-5482-3908-6
定　　价：128.00元

社　　址：云南省昆明市一二一大街182号（云南大学东陆校区英华园内）
邮　　编：650091
电　　话：（0871）65033244　65031071
网　　址：http://www. ynup. com
E-mail：market@ynup. com

若发现本书有印装质量问题，请与印厂联系调换，联系电话：0871-64167045。

前　言

傈僳族是中华民族的重要成员，在漫长的历史长河中，傈僳族创造了灿烂的文化。但因古时候傈僳族没有文字，文化传承只能口耳相传，许多极其珍贵的文化因此失传，不为后人所知。

在中华人民共和国成立之前，民族压迫、民族歧视极其严重，民族之间没有平等。因此，官方文献中对少数民族的记载十分稀少，即便有，也是等闲视之，既不能够完全展现一个民族发展全貌，也不能够反映一个民族灿烂的文化景象。虽然如此，我们依然能够从历史文献中寻找到一些我们民族发展的历史踪迹。

傈僳族是一个勇敢的民族，敢上刀山，敢下火海。历史上，他们在寻找自由生活的乐土中，三次大迁徙，百余次小范围迁徙，以至于形成今天傈僳族跨境而居的大格局。傈僳族的汉文史料记载不但少，而且较为分散，搜集整理十分困难，因此，一直以来没有完整的傈僳族史料著作出版问世。

《傈僳学史料丛编》（共五卷）是在云南大学古永继教授搜集的从唐朝至民国初一千多年有关傈僳族汉文史料和云南民族大学鲁建彪教授主持的国家民委课题《中国傈僳族口述史研究》以及怒江州政协文史委提供的相关资料的基础上编辑而成的。

《傈僳学史料丛编》（共五卷）在编辑出版中做了一些修改调整，特做以下说明：

第一，丛书第一卷为“傈僳族古代史料”，上编按源流分布、政治、经济、文化、社会生活等大致分类；下编则将史料按时代顺序列出书目作为查询标题。两种方式结合，便于读者查询和使用。

第二，古代史料原本多为直行繁体，现统一改为横排简体，古体字、古俗字、异体字尽量改为现代汉语通用简化字。

第三，根据史料内容，进行标点和适当分段；原书中双行或单行小字夹注，统一改为单行小字；存疑之处，必要时以页下注的形式进行说明。

第四，古代史料部分，为保持史料原貌，对原本中带有歧视性的文字，除将族称中的偏旁“犭”去除或改为“亻”外，其他不予更改。

第五，近现代史料部分，基本沿用原文，不作修改。

第六，口述史部分，因口语化语言较多，在不改变访谈对象的谈话内容的基础上，做了一些适当修改。另外，一些涉及敏感话题的口述内容，在编辑中已经删除。

《傈僳学史料丛编》（共五卷）的出版有如下重大意义：

第一，本丛书史料是傈僳族文化研究的基础。第一次从傈僳学的视角较为系统地、全面地整理了傈僳族史料，对傈僳族文化的传承与保护起到积极作用。傈僳族史料是傈僳族历史的真实记录，它反映傈僳族不同历史时期政治、经济、文化、教育、技术、民情风俗等状况，是研究傈僳族的重要依据，也是党和国家的宝贵财富。

第二，史料搜集和整理是构建傈僳学学科体系的奠基石。没有傈僳族史料做支撑，傈僳学研究就成了无源之水，无本之木，空中楼阁。只有打好基础才能构建学科体系，不然只能停留在学科的边缘。

第三，本丛书的出版对筑牢中华民族共同体意识，增强民族自信心和凝聚力起到重要作用。习近平总书记指出，实现中华民族伟大复兴，是中华民族近代以来最伟大的梦想。这个梦想，凝聚了几代中国人的夙愿，体现了中华民族和中国人民的整体利益，是每一个中华儿女的共同期盼。

傈僳儿女在党的领导下，为实现伟大的中国梦和铸牢中华民族共同体意识，团结凝聚，努力工作，奋发图强。

鲁建彪

2021 年 4 月 8 日

目　录

上　编　傈僳族古代史料分类汇编

下　编　傈僳族古代史料编年辑录

上　编

傈僳族古代史料分类汇编

傈僳族族名，始见于唐代，后出现多种不同写法，其自称和他称，先后有栗粟、卢蛮、傈僳、力苏、力些、栗些、力梭、黎苏、力苏、俚苏、傈僜、傈苏、俐苏、离苏等，均为同音异写之别。今通称傈僳。

傈僳族渊源于南迁的古氐羌人，与彝族、纳西族等关系密切。其先民早期分布于金沙江两岸及今四川西南一带，以后逐渐南徙，明代迁至云南西北部的澜沧江、怒江流域，东部在丽江、北胜等地与纳西族、彝族、白族等杂居，西部在澜沧江流域与怒族、独龙族等杂居。清代分布范围扩大，而以云南丽江、大理、永昌三府交接地带（即今怒江州境内）为主；西部涉及腾越厅属地，东部及于楚雄府、武定直隶州属地，西北部及于曲江（即俅江，今独龙江）、怒江上游，北部及于永北直隶厅及四川盐源、西昌等地，即整体上分布于今怒江、澜沧江、金沙江一带。

傈僳族多居高寒地区，依山负谷，狩猎采集及种植耐寒旱地作物为主要谋生手段，形成善用药弩鸟铳、战力强悍而好斗之特点。

有自己的语言，靠内地者多通汉语，处偏僻者熟悉邻近民族语言。清末以前，无本民族文字，生活中刻木记事，知识靠口耳相传。

一、族源、族称与分布

粟栗两姓蛮、雷蛮、梦蛮，皆在茫部台登城，东西散居，皆乌蛮、白蛮之种族。

［唐］樊绰：《云南志》卷4《名类第四》

丽江路……蛮有八种，曰磨些，曰白，曰罗落，曰冬闷，曰峨昌，曰撬，曰吐蕃，曰卢，参错而居，故称一族。

［元］孛兰肹等：《元一统志》卷7《丽江路军民宣抚司·风俗形势》

有名栗些者，亦罗罗之别种也……

景泰《云南图经志书》卷4《北胜州风俗》

风俗……巢处山林。《云南志》：有名栗些者，亦罗罗之别种，巢处山林，无室屋，猎取禽兽，以给日食。

［明·景泰］陈循等：《寰宇通志》卷113《云南等处承宣布政使司·北胜州》

风俗……巢处山林，同上。有蛮栗些，亦罗罗别种，巢处山林，猎取禽兽以给食。人物勇厉。旧志：人物勇厉，大概与丽江府同。

［明·天顺］李贤等：《大明一统志》卷87《云南布政司·北胜州》

有蛮栗些，亦罗罗种。巢处山林，猎取禽兽以食。

正德《云南志》卷12《风俗》北胜州

力些，惟云龙州有之……

天启《滇志》卷30《羁縻志·种人》

力些，惟云龙州有之……

康熙《云南通志》卷27《土司·种人》

云龙州……栗粟，于诸彝中最悍。……浪宋，栗粟居多，壤据丽江兰州之石门关。旧有十二寨，缘土州段表章妻罗氏兰州酋之女，表章昵其妾，故罗氏携其子奔归兰州，割去七寨，遂久据，今止五寨：若表村，若槽牙，若桑岔，居江之西，与汉洞为邻；若柯利、若老末，居江之东，与师井为邻。

康熙《大理府志》卷12《风俗》

力些，惟云龙州有之……

［清］顾炎武：《天下郡国利病书·云南备录》种人

力些，惟云龙州有之……

［清］《古今图书集成·方舆汇编·职方典》卷1519《云南土司部汇考五》

傈苏，潜居深山，板片为屋，种荞稗为食。

［清］《古今图书集成·方舆汇编·职方典》卷1503《武定府土司考·种人》

地近西域……种类不一，曰么些，曰傈僳，曰古宗，语言各异。……傈僳最为枭悍……

［清］《古今图书集成·方舆汇编·职方典》卷1505《丽江府风俗考》

彝种有七：……迁徙无常居，在铁锁箐内外者为傈僳……

［清］《古今图书集成·方舆汇编·职方典》卷1498《姚安府土司考·种人》

姚安等府傈僳蛮　傈僳，相传楚庄蹻开滇时，便有此种。无部落，散居姚安、大理、永昌四府。其居六库山谷者，在诸夷中为最悍。其居赤石崖、金江边地与永江连界者，依树木岩穴，迁徙无常。

［清］乾隆朝官编绘：《皇清职贡图》卷 7

丽郡夷人有九种，如民家、白夷、鲁倮之类，散处各乡；山外江外，则俅人、怒子、生熟栗粟四种，已远于人类，有茹毛饮血、巢居穴处之风。……《居易录》：栗粟作栗苏，云多百余岁者，死辄化为虎、豹、熊、罴、毛人诸物……余在滇十年，未闻此说，尽信书则不如无书，信然。……山：东西北皆山也。江：澜沧江、怒江。

［清・乾隆］吴大勋：《滇南闻见录》上卷《人部・丽夷》

《皇朝职贡图》：傈僳，相传楚庄蹻开滇时，便有此种。无部落，散居姚安、大理、永昌四府。其居六库山谷者，在诸夷中为最悍。其居赤石崖、金江边地与永江连界者，依树木岩穴，迁徙无常。……旧《云南通志》：迤西皆有之，在大理名栗粟，在姚安名傈僜，有生熟二种。……《武定府志》：潜居深山，板片为屋，种荞稗为食。《永北府志》：性枭雄，能远视，崖居穴处。……《大理府志》：栗粟，于诸夷中最悍。……《丽江府志》：崖居穴处，或架木为巢。……近惟居澜沧江边者，称为熟僳。余庆远《维西闻见录》：近城四山，康普、弓笼、奔子兰皆有之。……栗粟种类，在滇省各夷中为最劣。维西者杂处于各夷中，而受治于么些长，犹较驯顺。

道光《云南通志稿》卷 184《南蛮志三之三・种人三》

道光七年，署腾越厅广裕详请设立河西外围香柏岭十五卡，招募傈僳三百七十户分驻，于盐课溢余留半银支给口粮盐菜，限满听其种地守卡。嗣因山地硗确，不敷口粮，永昌府胡启荣、腾越厅周澍，详请奏明借藩库银二万两置买练田，分给各傈僳口粮；府、厅各捐银一万两，五年归款。内香柏岭立二卡，安设傈僳六十户；三级箐一卡，安设傈僳三十户；麦瓜林二卡，安设傈僳七十户；平野山一卡，安设傈僳二十户；三股疆一卡，安设傈僳十五户；三台山一卡，安设傈僳十五户；喂羊路二卡，安设傈僳四十户；春花地、大草坡两处分扎三卡，春花地安设傈僳四十户，大草坡安设傈僳四十户，莳竹脑安设傈僳四十户。以上共设傈僳三百七十户，随带眷口一千一百十七名，分扎十五卡。又马安山一卡，捐设傈僳二十户；象脑山一卡，捐设傈僳十五户。谨按，右新建碉堡屯田为现在边防要务。

道光《云南通志稿》卷106《武备志三之一·边防上》

傈僳，相传楚庄蹻开滇时，便有此种。无部落，散居姚安、大理、永昌四府。其居六库山谷者，在诸夷中为最悍。其居赤石崖、金江边地与永江连界者，依树木岩穴，迁徙无常。……在大理名栗粟，在姚安名傈傲，有生熟二种。……近城四山，康普、弓笼、奔子兰皆有之。……性刚很嗜杀，然么些头目、土官能治之。……栗粟种类，在滇省各夷中为最劣；在维西者杂处于各夷中，而受治于么些长，犹较驯顺。

光绪《续云南通志稿》卷160《南蛮志·种人一》

栗粟，维西、中甸、剑浪、云龙、腾越各边地皆有之。……性刚很嗜杀。然么些头目土官能治之。年奉头目麦黍多升，新春必率而拜焉。栗粟种类，在滇省各夷中为最劣云。

［清·光绪］杨琼：《滇中琐记·栗粟》

其民，有种类若僰夷、古倧、西番、力些、妙罗罗、刺毛、怒人、俅人、白人皆是。

［清·光绪］刘慰三：《滇南志略》卷3《丽江府》

力些，惟云龙州有之……

［清·嘉庆］师范：《滇系》十之二《属夷系》

倮苏，潜居深山……又名倮罗。

康熙《元谋县志》卷2《风俗·种人附》

（嘉靖）三十五年，（段）文显卒，（段）耀率傈僳五百人余，抄其家，尽杀其妻子。……

老窝土司：自土知州段保十四世至段德寿之子段元臣，于康熙三十五年袭职……

夷人种目：傈僳。

［清］董善庆撰，王文凤整理：《云龙记往·段保世职传》

傈僳，于诸夷中最悍，不栉不沐，语亦与诸彝别。处兰州界，连云龙，依山负谷，射猎为生。

雍正《云龙州志》卷5《风俗·附种人》

傈僳，以拉等为字。……语与诸夷别。依山负谷，射猎为生，……不通汉语。

光绪《云龙州志》卷5《秩官志·附夷地风俗人情》老窝土司

傈僳，有生熟二种，岩居穴处，或架木为巢。……近惟居澜沧江边者，称为熟傈。

乾隆《丽江府志略》上卷《官师略·种人》

丽江古荒服地，汉西南夷裔也。其名分类有九：江以内者，曰么些，曰傈僳，曰倮罗，曰西番，曰巴苴，曰剌毛，又有俅人，居澜沧江西，茹毛饮血，不知王化。

乾隆《丽江府志略》下卷《艺文略》杨馝《建丽江府治记》

盘口箐，飞崖峭壁，人亦罕至。种人傈僳，蓬首黎面，春夏临江穴处，秋冬岩居，无尺地可耕，以野药充饥。近亦有愿入内为农矣。

雍正《宾川州志》卷4《疆域山川》

傈僳，亦名傈苏，本末世系无考。现在户口十余家，散居近山村落。

光绪《元谋县乡土志·人类》

傈僳，性强悍……

乾隆《白盐井志》卷1《户口·种人》

彝种有七：……在铁锁箐内外者为傈僳，好强悍……

康熙《姚州志》卷1《风俗》

傈僳，即力些，性狂悍，不通汉语……北界丙海、班别一带有。

道光《大姚县志》卷7《种人志》

傈苏，潜居深山，板片为屋，种荞稗为食。

康熙《武定府志》卷1《风俗》

力些，潜居深山，板片为屋，种荞麦为食。

［清·光绪］刘慰三：《滇南志略》卷6《武定直隶州》

傈苏，潜居深山，板片为屋，种荞稗为食。

光绪《武定直隶州志》卷2《风俗》

力些，迤西皆有之，在大理名栗粟，在姚安名傈僳。有生熟二种。

雍正《云南通志》卷24《土司·附种人》

滇省鹤庆、大理、永昌三府所属之维西、云龙、腾越等厅州边外，有蛮名力些，一名傈傈，又名赤发野人，原分生熟二种……

［清·乾隆］《张允随奏稿》

栗粟，散入姚安、丽江、大理、永昌四府。……圣纶按：栗粟凶悍，在宾川州赤石崖、永北金沙江边者为尤甚。……维西亦有栗粟，其性颇淳……。

［清·乾隆］谢圣纶：《滇黔志略》卷15《云南·种人》

力些，迤西皆有之，大理曰栗粟，姚安名傈僳，有生、熟二种。

［清·乾隆］倪蜕：《滇小记·滇云夷种》

滇夷种多，而俗异性殊。……惟丽郡中甸、维西之把傈、傈傈、模傈剽悍……

［清·乾隆］张泓：《滇南新语·夷异》

栗粟，近城四山，康普、弓笼、奔子栏皆有之。……栗粟种类，在滇省各夷中为最劣。维西者杂处于各夷中，而受治于么些长，犹较驯顺。

［清·乾隆］余庆远：《维西见闻纪·夷人》

力些，即栗粟，于诸夷中最悍……

［清·光绪］刘慰三：《滇南志略》卷2《大理府》

维西厅，在府西北，唐吐蕃铁桥节度使地，元为丽江路地，明为丽江府地，国朝因之。吴逆之变，以地与达赖喇嘛。雍正五年，属鹤庆府。六年，移通判驻防其地，乾隆二十一年来属，设通判一。

夷人则有力些、西番诸种。力些，近城四山，康普、弓笼、奔子栏皆有之。杂处于各夷中，而受治于么些长，犹较驯顺。

［清·光绪］刘慰三：《滇南志略》卷3《维西厅》

北胜州土司　所属夷人种类：力些一种，性枭雄，能远视。

北胜州土州同　……所属夷人种类：力些一种，原无姓氏，居处山崖箐岭之中。

乾隆《永北府志》卷25《土司·种人附》

北胜州知州　……所属夷人种类：力些一种，性枭雄，能远视。

北胜州土州同　……所属夷人种类：力些一种，无姓氏。居山崖箐岭之中。

羊坪土千总　……所属夷人种类：力些一种，住居高山。

光绪《永北直隶厅志》卷7《人物志下·土司·种人附》

力些，一名傈苏，一名栗粟，一名傈僜，有生熟二种。……现在维西跳梁者，即是此种。

［清·嘉庆］檀萃：《滇海虞衡志》第13《志蛮》

力些，即傈僳。衣麻披毡，岩居穴处。

［明］杨慎编辑，［清］胡蔚订正：《南诏野史》下卷《南诏各种蛮夷》

傈僳，居高山极冷之地，与崩龙稍异。……凡江外深山之间皆有。

光绪《永昌府志》卷57《群蛮志·种人》

傈僳，《通志》：傈僳，相传楚庄蹻开滇时，便有此种。无部落，散居姚安、大理、永昌四府。其居六库山谷者，在诸夷中为最悍。其居赤石崖、金江边地，与永江连界者，依树木岩穴，迁徙无常。

光绪《腾越厅志稿》卷15《诸夷志·种人》

茨竹寨土弁　左文伟，漕涧人。九夷为患，官招文伟率弩手五十三名，驻防明光。传至正邦，以秤戛军务，奏准世袭土把总。传时望，望传华国至大雄。道光二十一年，平滇滩傈僳乱，擒贼首余小老；续征上江黑傈僳，获首犯。……

光绪《腾越厅志稿》卷8《秩官志下·土官》

傈僳族《余氏孺人墓》碑

此碑位于古永旧街东坡，大理石质，无额无座，长52厘米，宽35.5厘米，楷书17行。余氏迁徙年代，为康熙十年前后。碑文主要内容为：

原籍江头，祖太余家。创业古永，居住胆扎。领来三子，喇庆为大，次子富官，庆波嗣乏。祖太余氏，寿高福大。乾隆年间，坟墓造打，日久年深，碑记歪斜。相传九代，人多昌华。喇庆富官，两枝发达。光绪丙申，另行设法，重换碑座，略叙根芽。盘龙吉穴，芬芳瓞瓜。清故醇柔，享阳八十尚寿。祖太余氏孺人墓。（下略后裔奉祀名单22人）

大清光绪二十二年丙申季冬月上浣朔十日吉旦

腾冲县志编纂委员会编纂：《腾冲县志》中华书局1995年，第819页①

力些，迤西皆有之，在大理、维西名栗粟，在姚安名傈傲，有生熟二种。

光绪《清代滇黔民族图谱·云南种人图说》

一查曲江，系从藏属擦瓦龙地流入，自色赖汪以上为上江，以下为下江，拉打阁以下为江尾，曲言呼为独龙汪洞。……江尾曲、傈杂处，居民较上、下江为稍密，每村有多至二三十户者。……

一查脱落江自藏属松噶曲宗地流入，江头为阿独鲁，即与松噶地接壤。……两岸地势较曲江为平。曲、傈杂处，人烟亦极稀少。

民国《永昌府文征》纪载卷23《清十二》夏瑚《怒俅边隘详情》

宣统二年之冬，英兵犯我片马，伯兄印泉先生奉云贵总督李公命往勘其地，乔装傈僳，身历穷荒，得茶山、浪宋、怒、俅各地属我行省之左证甚具，著有略图，附注百二十有六幅，图目一卷。根沄为摘抄图之批注，编成三卷，名曰《滇西兵要界务图注抄》云。民国十九年十月，李根沄谨识。

---

① 按：该碑位于腾冲县城南猴桥镇胆扎村旧街东坡，为大理石墓碑。铭文楷书阴刻，计293字。……墓主余氏孺人是今胆扎、轮马、猴桥等村寨蔡姓傈僳族之先祖，其迁徙年代为康熙十年前后（1671年左右）。据碑文可知该家族从怒江上游迁徙到古永，后又定居胆扎的历史。到清光绪二十二年（1896年），余氏孺人的后裔已“相传九代”。该墓碑是腾冲傈僳族迁徙发展史的实物见证。（见陈子丹：《傈僳族档案文献及其开发利用》，《档案学通讯》2008年第3期。）

[清·宣统] 李根源著，[民国] 李根沄录：《滇西兵要界务图注》卷1

乙十二号　茨竹地、火草地　……

又自把仰沿滚马河东岸南上，辛地［此地对于把仰方面可作防御阵地］、茨竹地［距他戛约百里，距茨竹哑口约七十里。两寨共四十户，均茶山人，左抚夷管辖，能驻军队二百人，饮水便，给养难。门户钱被英人逼收。左大雄住宅旧址在寨之北端，其寨之对面茨竹河西岸高地，左氏建碉二座，遗址尚存。英人曾到此宿营两夜。……］、小石山［……小江流域，气候温和，冬不极冷，夏不酷热。下通茨竹丫口。小江之茶山人，傈僳种也，妇女服饰颇有欧美遗风，未进化耳。两耳穿洞，缀大若手镯之环，环质有银有铜。蓄发长三四寸，上衣长及腹，袖长及肩，下体着裙甚长，在家时有及地者。无裤跣足，行路态度绝似欧女。官寨、上楼、派赖等地多白皙而美艳者。此次英之带兵官，对此数寨女子颇遗丑声，谁谓文明国人无奸淫之事耶？据余所闻，较野蛮人尤甚。男子特穿左耳，缀径寸许之竹筒。无论男女，均佩长刀一柄，寝息不卸。衣服与汉制之短衫同，多用麻。最畏汉人，汉兵差役尤甚。汉人至此无投宿处，赠以盐、线、糖、针等物，彼即煮酒杀鸡相款，以暖糯笋味最美。其食品以牛为贵，遇婚丧、祭祀或酬神、报赛，必杀牛，牛头悬之大门或中庭．愈多愈荣。人死火葬。男女以歌跳恋爱而成婚媾，父母不能为主。吹芦笙、打铜鼓为乐。信鬼，以鸡骨问卜。房屋制式与内地土人不同，人尽楼居，牲畜宿其下。语言声音极轻细。无文字，用木刻记事。男子多通汉语，且讲汉礼者。漆齿文身。嗜芦子、撒嶪、草烟，一日不离口。性情犷悍，臂力强劲，多以猎鸟兽为业，药弩鸟铳，百发百中。倘临之以组织，化之以仁政，施之以教育，以之捍卫边疆，未始非国之武士道也。《滇志》载：“茶山、里麻栗粟，名曰野蛮，居无屋庐，夜宿于树巅。赤发黄睛。以树皮、毛巾为衣，掩其脐下。手戴圈，插鸡毛，缠红藤，执钩刀大刃。采捕禽兽，茹毛饮血，食蛇鼠。性至凶悍，登高涉险如飞，逢人即杀。在茶山、里麻之外，去腾越千余里。无约束，二长官为所戕贼，避之滇滩关内。”言之何其凶怪如是耶？并附录于此。］

乙十三号　定蛮关上接茨竹地、火草地。分三路：东为大竹坝路，中为茨竹哑口路，西为甘稗地路。

东路　……大竹坝……二户，一为傈僳，一为沙板商人吴姓之转运店，屋宇宽大，可宿百人。……小干河在大竹坝河西岸，二户，傈僳。……下分两路：

一、渡过空树桥木桥……空树河寨在大竹坝河东岸，二户，汉人，尚殷实，蓄牛羊甚多，房舍可容二百人住宿。沙腊树七户，傈僳。大水沟二户，傈僳。下河克二户，傈僳。大岔河二户，傈僳，西北方射界广阔，展望自如，可作阵地。下通大尖山至大塘。

二、沿空树河桥西岸南下石板塘在明光河西岸，三户，傈僳。……

乙十六号　卯照秤戛此幅系由鲁掌北上至卯照秤戛，以下历怒夷地，逾高黎贡山入俅夷地，至恩梅开江仰高山，图凡二十一幅。

自鲁掌、干吗整沿潞江西岸向西北上，过听命河……双米哩在半山上，西去听命桥十五里，七八户，傈僳。自鲁掌至此，山势倾斜急峻，自四十度乃至七十度，道路窄狭，只容单人步队行进。悲督三户，傈僳，距双米哩西三里。天寨八户，傈僳，在悲督西二里。鲁吗五户，傈僳。在天寨西二里。自别挖几在半山东，有南哈罗河，距双米哩十二里，五户，傈僳。里五拔十户，傈僳。卯照土司署距双米哩二十五里，距登埂百二十五里，距鲁掌七十里。土司段姓，其祖段联甲，乾隆十二年从征秤戛有功，授卯照世袭土把总，管地东至老窝，南联鲁掌、登埂，西至雪山顶外傈僳野人地。北至秤戛老窝地，居民二十七户，傈僳。全司属民六百十余户。两边山势雄大，较鲁掌尤高二百五十余米突。物产有苞谷、棉花、芦子、油漆等，山货则有鹿茸、麝香、豹皮，不产米菽。山泉最佳，气候高寒，无烟瘴，可驻兵二百名。西南有路可通七里密、少枯里。凹迫挖的五户，傈僳，在卯照西半里。……斯培乃多距卯照二十五里，八户，傈僳。阿米挖的七户，傈僳。基顶五户，傈僳，西距阿米挖的二里。下至潞江边，过巴朱底河有桥，河水在此入潞江。拉马里渡距巴朱底河五里，距卯照五十里，由此溜绳渡过潞江，东岸可通兰州土司，直至营盘街等处。由巴朱底河至此，道路颇平。自此分为二路：一、过江，东岸行，一、不过江，西行登山。秤戛在潞江西岸山半，老窝土司管，东距拉马里渡十里，古为傈僳最强盛之地。乾隆之初，有弄更扒者，凶悍异常，上至丽江、永北，下至古永、盏西，千余里间之傈僳皆奉之为首领，号称傈僳皇帝，凡今傈僳言之，其余威犹有存者。考阮《志》：乾隆十二年，云龙州属秤戛夷人弄更扒，系土巡捕段连第属下熟傈僳，（按：云龙江外傈僳，一名力些，一名赤发野人，有生熟二种，熟者耕地，生者抢劫为生。）劫掠潞江、芒市等土司地方。又，腾越边外官寨夷人早可，劫掠段连第所管片马、鱼洞二寨，经官兵剿平，议定以江东之孙足、栗柴坝、蒙古，江西之鲁掌、把卡、胧腮、登弄、听命、登埂、坝竹、蛮蚌、松坡、排楼、卯照、阿勒、挖底、排巴、坝竹、河巴、中罗各寨归保山县管辖；官寨、上楼、痴戛、把仰、大塘、明光、派赖、茨竹、习降、古勇、滇滩各寨，归腾越州管辖；将永顺镇江内之猛赖汛移居旧乃，其十五喧新关原设之兵，亦归旧乃与保山之康浪渡，腾越之马面关犄角声援。昔有二百余户，今存二十余户。其地低于卯照二百余米突，中有耕种地二里余，每年产谷可供五六百人之食，惟水量少，故多种棉花、苞谷，杂粮等类。气候冬春平和，秋夏有瘴。自拉马里渡至此，道路崎岖。西北有歧路可通排扒以至七里密。根源躬亲至此，以上则派王秉钧、潘万成、景绍武三生往勘。里依岩河四户，傈僳，下通少枯里。

潞江西岸歧路：自卯照东下，至照卡近潞江边，烟瘴仍烈，距卯照二十五里，有土司守卡者数人，无住户。自卯照至此，皆下坡路，道路狭隘，可容步兵一列纵队通过。过大戛河　江岩距卯照卡七八里，巨石壁立，耸峭玲珑，高十余丈，无路可通，傈僳用横木数根，以藤絙拴于岩头树上，涉险通过。

自潞江东岸碧罗山西麓北上，过爷柯罗河　大奎在山上，五户，傈僳。箕嘴六户，傈僳。你多在山半，四户，傈僳。距爷柯罗河约三十里。过阿锡底河河水在此入潞江。大粗鲁在高山上，三户，傈僳。过怒拉河河水在此入潞江，江之西岸即江岩。阿尼铺在高山上，十户，傈僳，距你多约三四十里。狗顿罗五户，傈僳。近潞江边。距拉马里渡二里，距阿尼罗十里。坪子寨傈僳，近江边，距狗顿罗一里，过江至秤戛十一里。抱璞子都八户，傈僳。在坪予寨之西高山上。距拉马里渡约五里。

乙十七号　少枯里上接秤戛、卯照。分三路：西样作洛路，中艳丽卡路，东潞江东岸洛马奶路。

一、西路　样作洛路：自秤戛西北上山，此路所有野寨均在高黎贡山。培把十户，傈僳。在山半，距秤戛五里。七里密十余户，傈僳。西距培把二十里，在高黎贡山最高处。西南歧路通板厂山、茶山、片马，西北歧路可通审鬼、布等、妥郎。四迫多低三户，傈僳。赤奈奶三户，傈僳。姆基登十余户，傈僳。东距七里密十五里。得来海子在最高山，二户，傈僳。日古错　沙米里六户，傈僳。距姆基登十五里。样作洛八户，傈僳。距沙米里三里。崖作洛二户，傈僳。米勿三户，傈僳。在高山，距样作洛十里。泥几一户，傈僳。陀里二户，傈僳，在高山。少枯里距阿盖是罗河十五里，距样作洛二十五里，十户，傈僳。有一大丛头家，颇殷实。全寨饮水，由山下汲运，颇困难。耕种地尽在江边山上，多苞谷、棉花等，其地势比秤戛高百余米突，路东有打握的河。下通瓦培。

二、中路　艳丽卡路：自秤戛北上，多沿潞江西岸行……那本妾一户，傈僳。夜化三户，傈僳。……是赤的上山西行，寨在山上，距艳丽河十五里。八户，傈僳，贫，寨无谷米可食，亦无油盐，仅食苞谷杂粮而已。此去西北傈僳，大都如此。……

三、东路　潞江东岸洛马奶路：沿碧罗山东野寨，多居山半。潞江东岸北上四皮奢三户，傈僳。容孟堵三户，傈僳。衣拉及的三户，傈僳。约衣五户，傈僳。奔堵底二户，傈僳。此间潞江两岸稍阔，可种稻百余亩。洛马奶　勒美哈都五户，傈僳。勒的卡二户，傈僳。勒的一户，傈僳。若耶四户，傈僳。双米的四户，傈僳。龙潭在潞江东岸，距阿尼大的卡渡十里，龙潭长五十余米突，宽四十余米，水色澄绿清澈见底，每年三月至九月时，出瘴气，在此受瘴，重者必死，轻者患疟，其水行人万不可饮。月前，潭中有巨蛇两条，为傈僳用弩射死。江西岸有田数十亩，可耕。下通瓦培。

乙十八号　瓦培上接少枯里。分二路：西秋卡培路，东潞江东岸哀夺的路。

一、西路　秋卡培路：山行，沿高黎贡山自少枯里北上……桃坞里距弩子洛河二里，傈僳，二十余户。自少枯里至此，道路颇平，惟狭窄异常。智拔距桃坞里五里，七八户，傈僳，房屋用木板，高搭丈余，修室舍于上，如楼房然，底屋中设有火坑，炊饭即在此处，凡傈僳人家大都如是。……夜口距智拔十五里，十余户，傈僳，少殷实，不知伦常，不剃发，不洗面，父母、子妇相集而卧，绝无隔别。自桃坞里至此，道路狭窄崎岖，单行步队亦难通过。……夜口哇里距夜口十里，十余户，傈僳，贫寒。路西有娃子多茂　黑石娃排　……马蒲乃里距秋培卡三里，六户，傈僳，少殷实，产棉花、漆树、漆油、苞谷等物。自秋培卡至此，道路尚平，然甚狭窄，可容一列步队通过，地势较少枯里高四百余米突。以上所见，皆傈僳、怒子，绝不见一汉人也。……

路之西北有黑山挖里　打着洛河此河距达卓里三里，宽二十余米突，藤桥，单人徒手过之亦属困难，水流涌猛，不能徒涉。板拉古渡此寨距打着洛河四里，六七户，傈僳，贫寒。瓦培距板拉古渡六皇，十余户，傈僳，在倾斜六十度之山腰上居住，甚贫苦。比马蒲乃里低百余米突，由此再向北行进，属兰州土司管辖，实与化外无异。

二、东路　潞江东岸哀夺的路：沿碧罗山西麓北上，纳可石二户，傈僳。哀夺的五户，傈僳。期米铺的八户，傈僳，近江边。石龙河可徒涉。阿夺洛五户，傈僳。吃吃的八户，傈僳。洛甫奶三户，傈僳。

乙十九号　蛇打着上接瓦培

一、西路　自瓦培北上在潞江西岸，自此沿潞江两岸而上，统称曰怒夷地。恶马里二十户，傈僳。四招里二十户，傈僳。距瓦培二十里，道路崎岖，行进困难。康主瓦培五户，傈僳。蛇打着六十余户，傈僳，皆莜姓。有一头人，名杂马日折，弟兄七人，子七人，极狡猾强悍，自称“大清国百姓”，归兰州土司管辖，惟兰州土司赏以银牌，又不受，谓：“受此花红，是投降土司也。”一带野夷甚蛮，常以抢掠为生，若剑川、丽江有兵来时，各持枪、弩匿于深箐中，官兵退去，又照常抢劫。打崩三户，傈僳。

二、东路　沿潞江东岸碧罗山北上　挖勒石四户，傈僳。卡本掇五二十余户，丁口百余，傈僳。洛干吃二十余户，傈僳，近潞江边。双买卡瓦基五户，丁口二十余，欧勒种。石米瓦基在半山顶，五户，怒子。拉比安三户，怒子。佤珀九户，丁口三十余，傈僳。白吃二十五户，丁口九十余，傈僳。兰州土司置，有头目名碟卜扒，前面部及周身刺有花文，有七子，因其人强霸，常与附近村寨斗殴，已被杀死四子，只存三子，凶暴气犹未销减。马跨的三户，傈僳。过牙壳河河在此入江，此处潞江极窄。牙壳四户，傈僳。……拉打阁十三户，傈僳，有头人名化文扒，尚知王化，略识汉语。……

乙二十号　鸡鸣大耶

自蛇打着沿潞江西岸高黎贡山东麓北上　拿笔鲁近江边，十余户，傈僳。凳喇近江边，二户，傈僳。鸡鸣大耶住地稍平，二百六十余户，傈僳。咸丰元年，夷民有少爷凹者出首，聚诸山野众，掳掠兰州、老窝、六库、登埂、鲁掌、卯照等地，经官兵进讨，历时一年不能平，调明光左大雄率兵来，始征服之。……纳币卢近潞江边，五户，傈僳。路西二里有驮驮，二户，傈僳。期子簸三户，傈僳。约得十户，傈僳。……

乙二十一号　拉拇上接鸡鸣大耶

自鸡鸣大耶沿潞江西岸高黎贡山东麓北上……仲窳近江边，二十余户，傈僳，较殷实，放有头目。此地盐井质佳且旺，前经该地夷民煎熬，后因病疫，以为煎盐触鬼之怒，将井封闭。嗣丽江商人来集资开煎，该地夷民不许，且不时抢杀，故仍封闭。光绪三十一年腊月，有英国测量生羊一嬉者，沿途测量至此，为大雪所阻，踅由浪傈回缅，所带铁丝行军床尚寄存于此。……腊甲里二十余户，傈僳，放有头目。料绳近江边，三户，傈僳。……

东路　沿潞江东岸碧罗山西麓北上，那米的二十户，傈僳，相貌恶怪，性质野蛮，生食蛇鼠。块乃的三十余户，欧勒种，新放头目名呵约呆扒。卜拉距鸡鸣大耶约六十里。三十余户，傈僳。戈壳四十余户，傈僳，新放头目名银朱子，兼管卜拉、恶拉、未拉、的呵、卡的各寨，夷民亦颇悦服。西渡潞江与腊甲里接通。仍由潞江东岸再北上，革甲得五户，傈僳。义拉十三户，傈僳。竭里抵七户，傈僳。……

乙二十三号　嘉钗上接落木登

落木登沿潞江东岸北上，鸦角十余户，欧勒种，新放头目名麦哈土扒，少通汉语，秉性正直，管理加倩、拉呵、铺板、蛾课、讼界、五库等寨，寨人均乐从。过鸦角渡可至瓦瓦寨。五库八户，傈僳。嘉钗距落木登约百里，距瓦瓦寨约三十五里。五户，傈僳。上通鹅错。

……

乙三十四号　审鬼上接占博

自占博、步果沿恩梅开江东岸南下……审鬼十户，俅人。距占博七十里，道路崎嶇，地占险要。西南有沧抹河，在此西北流，入恩梅开江。由此，恩梅开江向西南流。俅夷、浪傈以此沧沫河为分界。该寨高地，对于浪傈央高寨方面，适于阵地之用。又东端歧路通片马、七里密，南端歧路通浪傈江心坡。至密支那，又可通他戛、片马，北端歧路可通怒夷及丽、维等处。两江为天然障碍，而交通又便利，若驻兵于此，诚俅地之重镇焉。……渡宠安河藤桥，名王渡，不可徒涉。河水在此入沧抹河。宠安寨在沧抹河东岸，距审鬼四十里。三十户。地极险要，有歧路过沧抹河。宠安河南有灭撤寨，寨人云：去年二月，有洋兵二三十人来此，住三日即去。下通仰高山。莪窝在沧抹河东岸。三户，傈僳。下通石虎山。

自车敢、踵摸沿恩梅开江西岸南下，展育十户，浪傈，与腊康隔江相望。傈僳阿追云："占博、审鬼各寨，本汉官柴家管地。"其为滇滩隘柴抚夷所辖耶？待考。常母三户，浪傈，与审鬼隔江相望。那总特五户，浪傈。

恩梅开江、沧抹河之间，有莪冲河其河自南而北流入恩梅开江，河水甚大。恩、莪两水中间，有有安寨在莪冲河西岸，与芒居、沧抹寨对河相望。五户，浪傈。其山为德果山，甚雄大。

沧抹河、莪冲河之间，有安所在沧抹河西岸。六户，浪僳。与沧抹河隔河相望。沧抹寨在沧抹河西岸。五户，浪僳。央高寨三户，浪僳。芒居在莪冲河东岸。六户，浪僳。与有安寨隔江相望。土人云："向东南翻山去，约数十里，有志党、志射、那才等浪僳寨。"下通仰高山。

乙三十五号 恩梅开江上接审鬼

恩梅开江大势：江西为百甲山，江东为德果山，德果之东为莪冲河，河之东为仰高山，山心有花寨三户，傈僳。此段道路尽走山巅，两侧均混合老林，至山顶时，寒度如深冬。……

乙三十六号 仰高山上接恩梅开江

仰高山大势：仰高山之西南为莪冲河河水自西南流向东北。莪冲河之东为仰高山，雄杰嵯峨，人烟几无，独有一野寨，名仰高山寨。一户，浪僳。在沧抹河东岸，寨北有藤桥，可渡沧抹河。仰高之东为沧沫河，河水自西南流向东北。自妥郎上至宠等，下至仰高山，气候稍热，渐有瘴毒，猛兽颇多，豹熊之类，途间见不一见。俅人较潞江两岸之怒子、傈僳性稍纯良，从不见汉人，见之亦不以为怪，反多亲爱。将来抚之得法，不难治理。又俗传其人长有尾，余等仅见数人，非人人皆有。其尾长一二寸，无毛，甚细，亦生理上之奇事。特记之于此。又《腾州志》载：今腊撒后山野人有生尾者。未知近如何耳？

……

成等自秤戛与总办师分手，受命侦察俅江流域，横通恩梅开 江，下至小江入口，再渡恩梅开江而西，出温冬、整冬、我旧里麻司地，赴密支那，从八募回腾越。限期八十日，今历时五十余日，为三月二十八日也。秉钧病不能兴，绍武腰际生一疮，通译傈僳毛阿扒亦病，小牛凹则左足为竹签刺穿，脓肿不能行。同行五人已病其四，只达任务之半，无力竟此全功，负罪深矣。仍取旧道，扶病归至落木登

……

根源尝谓：腾中夷人，别之为两大种，曰：临水好洁，信佛不嗜杀，性良有文字、耕水田者，僰夷种也；山居不洁，信鬼嗜杀，性恶，刀耕火种，无文字，用木刻记事者，傈僳种也。又曰：凡居潞、龙、槟榔、大盈、大金沙各江下游平衍之地者，僰夷种也；凡居碧罗、高黎贡诸山及各土司之穹山深谷者，傈僳种也。其间僰夷虽有大、小之别，猛卯以下木邦等地，属大僰夷种，言语亦有同、不同之点，实皆僰夷种也。而野人、浪僳、怒子、俅人，虽其名称不同，实皆傈僳种也。野人、浪僳、傈僳，史志不见其名。从行诸生曰："傈僳诸种人言语，多有不可通之处。"余曰："有一部分可通乎？"曰："可通。"余曰："广东之广州话与客话，客话之与琼州话，琼州话之与广州话，皆不能全部可通，而有一部分可通，不能不谓

之为广东人；且其风俗习惯、嗜好、性情不同者十之二三，同者十之七八。余故曰：野人、浪傈、怒、俅，皆与傈僳同种者也。”记之以备世之研求人种学者考焉。

喀喇、崩龙、阿昌之语言、习惯、性质，与傈僳纯乎不同，当为例外。

古宗、倮罗、苗子则为滇、川、黔边之极大种族，腾边所无，不纪及。

伯总督麟《种人图说》考究不精，分种亦揉杂重出，只能作美术上之图画观。

［清·宣统］李根源著，［民国］李根沄录：《滇西兵要界务图注》卷2《乙线》

北段未定界区域人种，大别之，可分为蒲蛮、浪速、茶山、小山、摆夷、栗粟、球夷七种……

栗粟以滇省沧、潞两江上游为多，其居于未定界者，散住岔角江、拉打阁、恩梅开江上游沿岸，及尖高山北昌银沟、之非河一带。

［民国］尹明德：《滇缅北段界务调查报告》

傈僳，一名力些，潜居深山，板片为屋，种荞麦为食。见《禄劝州志》

民国《禄劝县志》卷3《种人志》

傈僳，《通志》相传：“楚庄蹻开滇时便有此种，无部落，散居姚安、大理、永昌诸府。其居六库山谷者，在诸夷中为最悍；其居赤石崖、金江边地与永北连界者，依树木岩穴，迁徙无常。”

民国《镇康县志初稿》第十五《氏族·种族》

保山境内有傈僳，亦自上游迁至者。保山以南诸县亦有之。兹摘录尹明德所记：

傈僳，以滇省沧、潞两江上游为多。……

民国《保山县志稿》卷13《土族》

傈僳，又作傈苏。《通志》云：“傈僳，相传楚庄蹻开滇时，便有此种人。无部落，散居姚安、大理、永昌等四府。其居六库山谷者，在诸夷中为最悍；其居赤石崖金江边与永江连界者，依树木岩穴，迁徙无常。”傈僳是否为云南土著，典籍中可供考案者，惟此数语。民国十九年，德人克勒脱纳率中山大学地理学系学生作云南之地理考查，归而报告其所经历，内有关傈僳种族之考源，曰：“傈僳人乃藏缅族之一支。彼等现在似尚继续向南迁移，其居地为高山，与住于山谷低地之掸人，恰成对照。”据其推测，则傈傈非云南土著，系藏缅之流支，陆续自北向南推徙，然究皆推拟之言耳。而云龙、大姚皆有此种人。今腾冲古勇琅琊山一带及髭西江边、五设治区、江心坡，皆有此种人。此外则潞江流域凡菖蒲桶、上帕、知子罗、泸水各设治区，又兰坪、维西境内，皆其散布区域也。

民国《腾冲县志稿》卷23《第十五·种人》

铜壁关　……

万仞关　……

神护关　设于盏西后猛戛山，距城百八十里，所以控制茶山、古勇、威缅、迤西等路也。清乾隆间，以杨东衡世袭正抚夷，原籍江西，住居古永练，历传祖源、名久、镇邦、茂科、成秀；副抚夷王姓，今传至连彩。所管四至：东至止那隘大丫口；南至与盏西交界老官城，又与万仞关分水岭；西至英侵入滇缅分界第二十三号界桩南，至大坝江，又至万仞关石竹河；北至英侵占滇缅分界第三十三号界桩。其地方村寨有杨家寨、麻栗坝、河心、中草坝、王家寨、小辛下寨、羊乃棚、孔家湾、河西小寨、笼朵大寨、空树、邦别、粟点、老马河、黑河、盆都、那狼、卡牙、磨刀石、袜汤、鲁仰、腊尖、浪速、跑蚌、瓦空河、枯峨河、囊防、八窝、高岩、撇石、木笼河上下二寨、丫口、鸡肝、茅草、芭蕉、窝铺等寨。户口约七百五六十户，汉人约百余户，余均栗粟、野人、浪速，以栗粟为最多。

巨石关　设于户岗锡马山，距城三百三十里，所以控制户岗、迤西要路也。抚夷，清代初由盏达司委派，光绪间有寸怀宝、李曰顺、张廷相，民国来有李正洪、杨有洪、张有龄、李生福。二十三年，改为莲山第四区，区长以杨有洪承充。据《滇西兵要界务图》载：巨石关在户岗锡马山下，坝长十五里，气候清凉，山势起伏，故耕凿困难；且河流卑下，难于灌溉，每年出谷二十余万箩。坝内分四甲，汉人六百五十余户，山头有栗粟、野人十余寨，约二百余户，锡马街市尚殷繁。结羊河、石竹河一带与英分界，清代设有营房一所，驻巡防营一哨。巨石关抚夷练田，东至盏达司，南至香蚌林，西至石灰河，北至儿排寨。

右四关，明设蛮哈守备戍之；清顺治十七年，四关各设汛兵十一名。

民国《腾冲县志稿》卷10《第四·职官》

黎苏族　黎苏亦非土著，其先迁来之时间与分布之地带大致与苗族略同，而居处之生活习惯亦复与苗族略同，惟愚而诈，特性情稍殊耳。在先户口颇多，其后陆续迁往顺宁及边夷各地，近留县之人数亦与苗族称伯仲。

民国《永平县志稿》卷7《民族》

中甸地分五境，大小中甸、格咱、泥西、江边。人属蛮夷，一名古宗，一名么些，一名龙巴，一名傈僳，名为四种。……有傈僳一种，为数无几，居处江山头，打牲为食。

光绪《新修中甸志书稿本》上卷《风俗》

中甸有汉、藏、回、苗、摩些、力些、倮罗七种民族，而语言仅有六种……

民国《中甸县志》下卷《社会状况·语言文字》

力些族，散居于第三区，因第三区良美乡一带系居于石戛乡之阴，山深林密，虎豹为害，乃于乾隆年间由士普旺人向维西县属澜沧江边招来唐姓猎户一家，其后遂繁衍于沿江一带高山。

民国《中甸县志》上卷《民族种类及人口》

俚苏，即《通志》所称之傈僳也。居于金沙江畔之峻岭崇峰间，种荞麦而为食，织麻缕以为衣。喜猎，射则必中。性狡悍，好杀戮，惟敬畏么些头目。

［民国］和锡光：《中甸县志稿·种人》[①]

有汉人、倮罗、古宗、么些、傈僳、回民六种。汉人共一千二百六十八人，倮罗七十九人，古宗九千七百七十六人，么些一万二千八百八十四人，傈僳一千三百二十六人，回民八十七人。汉人住境内中部。语言[②]相似英语，有藏文，凡汉人与其往来文件，恒常适用，应翻译之，风俗与汉人略同。么些住江边境沿江一带，语言、文字、风尚概与汉人同。傈僳住东山，另有夷语，有傈僳文，恒不适用，风俗与倮罗同。回民住中部及江边境，语言与汉人同，有回文，恒不适。

民国《云南省中甸县县志·人口·种类》

查泸水在明以前，原族有三：摆夷、倮倮、傈僳。……

① 载西南民族学院图书馆：《云南傈僳族及贡山福贡社会调查报告》第5页，1986年。

② 古按："语言"前当脱"古宗"二字。

傈僳姓氏：密、褚、蔡、禾、余、姬等为源流。

民国《泸水志》第15章《氏族·种族》

上帕僻处滇边，居怒江上游，为西北屏障。人种原为怒子，后渐始有傈僳，由沧江、六库一带移来杂居其间……

民国《纂修云南上帕沿边志》(1) 沿革

上帕夷民，原有三种。曰怒子，曰傈僳，曰拉玛。怒子，全系土著，无姓氏，不识年龄，不谙文字，不通汉语。傈僳概由沧江一带移来……

民国《纂修云南上帕沿边志》(5) 种族

菖属夷人原有五种，曰古宗，曰喇嘛，曰怒子，曰傈僳，曰曲子。

民国《征集菖蒲桶沿边志》第一《沿革及设治》

贡山夷民，原有五种，曰古宗，曰喇嘛，曰怒子，曰傈僳，曰曲子。古宗由西藏迁来，喇嘛系古宗之入红教者，怒子系土著，傈僳由上帕及沧江搬来，曲子亦系土著。喇嘛、古宗、怒子，散处怒江一二区，傈僳处怒江三四区，曲子处五区之俅江。……

民国《征集菖蒲桶沿边志》第十五《氏族·种族》

力些，亦曰离苏，形癯而性狡，居深山中……

光绪《盐源县志》卷11《风俗志·夷俗》

傈僳，即栗粟，居于雅砻江之峻岭，为爨蛮之种族，刀耕火种，迁徙不常……

[清]《盐源县志·种人》

黎苏，一作为力苏，为数无多，散居盐边、会理等地，尚保持其独立的语言风俗。

民国《宁属调查报告·政俗门》

宁属夷族，古称有八，曰西番，曰僰人，曰摩些，曰路鲁，曰鞑靼，曰苗子，曰渔人，曰倮罗，降逮今日，在县境者，惟倮罗、西番、俐苏三族而已……

三、俐苏族

一来历及名称。清康熙五十一年，给予威龙州土司印信号纸时，即载明所辖有俐苏一族，而威龙州长官司其先人张起朝，于洪武七年即已授职，则所辖俐苏，明以前即散居于威龙一带可知矣。惟俐苏二字，既见于四川省通志，或又书作“尼苏”；清末以还，附近此族之汉人，则又书作㑣㑣；且因事涉及此族，入官文书亦作㑣㑣，但其字非字典所有，故根据通志作俐苏。

二住地。俐苏所住，不仅威龙州，凡德昌所属东西南诸山，或三五户，或十余户，山腰山麓，随地有俐苏耕牧焉。

民国《西昌县志》卷12《夷族志》

二、政治制度与法律

（一）社会结构与统治制度

云龙州……栗粟，于诸彝中最悍。依山负谷，射猎为生，长刀毒弩，日不离身。祭赛则张松棚然炬，剥獐鹿诸兽而已。亦事耕种，饶黍稷荞稗。骨肉有隙，辄相仇杀，颇为行旅患，近稍向化矣。

康熙《大理府志》卷12《风俗》

力些，迤西皆有之，在大理名栗粟，在姚安名傈傲。有生熟二种。男囚首跣足，衣麻布衣，披毡衫，以毳为带束其腰。妇女裹白麻布。

雍正《云南通志》卷24《土司·附种人》

傈僳，有生熟二种，岩居穴处，或架木为巢。囚首跣足，高鼻深眼，身着麻布披毡，猎取禽兽为食，居无定所，食尽即迁。佩弩带刀，虽寝息不离。性凶暴嗜酒，一语不投，即持刀相向，俗好仇杀。近惟居澜沧江边者，称为熟傈。

乾隆《丽江府志略》上卷《官师略·种人》

北胜州土州同　所属夷人种类：力些一种，原无姓氏，居处山崖箐岭之中。……

北胜州土司　所属夷人种类：力些一种，性枭雄，能远视。崖居穴处，头束布帕，身佩弓弩，猎獐麂以易食，网鸟雀以资生。不通汉语。男女衣食相同，性情桀骜。此辈老于深山，大半不履城市。

乾隆《永北府志》卷25《土司·种人附》

丽郡夷人有九种，如民家、白夷、鲁倮之类，散处各乡。山外江外，则俅人、怒子、生熟栗粟四种，已远于人类，有茹毛饮血、巢居穴处之风。……山外江外诸夷，皆辖于兰州土舍，姓罗氏，本木氏之属刺史也。木氏改官，罗亦仅给未入流顶带，号土舍，世为酋目，夷人信奉之，钱粮亦土舍征解。……山：东、西、北皆山也，江：澜沧江、怒江。

[清·乾隆] 吴大勋：《滇南闻见录》上卷《人部·丽夷》

栗粟，近城四山，康普、弓笼、奔子栏皆有之。……出入常佩利刃。……性刚狠嗜杀，然么些头目土官能治之。年奉头目麦黍共五升，新春必率而拜焉。栗粟种类，在滇省各夷中为最劣。维西者杂处于各夷中，而受治于么些长，犹较驯顺。

[清·乾隆] 余庆远：《维西见闻纪·夷人》

傈僳有家野之分：家傈僳住澜沧江内，耕田住屋，各有村寨头人，能通汉语，服官管束，交纳钞粮，与民人无异。野傈僳住居江外，山硐密箐，并无村寨头人，不通汉语，亦不服官约束，惟种有青稞、苦荞，并无钞粮，每遇冬季江水浅涸之时，即过江在山后一带，打牲为食，与家傈僳认识。近年以来，野傈僳亦有潜入江内山硐密箐，搭盖草棚居住者。

嘉庆七年云贵总督觉罗琅玕奏折①

北胜州土州同　……所属夷人种类：力些一种，无姓氏。居山崖箐岭之中。

光绪《永北直隶厅志》卷7《人物志下·土司·种人附》

傈僳，以拉等为字。……语与诸夷别。

光绪《云龙州志》卷5《秩官志·附夷地风俗人情》老窝土司

傈僳，性悍顽不驯。因子取名。

光绪《云龙州志》卷5《秩官志·附夷地风俗人情》六库土司

力些，近城四山，康普、弓笼、奔子栏皆有之。……杂处于各夷中，而受治于么些长，犹较驯顺。

[清·光绪] 刘慰三：《滇南志略》卷3《维西厅》

---

① 转录自《傈僳族简史》编写组、《傈僳族简史》修订本编写组《傈僳族简史》第19页，民族出版社2008年。

傈僳……性刚很嗜杀，然么些头目、土官能治之。年奉头目麦黍共五升，新春必率而拜焉。栗粟种类，在滇省各夷中为最劣；在维西者杂处于各夷中，而受治于么些长，犹较驯顺。

光绪《续云南通志稿》卷160《南蛮志·种人一》

傈僳……其居六库山谷者，在诸夷中为最悍。其居赤石崖、金江边地，与永江连界者，依树木岩穴，迁徙无常。……种荞稗，随地输赋。

光绪《腾越厅志稿》卷15《诸夷志·种人》

一查曲江，系从藏属擦瓦龙地流入，自色赖汪以上为上江，以下为下江，拉打阁以下为江尾……江尾曲、傈杂处，居民较上、下江为稍密，每村有多至二三十户者。……下江曲民，则又苦江尾傈僳勾结怒江吉匪，出没无常，横行抢杀，恒有旦夕难安之势。上下江与江尾，又均有所谓骨尸钱粮者傈言为俄普骨牙。缘傈僳到处抢劫，亦到处贸易，然无不凶横霸道，倘被人殴死，或即病死，傈又集众往其所死之一带地方抢劫烧杀，累月连年，迄无休息，不得已与之讲和，愿上骨尸钱粮；于是议定某项若干，村村寨寨、家家户户，每年照上一份。傈人往收此分钱粮，尤必好为供应。地方出一傈僳命件，则此骨尸钱粮，曲人必世代上纳，傈僳亦世代收受。各村上此钱粮，有多至五六起、七八起者。

……

委员身历地土，目睹情形，愚见所及，尚有十端，谨再分别为我宪台详陈之：

一、宜建设官长，以资分治也。查怒江上自藏属擦瓦龙、松笼、喇卡起，下至耳目止，二十余站，系维西属；又自耳目起二十余站，至云龙州属之六库、老窝地，中间有归丽江县属者，有归剑川州属者，有归永昌府之保山县属者。维属自腊早以上，虽有土司，不过每年遣人收受钱粮一次，并未驻扎管理，不惟无益，反多滋扰；腊早以下，原有土司管理，曩因收粮之人过于需索，傈民聚众逐杀之，嗣后即无人敢往收粮，不服管束，不安耕凿，相率以抢劫为生，为患丽、维各属，不可胜言。……自怒江至狄满，纵横上下计数千里。以数千里膏腴之地任其荒芜，数千里纯朴之民任其顽梗，殊非慎重边疆，固我邦本之道。前此陈请设官，是就怒地上江而言，已蒙藩宪核示，暂由驻墩委员兼办怒事，应遵毋渎。今因边地太宽，非设一二印官，不足以资开辟而遍抚绥。拟请于怒江建设直隶同知一员，将维西、丽江、剑川、保山各厅州县所属之怒江地段悉行划拨，归其辖治；又于曲江设一知县，管辖曲江及狄子、狄不勒两江；又于狄满设一知县，管辖狄满、脱落两江。其所设之两县，均归怒江直隶厅管辖。该各江人民，质本纯良，以无人管束教育，习成强悍斗狠，一得官长抚辑，自然畏威怀德，安分营生。如委员此次查勘狄子江，在瑾朗地方传集狄众，剀切开导，谕以无主之害、投官之利，狄众欣悦，几如顽石点头，恳请遴派伙甲，愿为其氓；当于给谕后，饬令约束狄众，不得再事抢杀、买卖人口，违则有罪，狄众无不唯唯。委员过后，江头葱笼地方又有将一家六口捉卖者，伙甲人等先失不知，迨知之，以委员或当如洋人之一去不返，仍未及时追问；迨闻委员踅返之信，各伙甲齐集，跟究捉卖人口之人，将已卖人口分途立限赎回，令其爰居爰处。及委员道过阿力翁时，该火甲等先已齐集拦途禀白，觳觫情形，惟恐获罪。委员嘉其向化之速，复重赏之。此亦可见其民情之厚也。倘设官分治，教养经营，十年八年后，则是边土人民，当必大有可观者也。

二、宜添兵驻防，以资保卫也。怒江百姓，最苦吉匪抢杀为患，虽有防营一哨，以保护教堂为专务，不能远驻各隘，以此上下江居民，时虞抢劫。曲江亦上受擦蛮盘剥，下受傈匪滋扰。两江百姓之受害，有甚于水火之为灾者。委员目睹情形，不忍膜视，已诺转禀上宪，拨兵保卫。窃以民为邦本，本固邦宁，若此边地之民，尤不能不加意抚辑。为固本宁邦之计，拟请先设巡防一营，分驻怒江之菖蒲桶腊早，以及曲江之喇卡塌、满当、拉打阁等处各要隘，暂资保卫，以安民心，俾勤生业。此次委员查勘过境，曲江上下均经遴派伙甲约束夷众，擦蛮闻之，颇较往时收敛；傈匪有数十成群者数起到境，闻委员至，亦即潜踪。倘不赶紧拨兵驻护，该匪等侦知官家仍旧放弃，则吾怒、曲之民之害，势必如水益深，如火益热，行将靡有孑遗矣！此委员之先请添营驻防，为民请命之苦衷也。至于脱落江头为西藏松噶、曲宗要隘，狄满江上连西藏，中界木王，下接普猛，均为边界极要隘口，应候各官建定，再行添练精兵，设关把隘，以固边隅。

三、宜撤退土司，以苏民困也。怒江各处土司，或驻叶枝，或驻桥头，或驻维城附近，无一驻怒管理夷务约束夷众者，徒于秋收之际，遣人收受钱粮一次。钱粮系以村计，所收系麻布、竹筒、篾簸、黄连、黄蜡之类。正款本属无多，惟以盐、茶、布带等项，高定价值，押令百姓售买，勒索夫马伙食供应，尤为难堪耳！各处该管土司多系两人，钱粮系各管各收，民间须照上两次。擦瓦龙米康土千总，亦每年遣人收受一次，亦复押派勒索。以此怒民疲于奔命，不胜其扰。区区小民，何堪此层层剥削？前年委员奉饬赴怒查勘布置，廉得此情，曾经据实禀陈，并将徒收钱粮、苛扰百姓之土弁，一律撤退。其怒江钱粮，每年应解若干，请饬维西厅查明数目转知，委员另派伙甲，照旧征收解缴，以重正供等情，通禀在案。嗣奉批饬，可否未蒙明示。委员去秋到怒，正值各土弁及藏弁遣人收粮之时，各处伙甲百姓咸来诉苦，环求免派货物。委员以所禀撤退土弁一节，未奉有明文，而业奉宪电，饬将应办各事妥为料理。窃以应办之事，莫先于苏民困，当即出示，禁止押派货物、勒索夫马供应，至于钱粮，仍令照旧上纳，盖恐有妨正供也。

查维西地分五股，一临城沿江，一叶枝，一阿墩子，一奔子栏，一其宗，怒江不与焉。五股各有土弁，各有专管地段。怒江均系兼管，今即撤之，于各土职仍无所损，而在怒地人民，实受无疆之福。至擦瓦龙土弁，本系藏属，向无到滇收受钱粮之例。闻系康熙间，擦地出有活佛，该管女土千总禾娘、禾志明系婆媳二人，饬曲怒民人每村供捐给小锅一口，麻布数打，以资烧香扯幡之用，相沿为例，直至于今，不但不可禁革，且复滋扰繁多。仰维宪台抚恤边氓，赏准行饬维西厅，将兼管各土司一律撤退，应解钱粮若干暂由怒江委员经收解缴，俟设官有定，再行改征。至擦弁收粮之事，亦恳宪台俯准出示禁止，发交委员译成藏文张贴，并照录行知藏弁，该等自当慑伏凛遵，不敢再过滇境收粮，自然杜绝滋扰矣。委员为边氓苏困起见，伏准察核准行。

四、宜剿抚吉匪，以除民害也。怒江自腊早以下傈僳较多，原有土司管理，曩因收粮之人过于苛扰，傈民聚众逐杀之，自此不服管束，不安耕凿，相率以抢劫为生。雪未封山以前，则在鹤、丽、剑、维等处山林要隘，结党野处，拦劫行人；封山而后，则在上江一带抢劫碻索，估拉人口，勒索重赎，否则卖人藏属为奴。即内地有犯重罪者，率多逃匿其处，实为永、丽各属逋逃渊薮。上江百姓呼下江为吉尾子，言之无不栗栗。委员于光绪三十二三年内，先后两次奉檄入怒，曾将此情两次禀陈有案。三十三年内，因该吉匪在康普、岩瓦、因多等处抢劫多起并拉多人，事主报经维西厅，委一年幼无知之袁桂林，发给枪枝，饬带团勇数十名，于是年冬前往查办。因需索太甚，吉匪用弩箭将袁射伤，并杀其从人郭玉贤及伙头、背夫三人，外伤数人，夺去枪枝数杆，集众数百，驱之去境，地方为之惊惶。幸防哨将上江要隘堵住，始无滋蔓之虞。袁子归报，维厅置之未究，以此益加猖獗。去岁常来上江抢人、拉人，虽有防哨，兵力太单，不敢深入追击，莫可如何。委员此次到怒，各事主纷纷哭诉，惨状难名。及至曲江，又据曲众禀称，此项吉匪，常为江尾傈僳勾结入境为患，恒有旦夕难安之势。委员不历其地，不知其惨，既已目睹耳闻，则此民膜，何敢玩视？窃以该匪居住江边沃土，以无官长为治，不愿安于耕凿，相率以抢劫为生，从无一案破获照例惩办以昭儆戒者，故该匪居之不疑，视为执业。若不设法收服，则养痈为患，伊于胡底。倘亲历其境，推诚布公，剀切开导，遴派头目，厚以赏需，抚之当较易易。否则，江边道路虽则骑岖，而其隘口要不过如中甸三村之险。剿之亦自不难。委员先拟于查勘曲江，回怒后即往招抚，曾经申请丽江府转详立案。嗣因甦怒时，侦知川藏忽有战事，遂即兼程回墩。且闻吉匪猖獗情形，若不少设防备，如不就抚，必贻徒手搏虎，反受重伤之诮。委员现请添设一营，分驻怒、曲，如蒙俯准，请饬将全营先于怒江上江一带择隘驻定，仍备赏需，前往招抚。如其就抚，固为省事，否则痛击一次，使之胆落气衰，自当慑服不暇，然后加以抚辑，计无不耳帖心归。务令自维属腊早以下起直至丽属及保山县属沿江一带夷民，洗心革面，仍供赋役，不蹈从前盗贼之行，以除内地各属抢劫之患，以安怒、曲两江良懦之民而后已。伏维宪台安良除暴，念切恫瘝，凡在民生，尤蒙矜恤。况此边氓疾苦，特为尤甚，应恳照准施行，以除民害。且此吉匪，性成强悍，如能化莠为良，将来选充军旅，尤为是边捍卫之助。……

民国《永昌府文征》纪载卷23《清十二》夏瑚《怒俅边隘详情》

上帕僻处滇边，居怒江上游，为西北屏障。人种原为怒子，后渐始有傈僳，由沧江、六库一带移来杂居其间，名虽归丽江府管辖，其实则怒、傈自成部落，亦无土司统属。……且赋性犷悍，桀骜不驯，反复无常，汉人无敢深入此地。虽有小贩商人冒险前来，皆有怒目等负责保护，始敢深入，然居少数，不过二三人而已。

民国《纂修云南上帕沿边志》(1) 沿革

上帕夷民，原有三种，曰怒子，曰傈僳，曰拉玛。怒子，全系土著，无姓氏，不识年龄，不谙文字，不通汉语。傈僳概由沧江一带移来，亦无姓氏，内分四族：一名瓦咱，二名括咱扒，三名亥咱扒、四名玁咱扒，均系傈傈语。以汉语译之：挖为鱼，从余姓；括为荞，从乔姓；亥为鼠，从褚姓；厥为蜂，从风姓；扒为老者之称。此外别无姓氏，亦不知年龄，不通汉语。拉玛亦从沧江一带移来，咸姓和，并无别姓。名虽三种，而其实则风俗生活相沿成习，俨如一类，非如他属之种族，可以显然区别也。

民国《纂修云南上帕沿边志》(5) 种族

傈僳族咎约分四种，四名厥咱扒，均系傈僳语。以汉语译之：挖为鱼，汉余姓。括为荞，汉乔姓。念（应为害）为鼠，汉褚姓。厥为蜂，汉风（应为丰）姓。扒为老者之称。此外别无姓氏。名虽五种，其实风俗习惯无甚差异，非如他属之种族，可以显然区别也。

民国《征集菖蒲桶沿边志》第十五《氏族》

上帕夷民，虽分三种，而性质则互相传变，习染成风。素性犷悍，桀骜不驯，身傍随时带有刀弩，无分稚老，专以抢劫为生。且极怠惰，不事生产，每年仅种杂粮少许，一家之计，尚不能足，青黄不接之际，尽皆乏食，概行以树皮草根充饥，形容枯槁，菜色憔悴，惨不忍观。在群相结伴，往沧江一带掠人勒赎，已成惯技。现在高官治理，严行查禁，始各迹敛销声，惟团结性最坚。各人均持大同主义，乐则同享，苦则同受；一家有粮，则任意煮酒，合村共饮，日夜欢笑，食尽则散，并无怨言。故全属虽尽赤贫，而向无乞丐依门求食，殊足钦羡。且赋性顽梗，全无欺诈。汉商来往，始则以利诱之，终则以奸计害之，尚服从信仰，而不知其诈也。近来逐渐进化，知识略开，社会变迁，直性稍减。将来交通便利，汉人繁多，风气一开，其浑朴之性，将随之而变也欤！

民国《纂修云南上帕沿边志》(7) 性质

查上帕地面，在昔归丽江府统辖。茨咱以上，原系叶枝土司管理。茨咱以下至现设公署一带，延长一百八十余里，向无土司管束，自成部落。习性野蛮，专恃强横，强者为酋，弱者为仆。其中最强悍者，则有蜡竹底之、上帕之雀阿嘴、黑阿有，姑切之司马所扒。当时均管有数十寨，称为密夺（密夺者即汉语王也），其势力亦可悬想矣。惟无组织、无机关、无专管，不过暂时有事，统率指挥而已。故怒、傈极为自由，常随时聚集数十人，往沧江、俅江两处，任意滋扰。沧江一带，则肆行抢劫，掠人勒赎。汉人畏如虎狼，勿敢深入怒地；而怒子除抢劫外，亦无一人敢入内地者。故汉夷隔阂，消息不通。德溪一带，人民为安全计，自愿每年上纳铁器与怒子，图免滋扰之患。俅江因曲子朴实，性极浑厚怯懦，向系归顺怒子，近来虽被英人占据，而怒子管俅子之语，今人犹在口齿之间，而不能湮没也。

民国《纂修云南上帕沿边志》（10）管辖

怒俅两江，与英缅毗连，原归中国版图，只以清政府放弃职权，漠视边务，致令本地怒、傈自成部落，犷悍已极，内地人士无敢深入其地。嗣至民国纪元，腾越李应泉先生任云南陆军第二师师长，在前曾至此地，得悉其中有此一段沃土无人管理，当即呈请云南蔡松坡都督派兵征服，委任宗熙为正委员长，景绍武为副委员长，各率拓边队士兵四十名，分道前进。任宗熙由丽江、维西一带进攻上帕，景绍武由剑川、喇井、营盘街一带进攻老母登（距知子罗公署十五里）。任君行至丽江，即有帕属腊竹底傈头目称为乜夺者（乜夺系怒王之称，因此人强横，怒、傈尽服其管，故有此称），因其妻妾之子互相争斗，该乜夺不能制止，即声言前往内地求汉兵援救，及至丽江与任君相会，遂派为响导，由富川进兵至腊竹底岩。怒、傈抗拒，将岩桥砍断，无路可通。该乜夺遣亲信怒子深夜用大竹架桥，乘间引汉兵偷过至上帕。怒、傈顽抗，不肯退让，幸任君足智多谋，部属奋勇异常，转战数月，始于上帕村建营垒，筑碉栅，驻守防御。沿江一带，渐次投诚，自愿上纳门户粮，任君遂率队挨村征收。此时兵民虽已相安，而怒、傈反复无常，故各兵均严行防范，弗敢稍懈也。元年六月，第二师师长李应泉将拓边队另行编制，改为殖边队，委任宗熙为大队长，驻守上帕；景绍武为中队长，驻守老母登；复加委何泽远为中队长，率兵三十名，由维西叶枝一带，沿路经营，以为任、景两队之援应。

民国《纂修云南上帕沿边志》（16）开辟始末

查上帕户口，因村落零散，人户稀少，且怒、傈不居平原，喜住半山悬陡，人不常到，险要非常。其次，即由于怒、傈最喜仇杀，是以择险而居，则道路陡峻，调查困难，易于防范也。前于设行政时，经杨葆光委员派员调查一次。斯时，因甫经开辟，汉夷隔阂，疑忌未释，未便详细调查。嗣至十二年三月，马宗龙委员任内复行调查一次，惟帕属每至夏秋之际，疫疠时行，死亡基众，甚至有一户全行死绝者，挨村均有，故于调查时减少甚多。直到二十年保仲馨委员任内，始分区派员挨村逐户详细调查，无论山间岩畔之村落，调查员均必亲到，故比较从前所调查者均各增加，而且详尽。……

民国《纂修云南上帕沿边志》(18) 人口

菖属夷人原有五种，曰古宗，曰喇嘛，曰怒子，曰傈僳，曰曲子。古宗喇嘛，现住一区，相传由清初（不记年）西藏大喇嘛率领古宗二三十人来此传经，勘悉此地可以栽种，遂择地垦荒而家焉。喇嘛系古宗之奉红教者。怒子散居一二区，原系土著。傈僳散住三四区，系由上帕及沧江边移来。曲子系原始土著，现住曲江五区。此各种夷人，各自成为部落。古宗、傈僳，由喇嘛寺管束。喇嘛在清咸同间势力甚大，地方之公务、夷人之诉讼，均由喇嘛处理审判。一二区山地尽被喇嘛霸为己有，夷民栽种须纳与租粮。光绪五年，始委维西普喃土司受辖，喃土司刻虐，夷民怨恨。至光绪三十年，改委维西叶枝王土司管辖，仍归维西二府节制。

民国《征集菖蒲桶沿边志》第一《沿革及设治》

贡山达拉乡及茨开乡之一二两保，在前清时归维西叶枝王土司管理。时于光绪末叶，王女土司信佛，将管辖区钱粮送与藏属察瓦隆喇嘛作香火资，嗣由察蛮征收，异常刻虐，民不聊生。光绪三十四年，喇嘛变后即改土归流，怒俅两江委阿敦弹压委员夏瑚管辖，始与察蛮划界，不许征收。察蛮不服，历年以木函件捆捕、恐吓。民国十二年，察蛮深悉驻防军队已经调离，适梁委员之彦庸懦无能，遂勾结三四区（属叶枝茨开）傈僳阿肯生、尼妈阿匹、托欠等煽惑傈民，驱逐汉官，欢迎蛮官。察瓦隆百长渣西率领蛮兵六七人，各持快枪，竟来打拉收粮，全江人民未经兵事，异常惊惶。梁委员无法制止，准予征收，并立与契约，丧失主权，大损威信。至民国十四年，政府将梁委员撤任。董委员家荣接任后，察蛮又来收粮，经董委员督饬团队，将察蛮枪弹提收，察蛮畏怖，立下永远不敢再收字据，始将枪弹发还，人民至今尚受其赐。傈僳阿肯生等，委以保董甲长之职，遂得消患无形。又民国十五年四月中旬，羊拉蛮匪十余人各持快枪，窜入一区，以缉拿逃犯为名，实欲恣意抢劫。贡属从未遭遇匪患，人民异常惊恐。经前委员董家荣调团防堵，蛮匪慑服，要求给粮出境，人民未受损失。

民国《征集菖蒲桶沿边志》第二《大事记》

管理征收 菖属地方夷人，有喇嘛、古宗、怒子、傈僳、曲子五种。在昔名义上虽归维西叶枝土司管理，其实系强者为酋，弱者为仆。土司对于怒俅两江，只每年派人来收钱粮一次，地方之民刑案件，即由收粮人处理；收粮人撤回后，民间发生争执，又由喇嘛寺解决。彼时喇嘛众多，习性强横，古宗、怒子均畏之，虽威福擅作，生杀由己，莫敢谁何。是为喇嘛管古宗、怒子。至俅江、曲子上与傈僳钱粮，系因俅地深远，土司鞭长莫及，管理虽周，将俅江、狄之狄瞒两江钱粮委傈僳托漏扒征收，将俅江独龙以下拉达阁以上钱粮委傈僳巫千征收，其拉达阁以下钱粮系席米扒征收。所收之粮，尽系山货皮毛。因为傈僳收粮，即由傈僳管曲子，迄今犹在人口齿间。自宣统元年设治后，喇嘛亦无足遗迹。民国四五年间，英人侵占俅江后，傈僳不敢再往征收，惟王土司之于怒江钱粮，虽改土设官后，八九年间仍旧征收。系为夏委虽兼管怒俅两江，并未常驻怒境，亦未将土司钱粮拨归地方，且夷人服从土司已久，一旦使其拒绝土司，恐生意外，以故仍由土司征收。至民国九年，经杨委员毓铣呈准政府，将王土司征收钱粮永远拨作团费，怒俅两江始与土司断绝关系，纯系省委印官管理。俅江地方，先由喃王丙土司管辖，继由前菖蒲桶之官委袁裕才管理，业经历年所是，俅江为中国领土毫无疑义。

民国《征集菖蒲桶沿边志》第四《舆地》

（二）习惯法与经济契约

栗粟，近城四山，康普、弓笼、奔子栏皆有之。……不敬佛而信鬼。借贷刻木为契。负约则延巫祝，置膏于釜，烈火熬沸，对誓，置手膏内，不沃烂者为受诬。失物，令巫卜其人，亦以此法明焉。触忿则弩刃俱发，著毒矢处肉，辄自执刃剜去。

［清·乾隆］余庆远：《维西见闻纪·夷人》

傈僳……以木刻为券，通信亦然。

光绪《云龙州志》卷5《秩官志·附夷地风俗人情》六库土司

栗粟，维西、中甸、剑浪、云龙、腾越各边地皆有之。……不信佛而信鬼。借贷，刻木为契。负约，则延巫祝，置膏于釜，烈火熬沸，对誓，置手膏内，不沃烂者为受诬。失物，令巫卜其人，亦以此法明焉。触忿，则弩刃俱发，著毒矢处肉，辄自执刀剜去。

［清·光绪］杨琼：《滇中琐记·栗粟》

《傈僳族地区土地买卖典当契约7件》

（1）1874年11月朱老二卖契

立杜卖田契文约人崩林寨朱老二，情因家中应用不敷，情愿将自已本田一段，立约出杜卖与李应忠名下，实接受杜价银净纹银五十两整，入手应用。其田坐落：东至齐坡脚，南至坡脚，西至齐朱老六田格垦［隔埂］，北至齐控沟外。田头左右两小漕子，俱在契内，四至书明在据。自杜卖之后，任随授主管业耕种，永为世代子孙之耕业。杜主之子孙，永远有力不得取赎，无力不得加找。此系二比情愿，于中并无私债准折等情。德有内外异言争竞，立有杜主一力承当。恐有后代人心不古，故此立下杜卖文约，存照为据。

实杜本田一段，接受杜价纹银五十两净整，所杜是实。

同治十三年十一月初三日立

（2）1876年4月二官当契

立典当田契文约人崩林二官，为因家中应用不足，情愿立约出字，将已面水扳田一断［段］，坐落地黑泥塘边，当与大头目双至名下，田一段接受田价钱二十千文净整。钱净九七八，其田当主又租种，每年冬收水利谷子，每千谷子一斗，不得短少。如有短少，钱主插犁耕种，当主不得异言。系实二比情愿，中间并无逼迫等情。今恐人心不古，立下田契为据。实是。

光绪二年四月十五日立

（3）1882年8月李应福当契

立当田契文约人李应福，为因家中应用不敷，情愿立约当到熊头人名下，实接受田价钱二十三千文净整，入手愿用。其田坐落黑泥塘河边田一段，东至齐李姓田，南至齐沟，北至齐本家田，西至齐李姓田，四至开明在契。自当之后，任随钱主插犁耕种，田主不得异言。不论年月远近，钱到契归，二比不得刁难，有力取赎，无力加找。系是二比情愿，中间并无逼迫等情。今恐人心不古，立此当契为据。实是。

光绪八年三月十六日立

（4）1907年1月李应洪卖契

立卖杜契文约人李应洪，为因家下应用不足，情愿将自已本田一段，立约杜卖到本寨冻六名下，实接受杜卖田价钱一百吊零三十一千文入手应用。其田坐落黑泥塘河头田一段，秧田沛［配］足。自杜之后任随杜［钱］主耕种为业，杜主不致异言。有力不得取赎，无力不得加找。其田倘有内外人等争竞，有杜主一力承担。此系二比情愿，中间并无逼迫等情。今恐人心不古，立此杜契为据。实是。

光绪三十三年正月十八日立

（5）1908 年 5 月栋二卖契

立卖杜契田文约人杨柳栋二，为因家中应用不敷，情愿将自己本田一段，立约杜到与本地栋六名下，实接受杜价钱三十二千文净整，入手应用。其田座落龙塘河边，东至齐坡脚，南至齐沟，西至齐坡脚，北至齐坡脚，四至开明在契。其田自杜之后，认随钱主插犁耕种管业，杜主不致异言。系是二比情愿，并无相强，倘有内外人等争竞，有杜主一力承当。田杜主子子孙孙，世世代代永久不得异言过问。日后有力不得取赎，无力不得加找。今恐人心不古，立此杜契为据。是实。

光绪三十四年五月初一日立

（6）1908 年 2 月栋五卖契

立卖杜契田文约人沧桐栋五，为因家中应用不敷，情愿将自己本田一段，立约卖到与本地栋六名下，实接受卖田价钱二十五千文整，入手应用。其田坐落龙塘河边，东至齐坡脚，南至齐泡桐栋六格垦［隔埂］，西至齐栋三格垦［隔埂］，北至齐栋三田，四至开明在契。秧田配足。自杜之后，认随钱主插犁耕种管业，卖主不致异言。系是二比情愿，并无相强，倘有内外人等争竞，有卖主一力承当。卖主子孙世代不得过问，日后有力不得取赎，无力不得加找。今恐人心不古，立此杜卖为据。实是。

光绪三十四年二月初十日

（7）1907 年 3 月刘姓换田合同

立合同凭据立约人刘世发、申朝芳二人。因有围墙田一段，祖父首二姓争论，至于鸣官理论。凭刀思鸿助司主大人亲驾到关，将此田均分二分。至后刘姓亦难放水，情愿请凭亲族人等于中说合，申姓情愿将自己面分田让与刘姓开沟放水，其刘姓情愿将自己面分田河边二丘吐出与申姓为业。自立凭据之后，二姓不得异言争论反悔。如有那边反悔者，罚银三十六两。今恐人心不古，立此合同凭据，永远存照。是实。

光绪三十三年三月初八日立

《盈江地区清代及民国时期部分档案选》

三、军　事

（一）军事特点

力些，惟云龙州有之。……善用弩，发无虚矢。每令其妇负小木盾径三四寸者前行，自后发弩中其盾而妇无伤，以此制伏西番。

康熙《云南通志》卷27《土司·种人》

力些，惟云龙州有之。……善用弩，发无虚矢。每令其妇负小木盾径三四寸者前行，自后发弩，中其盾而妇无伤，以此制服西番。

［清］顾炎武：《天下郡国利病书·云南备录》种人

力些，惟云龙州有之。……善用弩，发无虚矢。每令其妇负小木盾径三四寸者前行，自后发矢中其盾，而妇无伤，以此制服西番。

［清］《古今图书集成·方舆汇编·职方典》卷1519《云南土司部汇考五》

地近西域……种类不一，曰么些，曰傈僳，曰古宗，语言各异。……傈僳最为枭悍，出入佩刀悬弓，辄相仇杀。

［清］《古今图书集成·方舆汇编·职方典》卷1505《丽江府风俗考》

彝种有七：……迁徙无常居，在铁锁箐内外者为傈傲，好强悍，斗则交刃，技善弩，经年以射猎为事，闲常出为盗，今奉法不犯者将十余年矣。

［清］《古今图书集成·方舆汇编·职方典》卷1498《姚安府土司考·种人》

力些，迤西皆有之，在大理名栗粟，在姚安名傈傲。有生熟二种。……善用弩，发无虚矢。每令其妇负小木盾径三四寸者前行，自后发弩中其盾而妇无伤，以此制服西番。

雍正《云南通志》卷24《土司·附种人》

栗粟，散入姚安、丽江、大理、永昌四府。在诸夷中性最凶悍。善用弩，发无虚矢。每令其妇负小盾径三四寸前行，自后发弩中其盾，妇无伤。以劫杀为生，登山陟石，捷如猿猱。居处依岩树，迁徒无常。栗粟依山负谷，射猎为生，长刀毒弩日不离身。……骨肉有隙，辄相仇杀。

圣纶按：栗粟凶悍，在宾川州赤石崖、永北金沙江边者为尤甚。余曾摄篆宾川赤石崖，栗粟杀人旧案累累，亦有毙人以弩，哑然而笑，不攫取财物而去者。盖彼固以杀人为戏，但藉是以泄其凶悍之性也。又以居处无常，捷同猿猱，极力设法捕缉，究难弋获。

［清·乾隆］谢圣纶：《滇黔志略》卷15《云南·种人》

力些，迤西皆有之，大理曰栗粟，姚安名傈僳……善用弩，令其妇负小木盾，自后发弩，中其盾而妇无伤。

［清·乾隆］倪蜕：《滇小记·滇云夷种》

力些，即傈傈。衣麻披毡，岩居穴处。利刃毒矢，刻不离身。登山，捷若猿猱。以土和蜜充饥。得野兽，即生食。尤善弩，每令其妇负小木盾前行，自后射之，中盾而不伤妇，以此制服西番。野力些，披发插羽，尤凶悍。

［明］杨慎编辑，［清］胡蔚订正：《南诏野史》下卷《南诏各种蛮夷》

《皇朝职贡图》：傈傈……善用弩，发无虚矢。妇女短衣长裙……。旧《云南通志》：迤西皆有之，在大理名栗粟，在姚安名傈僳，有生熟二种。……善用弩，发无虚矢。每令其妇负小木盾径三四寸者前行，自后发弩，中其盾而妇无伤，以此制服西番。

道光《云南通志稿》卷184《南蛮志三之三·种人三》

傈傈……善用弩，矢无虚发。……每令其妇负小木盾径三四寸者前行，自后发弩，中其盾而妇无伤，以此制服西番。……性刚很嗜杀，然么些头目、土官能治之。年奉头目麦、黍共五升，新春必率而拜焉。栗粟种类，在滇省各夷中为最劣；在维西者杂处于各夷中，而受治于么些长，犹较驯顺。

光绪《续云南通志稿》卷160《南蛮志·种人一》

力些，迤西皆有之，在大理维西名栗粟，在姚安名傈僳……善用弩，发无虚矢。每令其妇负小木盾径三四寸者前行，自后发弩，中其盾而妇无伤。

光绪《清代滇黔民族图谱·云南种人图说》

栗粟，于诸彝中最悍。依山负谷，射猎为生，长刀毒弩，日不离身。……骨肉有隙，辄相仇杀，颇为行旅患，近稍向化矣。

康熙《大理府志》卷12《风俗》

彝种有七：……在铁锁箐内外者为傈僳，好强悍，斗则交刃，技善弩，经年以射猎为事，闲常出为盗，今奉法不犯者将十余年矣。益证无有不化之人，盖调制何如耳。此外则化外野彝，不听教化矣。……先世屡剿之，以恃地险，汉人至则避迹无影。盖因地在蜀之极边，与西番联姻戚，故习遂难遽革。……

康熙《姚州志》卷1《风俗》

傈僳，即力些……善用弩，矢不虚发，每令其妇负小木盾径三四寸者前行，自后发弩，中其盾而妇无伤。

道光《大姚县志》卷7《种人志》

傈僳，于诸夷中最悍，不栉不沐，语亦与诸彝别。处兰州界，连云龙，依山负谷，射猎为生。利刀毒矢，日夜不离身。……有隙辄相仇杀。散游于棘子寨、瓦窑场、马柳甸、鸡踪洞之间，不时伺隙，劫掠行旅，抢夺牛羊，大为归化、师、顺之患。康熙五十三年，知州王湑通详上宪，着落兰州土舍拿解法究后，始知法纪，近今敛迹。

雍正《云龙州志》卷5《风俗·附种人》

查云龙西北一带接壤兰州傈僳，乃舍目罗维馨土民，丽江土府木兴所辖也。向来维馨纵贼抢杀……该土府木兴，因何不加严约束，以致扰害？候移镇营并行该府通判严查拿解，审究追赃……夫兰州为丽江府所辖，土府木兴实受朝庭爵命，土舍罗维馨居住衙署，文移用钤记，非化外野人可比……疏于防范而不恤，乃土府木兴、土舍罗维馨也。相应详请宪台转请臬宪，严饬土府不行约束之愆，治之疏纵之罪，勒令拿贼追赃。

雍正《云龙州志》卷12《艺文》之王湑《详究傈僳抢劫》康熙五十五年

滇省鹤庆、大理、永昌三府所属之维西、云龙、腾越等厅、州边外，有蛮名力些，一名傈僳，又名赤发野人，原分生熟二种……生者不知耕作，以罗雀、射猎为生，出入皆佩刀带弩，弱则散处崖谷，强则群聚剽掠，每为边境商民之害。……傈僳形如猛兽，贯用强弓毒矢，人莫敢撄，惟畏鸟枪。

[清·乾隆]《张允随奏稿》①

① 载方国瑜主编《云南史料丛刊》卷8第709页，云南大学出版社2001年。

傈僳，有生熟二种，岩居穴处，或架木为巢。……猎取禽兽为食，居无定所，食尽即迁。佩弩带刀，虽寝息不离。性凶暴嗜酒，一语不投，即持刀相向，俗好仇杀。

乾隆《丽江府志略》上卷《官师略·种人》

傈僳，《南诏野史》作力些，金沙、澜沧两江之高山有之。男女皆衣麻披毡，岩居穴处，利刀毒矢，刻不离身。登山捷若猿猱，以土和蜜充饥，今则有种杂粮者。得野兽，即生食。尤善弩，每令其妇负小木盾前行，自后射之，中盾而不伤妇，以此制服西番。

光绪《丽江府志》卷1《地理志·风俗·种人附》

傈僳，性悍顽不驯。……削竹为矢，采毒熬膏作箭头之药。利刀强弩不离其身。骨肉有隙，即仇杀不休。

光绪《云龙州志》卷5《秩官志·附夷地风俗人情》六库土司

傈僳，亦名傈苏……其风俗，挟刀好斗，遇仇相屠。

光绪《元谋县乡土志·人类》

所属夷人六七种：……力些，迤西皆有之，在州者名傈僳，有生、熟二种……善用弩，发无虚矢。每令其妇负小木盾径三四寸者前行，自后发弩，中其盾，而妇无伤，以此制服西番。

［清·光绪］刘慰三：《滇南志略》卷2《楚雄府·姚州》

力些，即栗粟，于诸夷中最悍，依山负谷，射猎为生，长刀毒弩，日不离身。……骨肉有隙相仇杀，颇为行旅患。

［清·光绪］刘慰三：《滇南志略》卷2《大理府》

傈僳，居高山极冷之地，与崩龙稍异。善使弩，发无虚矢。其箭有毒，中之即死。

光绪《永昌府志》卷57《群蛮志·种人》

傈僳……散居姚安、大理、永昌四府。其居六库山谷者，在诸夷中为最悍。其居赤石崖、金江边地，与永江连界者，依树木岩穴，迁徙无常。男人裹头，衣麻布，披毡衫，佩短刀，善用弩，发无虚矢。

光绪《腾越厅志稿》卷15《诸夷志·种人》

（曲江）下江曲民，则又苦江尾傈僳，勾结怒江吉匪，出没无常，横行抢杀，恒有旦夕难安之势。上下江与江尾，又均有所谓骨尸钱粮者傈言为俄普骨牙。缘傈僳到处抢劫，亦到处贸易，然无不凶横霸道，倘被人殴死，或即病死，傈又集众往其所死之一带地方抢劫烧杀，累月连年，迄无休息，不得已与之讲和，愿上骨尸钱粮；于是议定某项若干，村村寨寨、家家户户，每年照上一份。傈人往收此分钱粮，尤必好为供应。地方出一傈僳命件，则此骨尸钱粮，曲人必世代上纳，傈僳亦世代收受。各村上此钱粮，有多至五六起、七八起者。

……

委员身历地土，目睹情形，愚见所及，尚有十端，谨再分别为我宪台详陈之：

一、宜建设官长，以资分治也。

查怒江上自藏属擦瓦龙、松笼、喇卡起，下至耳目止，二十余站，系维西属；又自耳目起二十余站，至云龙州属之六库、老窝地，中间有归丽江县属者，有归剑川州属者，有归永昌府之保山县属者。维属自腊早以上，虽有土司，不过每年遣人收受钱粮一次，并未驻扎管理，不惟无益，反多滋扰；腊早以下，原有土司管理，曩因收粮之人过于需索，傈民聚众逐杀之，嗣后即无人敢往收粮，不服管束，不安耕凿，相率以抢劫为生，为患丽、维各属，不可胜言。即丽江、保山各属，亦多不上钱粮，不服管束，逍遥化外，历有年所。盖怒江钱粮，并未按亩升科归入正供项下，虽由土司按村收受，闻每年所解怒贡计不过十余金，即未收之处与正供仍无妨碍，惟于私款微有所损，故该土司亦均缄默无言。至于曲江，本系维属百姓，上有土司钱粮，以土司从未一至其地，主治无人，致该曲众上受擦蛮、下受吉匪之害，几不聊生。若狄子、狄不勒两江，向处化外，此次委员查勘到境，亦已收复，自今年始，愿上钱粮。脱落、狄满两江地土尤为宽阔，其居民有自木王地迁来者，有自怒、曲两江迁往者，故其钱粮亦互相收受。自怒江至狄满，纵横上下，计数千里。以数千里膏腴之地任其荒芜，数千里纯朴之民任其顽梗，殊非慎重边疆，固我邦本之道。……

二、宜添兵驻防，以资保卫也。

怒江百姓，最苦吉匪抢杀为患，虽有防营一哨，以保护教堂为专务，不能远驻各隘，以此上、下江居民，时虞抢劫；曲江亦上受擦蛮盘剥，下受傈匪滋扰。两江百姓之受害，有甚于水火之为灾者。委员目睹情形，不忍膜视，已诺转禀上宪，拨兵保卫。窃以民为邦本，本固邦宁，若此边地之民，尤不能不加意抚辑。为固本宁邦之计，拟请先设巡防一营，分驻怒江之菖蒲桶、腊早，以及曲江之喇卡塌、满当、拉打阁等处各要隘，暂资保卫，以安民心，俾勤生业。此次委员查勘过境，曲江上下均经遴派伙甲约束夷众，擦蛮闻之，颇较往时收敛；傈匪有数十成群者数起到境，闻委员至，亦即潜踪。倘不赶紧拨兵驻护，该匪等侦知官家仍旧放弃，则吾怒、曲之民之害，势必如水益深，如火益热，行将靡有孑遗矣！此委员之先请添营驻防，为民请命之苦衷也。至于脱落江头为西藏松噶、曲宗要隘，狄满江上连西藏，中界木王，下接普猛，均为边界极要隘口，应候各官建定，再行添练精兵，设关把隘，以固边隅……

四、宜剿抚吉匪，以除民害也。

怒江自腊早以下傈僳较多，原有土司管理，曩因收粮之人过于苛扰，傈民聚众逐杀之，自此不服管束，不安耕凿，相率以抢劫为生。雪未封山以前，则在鹤、丽、剑、维等处山林要隘，结党野处，拦劫行人；封山而后，则在上江一带抢劫确索，估拉人口，勒索重赎，否则卖入藏属为奴。即内地有犯重罪者，率多逃匿其处，实为永、丽各属逋逃渊薮。上江百姓呼下江为吉尾子，言之无不栗粟。委员于光绪三十二三年内，先后两次奉檄入怒，曾将此情两次禀陈有案。三十三年内，因该吉匪在康普、岩瓦、因多等处抢劫多起并拉多人，事主报经维西厅，委一年幼无知之袁桂林，发给枪枝，饬带团勇数十名，于是年冬前往查办。因需索太甚，吉匪用弩箭将袁射伤，并杀其从人郭玉贤及伙头、背夫三人，外伤数人，夺去枪枝数杆，集众数百，驱之去境，地方为之惊惶。幸防哨将上江要隘堵住，始无滋蔓之虞。袁子归报，维厅置之未究，以此益加猖獗。去岁常来上江抢人、拉人，虽有防哨，兵力太单，不敢深入追击，莫可如何。委员此次到怒，各事主纷纷哭诉，惨状难名。及至曲江，又据曲众禀称，此项吉匪，常为江尾傈僳勾结入境为患，恒有旦夕难安之势。委员不历其地，不知其惨，既已目睹耳闻，则此民瘼，何敢玩视？窃以该匪居住江边沃土，以无官长为治，不愿安于耕凿，相率以抢劫为生，从无一案破获照例惩办以昭儆戒者，故该匪居之不疑，视为执业。若不设法收服，则养痈为患，伊于胡底。倘亲历其境，推诚布公，剀切开导，遴派头目，厚以赏需，抚之当较易易。否则，江边道路虽则崎岖，而其隘口要不过如中甸三村之险。剿之亦自不难……

民国《永昌府文征》纪载卷23《清十二》夏瑚《怒俅边隘详情》

小江之茶山人，傈僳种也……性情犷悍，臂力强劲，多以猎鸟兽为业，药弩鸟铳，百发百中。倘临之以组织，化之以仁政，施之以教育，以之捍卫边疆，未始非国之武士道也。

［清·宣统］李根源　著，［民国］李根沄　录：《滇西兵要界务图注》卷2《乙线》

栗粟以滇省沧、潞两江上游为多，其居于未定界者，散住岔角江、拉打阁、恩梅开江上游沿岸，及尖高山北昌银沟、之非河一带。此类性质刚强好斗，并好渔猎。男子出入佩刀外，兼负弓弩，百步内百发百中。箭头有药者，无论人畜，射中出血即死。

［民国］尹明德：《滇缅北段界务调查报告》

傈僳，以滇省沧、潞两江上游为多。此种民族，性质刚强好斗，并好渔猎。男子出入佩刀外，兼负弓弩，百步内百发百中。箭头有药者，无论人畜被射中，出血即死。

民国《保山县志稿》卷13《土族》

上帕夷民，虽分三种，而性质则互相传变，习染成风。素性犷悍，桀骜不驯，身傍随时带有刀弩，无分稚老，专以抢劫为生。且极怠惰，不事生产，每年仅种杂粮少许，一家之计，尚不能足，青黄不接之际，尽皆乏食，概行以树皮草根充饥，形容枯槁，菜色憔悴，惨不忍观。在群相结伴，往沧江一带掠人勒赎，已成惯技。现在高官治理，严行查禁，始各迹敛销声，惟团结性最坚。各人均持大同主义，乐则同享，苦则同受；一家有粮，则任意煮酒，合村共饮，日夜欢笑，食尽则散，并无怨言。故全属虽尽赤贫，而向无乞丐依门求食，殊足钦羡。且赋性顽梗，全无欺诈。汉商来往，始则以利诱之，终则以奸计害之，尚服从信仰，而不知其诈也。近来逐渐进化，知识略开，社会变迁，直性稍减。将来交通便利，汉人繁多，风气一开，其浑朴之性，将随之而变也欤！

民国《纂修云南上帕沿边志》（7）性质

怒、傈所用武器，仅有刀弩两种。刀则锋宽柄窄，长短不一；长者自三尺至四尺余，短者尺余至二尺许；鞘则用木刻为半面，藤缠数道而收束之。男子无论老幼，尽皆携带，均佩于右肋之下，其出入鞘时，灵便非常。弩以木为之，大小不一。中有一直木横穿一木为弓形，如十字；弦则系诸弓上，箭架于中，以弦推广而射之。大者长四尺余，需百斤力；小者长尺余，需二三十斤力。箭则以竹为之，内分三种：一曰药箭，以毒药裹箭头，射中者登时立毙；一曰铁头箭，以铁炼为三叉，或如矛，甚锋利。一曰白头箭，以竹削尖而用之。怒、傈自幼练习，技术最精，百发百中，为他种人所不及也。现在官署严禁刀弩，惟旅行始准携带，违者收毁，其持器斗殴之习，自然渐次退减矣。

民国《纂修云南上帕沿边志》(12) 武器

上帕怒、傈，犷悍成性，专恃强横，遇有争执，最喜报复，故仇杀之案甚多。往往两边，均各约聚戚族邻众数十人，各持刀弩，并用生牛皮制为皮板，披于背上，以避弩箭，名曰牛皮甲，无则披以棉絮或毛毯（因弩箭入软处则无力），互相争斗。死伤者两边各自收回。若死亡相等，经两边头目从中排解，多死一人，则饬令赔偿牛二三十头（名曰赔骨尸）或可了息，否则世代子孙，仇杀不休。现在设官治理，严禁仇杀斗殴。江西怒傈，以江为恃，难以拘提，间有发生者；若江东夷民，此风全行消灭矣。

民国《纂修云南上帕沿边志》(13) 争斗

查上帕户口，因村落零散，人户稀少，且怒、傈不居平原，喜住半山悬陡，人不常到，险要非常。其次，即由于怒、傈最喜仇杀，是以择险而居，则道路陡峻，调查困难，易于防范也。

民国《纂修云南上帕沿边志》(18) 人口

争斗　菖属各夷人中，唯傈僳生性犷悍，专恃强横。遇有争执，最喜报复，故仇杀之案甚多。两造均各勾串族邻亲友三四十人，各持刀弩，并用生牛皮制为皮板，披于背上，以避弩箭，名曰牛皮甲，无则以绵絮或毛毡（因弩箭入软处则无力）披之。互相争斗，死伤平均，经两造头目调解了息；若多死一人，则饬令赔偿牛一二十条（名曰赔骨尸），亦可了息，否则世代子孙仇杀不休。在民国十二年，梁之彦委员任内，尚有发生，嗣经后任严禁，迄于今日，此风销也。

民国《征集菖蒲桶沿边志》第十五《民族》

黎苏，一作为力苏，为数无多，散居盐边、会理等地……尤工射，以打猎、采药为主要副业。能制药箭毒弩，无论人兽，触之即死，虽倮夷亦畏之。以彼族人口之少、势力之微，而能免于倮倮侵灭者，即由于此。

民国《宁属调查报告·政俗门》

俐苏族……强悍好猎，能自卫而不为非。

民国《西昌县志》卷12《夷族志》

（二）反抗与镇压

宣德二年二月庚辰　……总兵官黔国公沐晟及云南三司官言：“澜沧卫等处有力些贼六七百人劫杀人民，烧毁仓廒，抢夺马牛，委官追捕，贼众拒敌。缅甸宣慰司头目巴罕等贡方物赴京，被贼抢夺金银，射死其子。又顺宁府雄摩等一十五寨蒲罗夷贼，倚山恃险，出没劫掠……请于今秋发云南官军并调大侯等四长官司，鹤庆、顺宁二府土兵，委掌都司事都督同知沐昂等率领分往各处，顺服者抚绥业，梗化者相机擒剿。”上从之。

《明宣宗实录》卷25

弘治三年庚戌，你甸铁索箐贼反。铁索箐皆力些夷所居。力些，言摩些而有力者也，居丽江之兰州、剑州、姚安、五井等处山谷间。其民不治生，敢死而善斗，专事劫夺。凡女择婿，必问其能剽御者，方乐归之。其器利用弩，附以毒药，中之立死。成化十四年反，抚镇调兵征服。至是又反。八月，官兵追征至大罗城，出哨香摩些、母喜箐、鸡足山等处。官兵与贼战，得其甲首，贼始平。盖屡反屡征之悍夷也。

［明·万历］诸葛元声：《滇史》卷12

（万历元年）冬十月，抚镇奉旨西征铁索箐、赤石崖诸村。箐在大姚县西北山阿水隈。箐，夷巢穴也。夷名力些，言摩些之有力者也，居丽江、姚安山谷间。其民不治生，敢死善斗，专事劫夺，器用毒弩。官捕之急，男子奔入深箐，发弩中人立死，妇人治弩矢以给男子。自成化来，屡征屡反，盖悍夷也。历年地方行旅被剽御，责发各土司，皆以力些为辞，贼遂大猖獗，自署王号。巡抚邹公疏上调兵选锋，亲入贼阻，大兵压境，先诱缚其渠首，擒僭王夷酋罗勒扶等，余党荡除几尽，七十二村悉平；于是添补设御，四郡乃安。……

［明·万历］诸葛元声：《滇史》卷13

澜沧卫有力些贼，每聚众杀人烧庐舍。宣德初，缅甸招纲巴罕入贡，贼夺其贡物，而射死其子。同时有顺宁、雄摩一十五寨蒲罗夷贼倚山出略，杀死顺宁千夫长阿茂并土兵等。上命都督沐昂发鹤庆，顺宁土汉官兵分剿二贼，俱平之。

［清·康熙］毛奇龄：《蛮司合志·云南蛮司志》

知府阿胜阿宅，官讳木青，字长生……万历二十年，云龙州力苏抢五井司提举皇盐作耗，奉总兵官征南将军太师黔国沐武靖公昌祚及两台明文，亲领兵征进，杀获八十三级，蒙奖花牌表里。

［清］《木氏官谱·文谱》之《玉龙山灵脚阳伯那木氏贤子孙大族宦谱》

乾隆十二年，（云龙）州属秤戛夷人弄更扒系土巡捕段连第属下熟傈僳，谨案：云龙江外傈僳，一名力些，一名赤发野人，有生熟二种，熟者耕种，生者抢劫为生。劫掠潞江、芒市等土司地方。又腾越边外官寨夷人早可，亦系云龙土目段连第属下熟傈僳，劫掠段连第所管片马、鱼洞两寨，经官兵擒剿，议定江东之六库、渡口、……大竹罗、大竹地并归云龙州管辖……

道光《云南通志稿》卷106《武备志三之一·边防上》

乾隆十二年四月十一日

为奏明筹剿不法顽夷以安边境事：窃照滇省鹤庆、大理、永昌三府所属之维西、云龙、腾越等厅、州边外，有蛮名力些，一名傈僳，又名赤发野人，原分生熟二种，熟者种地力作，设有头人管束，生者不知耕作，以罗雀、射猎为生，出入皆佩刀带弩，弱则散处崖谷，强则群聚剽掠，每为边境商民之害。乾隆六年十一月，维西江外傈僳阿腊瓜、鲁昧、五箭等抢劫白浪峒等处，经臣檄调土练，将为首凶夷悉行擒斩，余党分散安插，于乾隆七年二月奏报在案。该野夷经此惩创之后，数年以来，维西一带边境甚属宁静。兹于本年正月二十九日，据永昌府保山县知县顿权报称："上年十一月内，有傈僳潜至潞江安抚司所管之猎猛、养庆二寨，抢去耕牛、衣布、银钱等物。又于十二月内，据客民徐启圣等诉称：'芒市、遮放两土司地方，傈僳聚集拦路劫抢货物，商旅不敢前进'等语。当即会同护理永顺镇印务中军游击章绅，饬令潞江、遮放、芒市各土司防御擒拿。今于本年正月初三日，据施甸巡检任藻报称：‘十二月二十九日，有傈僳成群结党，持刀架拿，将江外阿石寨围住，抢掠牛、猪，逼索银、布’等语。除飞饬各土司暨该巡检上紧擒捕外，合行禀报。

再查：傈僳形如猛兽，贯用强弓毒矢，人莫敢撄，惟畏鸟枪。前据潞江安抚司线朗“请给鸟枪五十杆，以资抵御，可否借给？”等情到臣，当即飞札永顺镇总兵官鄂海转饬该土司严加防堵，倘仍敢入滋扰，立即擒捕；并照乡村防御盗贼之例，准给鸟枪五十杆、火药七十五斤，以资堵御，事竣将原枪呈缴去后。又于三月初三日，据永顺镇中军游击章绅、保山县知县顿权报：“据猛赖防弁王有义、上江蛮岗喧火头张士道等禀报：‘二月初八日，有傈僳弄更扒统领野夷数十人，各执刀枪、弩箭来湾桥寨，将耕牛抢去四十八条，报经目兵段天明带兵四名前往救护，傈僳已去二十里外，即率同喧内夷民赶上，被傈僳施放药弩，将兵丁王世臣射伤，幸带有解药治好，众皆畏惧退回。查得为首之弄更扒，系云龙州边外六库土巡捕段联第管下之熟傈僳’”等情。并据永顺镇总兵官鄂海、迤西道来凤英报，同前由，各到臣。除飞饬专汛地方文武擒拿弄更扒务获外，臣查傈僳野夷，虽具人形，实同野兽，今敢连次劫掠土司地方，而边熟夷胆敢勾结野夷，抢掠内地村民牛只，若不大加惩创，必致扰害无休。但其地处险阻，且无一定巢穴，必须以夷攻夷，庶免劳师动众。

查潞江、遮放、芒市三土司，俱有捍卫边隅之责，所辖夷民于江外地势情形亦俱熟悉，臣俟秋深瘴消，夷民收获之后，行令该土司等各选精壮土练数百名，给以鸟枪火药，臣逆委干练将领一员，酌带弁兵，督同前往扑剿，务使凶渠悉就擒斩，余党共知儆惕，不敢再肆劫掠，庶边徼民生永享宁谧矣。臣因顽夷不法，必须惩创，谨将筹画擒剿缘由，会同云南提督臣潘绍周合词具奏。是否有当，伏乞皇上训示施行。谨奏。

朱批：“知道，妥酌为之。”

［清·乾隆］《张允随奏稿》

太子少保云贵总督臣张允随、云南巡抚臣图尔炳阿、云南提督臣潘绍周谨奏：《为奏明清理野贼余孽事》：

窃照滇省云龙、腾越、保山三州县境外，有傈僳一种，形同野兽，散处山谷，素性凶顽，惯用强弓毒矢，人莫敢撄。上年秤戛寨熟傈僳弄更扒勾结江外野夷，侵扰潞江、芒市、遮放三司地方，抢掠保山县边境村寨。臣等以野贼滋事，若不大加惩创，必致扰害无休，奏明俟秋深瘴消，发兵擒剿。又，马面关外阿昌夷酋早可，恃其地广人众，自弃化外，于乾隆十一年正月，率众攻夺云龙州六库土巡捕段联第所管之片马渔洞地方，将头人栋老六全家杀死，并杀掳夷民男妇一百五十名口，抢去牛羊牲畜一百数十余只。

臣等查片马等寨，既系六库土目所管，即属云龙边境，岂容化外凶顽擅杀无辜？当调汉土官兵一千九百余员名，遴委署腾越协副将谢光宗、楚姚镇中军游击岳从美带领前往，一并相机查办。除弄更扒一犯，先经署云龙州葛庆曾遣令土目段复健、茶尚庆诱擒滚菁跌毙外，将幸党、猛哦、秤戛等寨贼首密老五、欧傈僳、祝黑子、阿昌贼首早可及潞江土司所属赛林寨贼首老乌睹等先后擒斩，并将贼党逆属拿获，解省收审。经臣等于乾隆十三年正月二十七日会折，奏明在案。

兹于二月初八日，据保山县知县顿权报称：正月二十四日夜，有江外傈僳潜至县属鲁掌寨土目茶尚庆家放火并杀伤人口等情，臣等当即飞饬署副将谢光宗星驰前往，查明系何处野贼？因何事仇杀？如已逃窜，即跟追贼踪，严拿务获；如尚在聚集，即酌带兵练迅速扑剿，毋任免脱。去后，嗣据该署将复称：上年清理野贼，官兵撤旋之后，责成沿边各土目查拿余党，其向附早可之浪速蒲蛮等处夷境及江外归附傈僳四十余寨，现俱宁贴，止有秤戛寨傈僳黑得窝、枝花扒等，素与弄更扒勾结为匪。又因鲁掌土目茶尚庆随时征剿，多所斩获，逆党咸怀怨恨，今见尚庆查拿弄更扒，余党恐被拿解，遂与猛哦、幸党二寨余孽，并勾结江外二别罗等寨傈僳共三百余人，于正月二十四日五更时分齐至鲁掌，将茶尚庆屋围烧。尚庆仓卒抵御，被贼杀死家属男妇一十三名口。尚庆亦杀死傈僳四名，并将贼首黑得窝射死。贼众现聚秤戛，声言欲杀尚庆报仇等情。

臣等先后行委署腾越协副将谢光宗、提标中军参将高钦，酌调汉土官兵一千五百八十余员名，带领星赴登梗，调遣进剿。据该府将谢光宗报称，职未到登梗之先，有防守新关把总王训于二月二十七日探得，有傈僳四五百人在关外三里之火烧寨聚集，即同千总赵世勋、土目茶尚庆，带领兵练前往擒剿。官兵放枪打死野贼数十名，活擒四人，余皆逃入山箐。该千总分路回关，有王训、茶尚庆过河由山路踩探，遇贼埋伏箐内，用药弩射伤兵丁，五名身故。二十八日，贼众复致关外放火，千、把总等带兵往拿，贼已遁去。职即分遣千、把、土目星赴蛮云、蛮喧，严加堵截，一面尾追剿杀。初四日酉刻，官兵齐抵蛮云，正与贼遇见，大兵突至，仓皇拒敌，职等督率弁兵目练奋勇冲杀，枪炮齐发，打伤逆贼甚多。贼众四散奔逃，滚崖跌毙者，不计其数。至晚收兵，查点兵练，并无伤损。查逆贼败窜，势必奔回秤戛巢穴。职于初五日，遣令守备韩宗良、把总刘经邦带领兵练，由新关、新寨一路剿杀，又令千总赵世勋、把总杨基带领兵练，由练地、龙塘、古龙一路剿杀，俱于登龙会齐，进捣秤戛，听候计取，另为捷报等情前来。

臣等查傈僳野贼，先因抢掠沿边村寨，经臣等调兵扑剿，凡为首凶渠及附逆伙党，业已次第擒斩；乃余党黑得窝等，因土目茶尚庆查拿贼党，胆敢纠众报复，不法已极，自应痛加剿洗，庶足震慑凶顽。今野贼被官兵两次奋击，枪炮打死数十余人，贼众溃败。据署副将谢光宗报称，现在派遣弁兵堵截追杀，自可计日授首。除飞饬上紧剿扑务尽根诛外，所有臣等清理野贼余孽缘由，合先会折奏闻，伏乞皇上睿鉴。臣等谨奏。

（乾隆皇帝亲笔草书朱批）若此，则谢光宗善后之经理未妥，可查奏，不宜迴护也。

乾隆十三年三月十三日

转录自王恒杰《清朝官员有关弄更扒起义奏折的点注》[①]

太子少保云贵总督臣张允随、云南巡抚臣图尔炳阿、云南提督臣潘绍周谨奏：《奏报官兵连破贼巢擒斩贼党追拿首恶情形事》：

窃照傈僳余孽黑得窝、枝花扒等，纠众焚杀鲁掌隘土目茶尚庆家，经臣先后调遣汉土官兵一千五百八十余员名，檄令署腾越协副将印务、抚标游击谢光宗、提标中军参将高钦统领前往擒剿，已于三月初四日进抵蛮允喧，击败贼众，遣兵追剿，进捣秤戛贼巢。当于乾隆十三年三月十三日会折，奏报在案。

嗣据总统高钦、谢光宗陆续报称：查得秤戛贼首汪且扒，一名祝老四，系已死弄更扒妻父，及排把贼首黑得窝等，勾结江外喇白、乌别等寨傈僳，聚集六百余人，欲杀茶尚庆，并抢掠十五喧地方。自蛮允喧败回之后，在雪山梁牛路、擂石坡、瓦喇、二口等处分头屯扎。贼首会集秤戛，将各要隘口俱安放滚木擂石。又有二别罗贼首黑坎、黑则，纠集二百余人，在藏王地宰牛歃血，口称逢寨掳寨，并将兰州土舍罗君美投文人杀死，甚属不法。职等当令守备韩宗良、翁达等带领兵练，于三月二十六日攻打鱼定江边头道擂石

① 载政协怒江州文史资料研究委员会编《怒江文史资料选辑》第14辑，1990年。

坡，贼人败遁。官兵乘势进攻牛路，枪炮齐发，打死贼人八名，打伤十数名。贼众死踞山顶，弩石如雨。官兵阵亡一名，带伤十余名。从巳至申，不能攻克。职等查秤戛逆寨，四面奇险，背倚雪山，下临怒江，擂石二道，逼近江沿。贼人先据险要，非三面合攻，遽难克取。当遣守备虞人政带兵，由鹅毛顶躧开雪山，绕至江边，用炮攻打，使贼不能拒守江岸。又遣土目茶尚庆、段联第带领土练埋伏牛路、瓦喇、二口之傍，遣守备翁达、千总陈天直等带兵攻打头道擂石，遣守备韩宗良、千总李正宗等带兵攻打二道擂石。于四月十九日寅刻，汉土官兵奋勇攻克三道擂石，直入贼巢。贼众滚箐奔逃，官兵尾后追袭，阵斩贼人一名，打死二名，打伤十余名，伤亡土练一名，带伤兵练八名。查秤戛贼巢既破，贼必潜窜二别罗、喇白乌别一带，即遣守备虞人政带兵由黑乌睹过江，绕出喇白乌别之后；又遣守备翁达、韩宗良带兵，由喇白乌别一路进剿二别罗。职等于二十一日进兵三台山，居中督剿等情前来。

臣等当查秤戛逆贼，胆敢焚劫鲁掌边隘，及至官兵进剿，尚敢屡次拒敌，罪不容诛。前据该将等以贼人踞守险隘，骤难攻取，节经飞檄严饬，并差员持令督催。今虽据报已将贼巢攻破，但斩杀无多，显系攻围不力，被贼予行遁去，以致仅克空城。兹贼既败遁，应即速行追袭，将为首之祝老四、枝花扒、黑坎、黑则等尽数擒斩。并晓示各寨，如能将各逆犯擒献，仍准安插原址；倘敢庇匿抗拒，即痛加剿洗，毋得稍存姑息。其未经附逆各寨夷民及先被胁从后能悔罪投诚者，亦不得妄加杀戮，致失威信。并查二别罗一带，贼寨后路山径错杂，兵练不敷堵截。又经檄调提标鹤丽、永顺官兵五百余名，丽江么些土练二百名，刻日前往攻剿去后，续据总统高钦、谢光宗报称，探得逆贼自称戛败遁之后，复窜踞喇白乌别。职等会筹后路，兵弁未到，若即进兵，纵将贼巢攻破，贼必复由响习一带逃遁。当于四月二十六日，飞饬土舍罗君美带领土练，会合守备虞人政，由响习过江，堵截贼人去路。不意连日阴雨，江水泛涨，筏不能渡，若待水退，又恐延缓。当令土练踩明雪山路径，于五月初四日，令把总刘经邦、外委宋有功、土目茶尚庆带领兵练，攻打喇白乌别寨擂石口；令守备韩宗良、千总李正宗、把总余湖带领兵练，攻打贼寨之东；令守备翁达、千总赵世勋、把总杨正宗带领兵练，攻打贼寨之南；令千总陈天直、把总杨基、土目段联第带领兵练，由雪山梁绕下，压攻贼寨之西。汉土兵练俱于初七日寅时，四路并进，奋勇合攻，枪炮打死逆贼甚多，打伤者无数。贼人势不能支，齐往响习一带奔逃，即将贼巢焚毁。

查秤戛、阿勒挖底、喇白乌别贼寨，实属奇险，今皆倾巢覆穴，贼势已成瓦解。现在督令弁兵目练，尽力搜剿，务期擒斩净尽，另外飞报。……（下略）伏祈圣鉴。臣等谨奏。

（乾隆皇帝草书朱批）知道了。

乾隆十三年六月十一日

转录自王恒杰《清朝官员有关弄更扒起义奏折的点注》[1]

乾隆十三年闰七月三十日

为钦遵圣训，恭摺奏复事：乾隆十三年闰七月十七日，承准大学士伯张廷玉，协办大学士尚书傅恒字寄，内开：乾隆十三年七月初九日，奉上谕："据总督张奏称：'上年秤戛贼首弄更扒纠众抢夺保山县属村寨，旋将逆犯擒斩，仍有祝老四及伙党枝花扒、黑得窝等，因鲁掌土目茶尚庆随征多所斩获，遂纠合二别啰贼首焚杀茶尚庆家口，抢掠新寨、练地一带夷寨。经臣檄调兵练，连破秤戛、阿勒挖底、喇白乌别、核桃登、二别啰等逆寨，止有祝老四、枝花扒二犯窜伏响习箐内，现今分头剿捕。札商提臣潘绍周，酌度时势，量留兵弁，驻适中之地，实力搜拿，其余分布各路官兵陆续撤回'等语。此等徼外野蛮，仇杀劫掠，自其性然，官兵随时捍御，亦易于扑灭，而衅端一开，势不容已，往往遂成大役，如蜀之瞻对、大金川，皆前鉴也。

向闻汛防兵卒，遇野蛮愚弱易欺，恣意凌虐，逼以人理之所不堪，汉奸从而勾结教诱，遂致啸聚荒箐。汛兵利其掳获，张大其词。营弁本无远识，加之喜事邀功，虚报捷音，以一作十。即如该督所奏，弁兵无不奋勇，而所擒杀，亦不过数人而已，略有劳绩，即可奏请叙功。且如所奏内，用兵仅一千五百余人，所向克捷，而至川省大金川之事，调集如许重兵，不以为崇山密箐，地险难攻，则以为暑雨雪寒，天时失利，以致经时历久，顿师不前。两者相较，何以难易悬殊若此？夫兵以制胜，若率意用之，未免为敌所轻。司士得不可不知此意，毋轻信属员，存好大喜功之见，庶可宁谧封圉，永息烽烟。此案业已将竣，嗣后宜为慎重。且滇省从前剿戮不为不严，该督所亲见，野蛮虽异类，亦有血气者，盍并生哉！可传谕该督知之。钦此。"遵旨寄信到臣。臣跪读圣训，仰见我皇上覆育为心，机衡运掌，虽八荒之大，万里之遥，无一不在睿谟之内。臣受任边疆，不能消患未形，致劳师旅，实切

[1] 载政协怒江州文史资料研究委员会编《怒江文史资料选辑》第14辑，1990年。

悚惶。

伏查滇省傈僳野夷，散处边境之外，恃其狡悍，时肆劫掠，乾隆五、六年间，焚杀丽江、维西所属夷寨，经臣奏明，遣兵征剿，将首犯按名擒斩，余党分别安插，数年以来，边境始得宁静。上年秤戞等寨傈僳野夷，复敢侵扰潞江、芒市、遮放等土司地方，并抢夺保山县属村寨，又伏弩射伤弁兵。种种凶顽，势难宽纵，是以奏请用兵擒剿。预于进剿之先，密遣兵目，将贼巢路遥险易及贼党人户多寡，逐一探明，以便攻剿；又饬令沿边土目，晓谕附近夷寨，以大兵祇擒首恶，并不滥及无辜，散其党翼。是锋刃未接而贼势已孤，故一举而秤戞阿倡、赛林、老泉等三处野贼悉就剪除。迨至撤师之后，贼党祝老四等复肆仇杀，又经奏明，遣兵清理。然臣料度野贼此番蠢动，止有祝老四等一二余孽挟仇报复，其余附和之众，易于解散。臣严饬领兵将备，剿抚兼施，凡悔罪投诚者，俱准安插故址，不得滥加杀戮。于是怒江内外数十寨头人夷目，相率投诚，情愿擒贼自效，卒将贼首祝老四擒斩解献。所以用兵无多，擒杀亦止贼首数人，而不致旷日持久者，由于先散其党，逆贼虽欲负固苟延，而无与为守也。

臣蒙皇上天恩，久膺边寄，亲见从前苗倮之变，多由兵役欺凌，汉奸教诱，遂致挺而走险，迨经兵力荡平，不免多所剿戮，虽彰遏乱之略，亦妨并生之仁，是以严禁兵役，不得滋扰苗寨。现今内地苗夷咸皆宁谧，惟此徼外野贼既多，无兵卒欺凌，又无汉奸教诱，乃屡肆不法，杀掳公行，若不示以惩创，恐野贼以为兵威所不能加，愈无顾忌，边徼夷民将无宁宇。臣不敢避难就易，藉口息事宁人，以致养痈贻患；且料野贼伎俩，断不致难于收拾，是以奏请加兵征剿。兹幸仰赖天威，凶渠授首，余众归诚，军务得以完竣，已于本年七月二十六日恭折奏报在案。盖缘此项野夷，原非瞻对、金川可比，故得易于扑灭。然兵凶战危，自古所戒，苟非万不得已，何可轻言用兵？今蒙我皇上训谕深切，指示周详，臣敢不敬谨祇遵。现饬领兵将备会同地方官，将善后事宜尽心经理。此后唯有仰体皇仁，恪遵圣训，倍加谨慎，不敢轻信属员，稍存好大喜功之见，务期烽烟永息，疆圉辑宁，庶几上副圣主涵育群生之德意于万一耳。为此，缮折奏复，伏乞睿鉴。臣谨奏。

朱批："览奏俱悉。若遇不得已应行征剿者，不可因此旨而有所姑息也。"

［清·乾隆］《张允随奏稿》

（乾隆十三年闰七月）丁丑　谕军机大臣等："总督张允随奏称：'秤戛傈僳族余孽祝老四等勾结怒江内外野夷肆行不法一案，业将贼首祝老四、黑坎、黑夺扒、祝长脚等先后斩杀。凡怒江内外各寨夷目，皆震慑投诚，取具互保甘结，永无携贰，地方可期宁谧。该游击谢光宗深入险阻，尽心筹画。'等语。此案原因游击谢光宗将秤戛、蛮冈两处土练一概撤回，又将野夷所遗田土办理未妥，以致夷情疑畏，酿成后衅，虽擒杀贼首，不足赎其前愆。即所称斩杀之祝老四等，仅据夷目人等认明解验，夷目人等之言，何足为信？若稍加根究，其情节必不如此。今军务已竣，姑免深究。不得以深入险阻，尽心筹画，预为议叙之地。从来远徼夷情，反复无定，地方文武官弁，平日于其情性狡狠、地形险阻之处，皆未能深悉要领，并无制驭之方，而抚绥又不得其道。及小有衅端，动辄领兵进剿。弱者则为所擒灭，张大邀功，若遇敌寇强悍负固，势不能已，若非苟且了局，不得不征调大兵。而所称斩获贼魁，究亦并无确据。边地情形，大率类此。今现有大金川军务，此案姑准完结，不必置问。但封疆大臣，应具知此意，在在留心抚御，不得一任所属将弁，轻举妄动，率意邀功，以致酿成大役。况大金川军务未竣，滇黔野蛮种类繁夥，彼此消息传闻，倘有乘间窃发之处，未免又多一番筹画，尤不可不时时慎重。可传谕张允随，令其加意体察，镇静周密，宁固边疆。"

《清高宗实录》卷321

乾隆十三年三月……庚寅　云南总督张允随，云南巡抚图尔炳阿、提督潘绍周等奏："滇省云龙、腾越两州境外，傈僳野夷肆行不法。贼首弄更扒住秤戛寨，与排把、幸党等寨野贼密老五、欧傈僳等纠结为匪。兵练往拿，被伏努射伤。经土巡捕等将弄更扒诱离伊寨擒缚，舁至波定，贼竟于两旁岩上施放擂石，抬夫被伤奔避，弄更扒亦即跌毙。而党恶众多，未便养痈贻患。又该州境外凶夷早可系阿倡种类，我朝平滇，各土酋皆纳土输诚，惟该逆酋恃系野夷，自弃化外，于乾隆十一年，竟敢攻围渔洞、片马等寨，杀掳多人。贼巢距秤戛等处六站，若不一并清理，日后另费筹画。臣等酌调出征防堵官兵共五百七十四员名，及兰州、浪沧江、鲁掌、六库、漕涧、登弄、大塘、明光等处土目、土练共千三百三十九名，委署腾越协副将谢光宗为总统，楚姚镇标中军游击岳从美为之副，于十月间进抵幸党贼巢。先遣土目招降，讵贼抗违如故。督令攻寨密老五、欧傈僳并其子欧福等畏威就擒。进围秤戛寨，该寨夷贼恃险施放滚木、擂石、标弩，打伤兵练。我兵奋勇直入，擒获多名。余贼奔后山固守，复追入擒杀。江外散处傈僳四十余寨，男、妇二千余名，闻风畏惧，各檄械归化。所有秤戛、猛哦、幸党等处不法野贼，业已擒斩，遂移兵办理早可。因其地广势众，恐闻信豫防，于初低蛮冈喧之日，即借擒剿弄更扒余党为名，檄调早可带练赴营听遣。乃早可只遣子侄早姜、早登等带领土人二十五名前来投见窥探，暗结浪速、蒲蛮等处野夷为党翼。又经檄示祸福，终负固不出。因即将早姜等羁禁，调兵征进。先遣土目刘尔立往浪速、蒲蛮地方，晓谕解散，俱各听从。我兵分作三路，一由片马渔洞，一由大塘、明光，一进驻马面关。于十一月二十六目直抵贼巢，斩早可，并生擒贼属。又潞江安抚司属之赛林、老泉二寨野贼老乌睹、业欺、各一扒等纠众抗拒，即派兵往剿。于界头地方斩四贼，并擒贼属。官兵、土练，俱经凯旋。查滇省南接交、挝，西通缅、莽，虽俱系外域，而夷民均受该管夷目约束。惟云龙、腾越二州境外，沿边千余里野夷，种类繁多，无所隶属，内傈僳、阿倡二种，最为凶悍，前代特置三宣、六慰土司。近因土司微弱不振，以致弄更扒、早可等滋事。今赖天威，师不淹时，凶渠授首，边境肃清。此次在事官弁，及染瘴病故之游击岳从美等，可否仰邀议叙、赏恤?”得旨：“此次擒剿野贼在事官弁，俱照例议叙。游击岳从美等，亦著分别赏恤。”

《清高宗实录》卷310

乾隆十三年七月……辛卯 又谕：“据总督张允随奏称：‘上年秤戛贼首弄更扒等纠众抢夺保山县属村寨，旋将逆犯擒斩。乃有祝老四及伙党枝花扒、黑得窝等，因鲁掌土目茶尚庆随征多所斩获，遂纠合二别罗贼首，焚烧茶尚庆家口，抢掠新寨、练地一带夷寨。经臣檄调兵练，连破秤戛、阿勒挖底、喇白乌别、核桃登、二别罗等逆寨，止有祝老四、枝花扒二犯窜伏响习箐内，现今分头剿捕。札商提臣潘绍周，酌度形势，量留兵弁，驻适中之地，实力搜拿。其余分布各路官兵，陆续撤回。’等语。此等徼外野蛮，仇杀劫掠，自其性然，官兵随时捍御，亦易于扑灭，而衅端一开，势不容已，往往遂成大役。如蜀之瞻对、大金川，皆前鉴也。向闻汛防兵卒，遇野蛮愚弱易欺，恣意凌虐，逼以人理，之所不堪，汉奸从而勾结教诱，遂致啸聚荒箐。汛兵利其掳获，张大其词；营弁本无远识，加之喜事邀功，虚报捷音，以一作十。即如该督所奏弁兵无不奋勇，而所擒杀亦不过数人而已。略有劳迹，即可奏请叙功。且如所奏内，用兵仅一千五百余人，所向克捷；而至川省大金川之事，调集如许重兵，不以为崇山密箐，地险难攻，则以为暑雨雪寒，天时失利。以至经时历久，顿师不前。两者相较，何以难易悬殊若此？夫兵以制胜，若率意用之，未免为敌所轻。司土者，不可不知此意。毋轻信属员，存好大喜功之见，庶可宁谧封圉，永息烽烟。此案业已将竣，嗣后宜为慎重。且滇省从前剿戮，不为不严，该督所亲见。野蛮虽异类，亦有血气者，盍并生哉？可传谕该督知之。”寻奏：“滇省傈僳野夷侵扰潞江、芒市、遮放等土司地方，并抢夺保山县属村寨，又伏弩射伤弁兵，势难宽纵，是以奏请用兵。豫将路径险易、人户多寡探明；又饬沿边土目，晓谕附近夷寨，只擒首恶，并不滥及无辜，一举而秤戛、阿倡、赛林老泉等三处野贼悉除。迨撤师后，贼党祝老四等复肆仇杀，又经奏明，遣兵剿抚兼施。于是，怒江内外数十寨头人、夷目相率投诚，擒斩贼首祝老四以献。所以用兵无多，擒杀亦止数人，而不致旷日持久者。由于先散其党，逆贼虽欲负固苟延，而无与为守也。此等徼外野贼，既无兵卒欺凌，又无汉奸教诱，乃屡肆不法，杀掳公行，若不示以惩创，恐野贼以为兵威所不能加，边徼将无宁宇。臣不敢避难就易，借口息事宁人，以致养痈贻患。此后唯有恪遵圣谕，不敢轻信属员，稍存好大喜功之见。”得旨：“览奏俱悉。若遇不得已应行征剿者，不可因此旨而有所姑息也。”

《清高宗实录》卷318

秤戛野人在澜沧江、怒江之极北，墨齿绣面，以包谷为食，禾稻间有，不服王化。祝长腿者其酋也，偶野人渡江至保山县境买牛还，遇汛兵疑为盗，阻留盘诘，即杀兵遁归。县差追缉，长腿挺身拒捕，差复毙。保令会同永昌镇通详请剿，制府张允随据题拨抚标左营游击谢光宗、提标参将高钦领兵八百往，分驻三台山、二别逻以声讨倡乱者，檄余督运军粮。而剑川去二别逻四百余里，山径险恶，历少人行，且必经澜沧之溜渡；渡外俱夷人木强，作鸟语，岩栖穴处，并无村店。人负米不过三斗，日行三十余里，多迷道其间。悬峭数处，夷人升之，捷若猿猱，剑民皆仰首以号。而军食孔亟，乃因地熟筹，以剑民运至日见厂厂属丽江府，出铜，越厂即澜沧，增其脚价，觅江外夷人以接运，多派丁役执械押送。每三十里，雇带工匠，斧林芟叶，设棚十余间，为负运栖宿之所。时五月，大雨时行，余坐竹兜，二人肩之，然不时步行也。遇悬峭处，令双垂长藤，横系劲枝，以意造软梯，攀援而上，始抵二别逻。山高十余里，侧下成坡坂，再下即怒江，水声汹汹，触石处浪高丈许，官兵临江扎营坡上。余度形势，密谓鹤丽镇标守备李某曰："阻岩逼水，此绝地也。倘夷人凭岭施弩，滚放擂石，进退维谷，将何以御？速移，毋取败。"李以别无善地为虑。余强携之行，于坡板一里外觅得平壤数百丈，可作蛇蟠阵以立寨，乃急令移营。起队未百步，而擂石堕飞，幸免折伤。余复留运夫开治险峻，焚近营草木，以防潜匪。沿江一带，石壁插天，行路在岸下，岌嶫怪石，参差错落，水大即没，水退则露。履石往来，皆作惊蛙跳掷状，无咫尺可安步者，稍不戒即堕逝洪波矣。因视岸壁，古藤缨络，乃就与人身等处，更取老藤接续联贯，石尽乃止，俾夫卒得藉手以无恐。计自初夏进剿，孟秋甫奏凯，虽有斩获，而首恶祝长腿究未成擒，后用土官率土兵进，始伏诛。谢游击用二百金，购其首以献捷。初秤戛恃险负固，并未与官军一战，自祝长腿死，始渐出就戮，秤戛乃平。

［清］张泓：《滇南新语·剑川运粮记》

管领官兵署云南省军门乌为明白晓谕降傈，各安生业，以广皇仁事：照得维西、通甸二路，汉夷杂处；而傈僳一种，久服王化，向为醇良，从未滋事扰民，乃首逆恒乍绷，不安本分，妄言祸福，以致挟仇滋事，酿成剿案。大兵临境，两路傈僳，均已畏威投诚。本部堂本军门仰体皇上好生之德，准其降顺，一概免究前非，仍令各归本寨，安心耕业，共作盛事良民。此乃法外施仁，自应各发天良，永不得再滋事端。查首逆恒乍绷虽逃往江外山箐潜匿，谅此釜底游魂，作孽为恶，伤害生灵之大逆，上天岂能容留？谅难以久稽显戮。但尔傈僳等既已投诚，务须从此安分，谨守王法，各安旧日生业，勤务耕凿，与尔等父母妻子，自食其力……

赵学谦：《清政府镇压傈僳族首领恒乍绷起义布告的发现》[1]

嘉庆七年二月丙寅　谕军机大臣等："据琅玕奏，维西厅属傈僳夷人纠众滋扰，亲往查办一折。维西地方向来夷、民杂处。今恒乍绷胆敢执持器械，纠众生事，并声称欲烧抢古刹、康普二寨，方可甘心，似系挟有宿嫌，近于仇杀。但该匪夷等既敢抗拒官兵，四处焚劫，则是有意滋扰，非仅止与古刹、康普挟仇，已

① 转录自《民族问题五种丛书》云南省编辑委员会编《傈僳族社会历史调查》第148－149页，云南人民出版社1981年。

可概见，自应严加惩办。此等虽不过乌合夷匪，然业已聚至三、四千人，若仅空言晓谕令其献出首逆，恐未必即行擒献，且亦不足示惩。应即加以兵威，使之震慑。现据该督奏称：提、镇等闻报后，业已带兵七、八百名，前往堵剿；琅玕亦派拨藤牌兵二百名即驰赴该处查办。但所带兵力，似尚不敷。倘贼多兵少，未能即时得手，转恐贼势渐张。琅玕当于附近营汛内，再行添调兵丁，督率将弁，奋力剿杀。俟该匪畏惧穷蹙，再谕令将首犯缚献，余党晨罪投诚，自更易于完结。惟在该督相机妥办，以速为要。琅玕到边后，著查明实在起衅缘由，并将近日杀贼得胜情形，迅即驰奏。将此谕令知之。”

《清仁宗实录》卷 94

嘉庆七年三月……辛卯　又谕：“琅玕奏筹办傈匪情形，并节次打仗各折，览奏俱悉。傈匪本徼外野夷，抢掠滋扰，不过乌合之众，无难速为办理。今据琅玕分饬文武员弁，在各要隘处所巡查防御，布置皆尚妥协。惟现因兵力不敷，业经飞调兵练到彼协剿。琅玕一俟兵练到齐，即当督率员弁，迅速进剿。或设法分抄后路，一鼓擒渠，务将恒乍绷、瓦怒、念谷诸首逆拿获办理；或该匪能将首逆等缚献投诚，亦可酌量完结。总在克期速办，使野夷知所畏惧，庶可永靖边隅。再：家傈僳及二教喇嘛本与傈匪接壤，素相往来。今恒乍绷等打鼓念经，乘机勾结，难保其不与附合。琅玕当多张告示，谕以：‘现在野傈僳滋事，尔等惟当各守寨落，安分守法，慎勿听信其言，为所淆惑。设或有附和勾结之事，即日官兵痛剿，玉石俱焚，彼时悔之无及。’如此明白晓谕，庶不致为其煽诱，办理较易完结。但一切情形，总当据实直陈，不得蹈欺诳积习，致干咎戾。将此传谕知之。”

《清仁宗实录》卷 96

嘉庆七年四月壬寅　……谕军机大臣等：“琅玕奏节次打仗并筹办后路各事宜一折。傈匪闻知官兵进剿，于各山隘多设檑木、滚石抵拒，并敢设计扑城，邀截粮路，以图分官兵之势，其情节甚为可恶。看来必须大加惩创，方能使其震慑。琅玕现在广为晓谕，散其勾结，并安设营卡，遏其旁窜之路，一俟兵练调齐，即督率镇将，相机攻剿，自可迅速蒇事。贼目中如恒乍绷、腊者布二逆，情罪重大，必应于擒获后凌迟处死。即或此时夷人已将该二逆缚献，而贼党内有主使之汉奸逆匪从中播弄者，仍应严拿重惩。总须趁此兵练齐集之时，实力剿办，使附近各山寨傈僳深知畏惧，不敢再滋事端，方能宁辑边隅，为一劳永逸之计，不可草率了事。琅玕于何日进兵？即将剿办情形，迅速驰奏，以慰廑注。滇省距京较远，一切军营奏报，惟当据实直陈，不可稍有粉饰为要。将此谕令知之。”

……**丙辰**　……谕军机大臣等：“琅玕奏派兵各处搜剿傈匪，肃清后路伙党，以备进剿一折。此次琅玕探得维西附近剿散之贼，一半由山后潜赴康普，与恒乍绷、腊者布二逆助恶拒守；一半折回树苗、吉尾一路，乘空烧抢。当经饬令永明、宋銁等带领兵勇，击杀多人。其山内藏匿之贼，亦经日逐搜捕，后路可渐肃清，所办尚好。惟恒乍绷、腊者布二人盘踞康普，恃险负隅，并勾结江内外傈僳，蔓延滋扰，情罪重大，必当上紧剿办。此时该二逆随从不过二千余人，琅玕一俟续调之兵齐集后，即当分路进攻，务将恒乍绷、腊者布二人擒戮，以快人心而靖边圉。至其余附和夷人及各寨中伏而未动者，据折内称：‘近因屡被官兵剿杀，已知恒乍绷从前不怕枪炮之言尽属虚诳，大半逃散，且有曾经顺贼之傈僳、么些各寨，潜出投营，情愿助力杀贼。’等语。琅玕正当趁此机会，设法解散，并广为晓谕以：‘恒乍绷、腊者布二人纠众肆扰，罪在不赦。尔等俱系边境夷民，自应各安生业，何苦听从该逆煽诱，自取灭亡？现在维西附从夷人，经官兵节次剿杀甚多，是恒乍绷不怕枪炮之言，虚诳已见。将来大兵进剿，指日殄除，尔等玉石不分，噬脐何及？不如急早悔悟，保全身家。如能助力杀贼，或擒献首逆，必当奏明重加恩赏。’似此剀切晓谕，不但现在从逆之人可以解散，并附近夷寨有伏而未动者，亦可自消反侧。至所称估宗夷人喃珠将家存米面、牛羊呈送军营谢劳，被贼匪抢去，并将喃珠捆缚，经官兵救出，赏给银牌，以示鼓励等语。夷人喃珠因官兵在彼驻防，心存感激，将食物谢劳兵丁，致被贼匪抢扰，其忱悃实属可嘉。琅玕仅赏给银牌，不足以示鼓励。喃珠著赏给金顶蓝翎。又：贼匪头目念谷带同家施、腊泥兴、黑苴三人前往拖顶夷寨，纠约入伙。经该处夷人假意顺从，款留酒饭，密报官兵，将念谷等拿获，殊属可嘉，亦应优加奖赏。著琅玕查明出力夷人一二名，赏给顶带蓝翎。总之，此等夷人见利易动，如能自行解散，或竟有杀贼立功者，该督即当一面奏闻，一面赏给翎顶，俾知踊跃。倘仍怙恶不悛，则当痛加剿杀，使之知所畏惧。如此恩威并济，庶可易于集事。至另片奏维西现办军务，请自石鼓站作为出口，即照出口之例办理一节。向来军需则例，口内、口外各有一定章程。若实系内地地方，仅以村寨稀少、山路崎岖、难于供运为词，即欲照出口之例办理。此端一开，外省偶有用兵之处，皆将援以为例。此时若交部议，部臣必照例指驳。况该省跬步皆山，又何以分别口内、口外乎？所奏不可行。琅玕惟当将傈僳夷匪赶紧剿竣，俟将来报销时据实声明，候朕揆度情形，再行核办可也。将此谕令知之。”

《清仁宗实录》卷97

嘉庆七年五月……辛巳 琅玕奏报擒获首逆腊者布。得旨：“嘉奖，赏还花翎。”

……己丑 ……琅玕奏报攻克康普贼寨，将北路傈匪剿净。得旨：“嘉奖，赏还一品顶带。”

《清仁宗实录》卷98

嘉庆七年六月……癸卯 ……琅玕奏报兜剿康普、叶枝夷匪，维西北路全境疏通。赏道员萨荣安、参将成文、游击永明花翎，都司善朋等蓝翎。

……甲子 ……又谕：“琅玕奏驰抵剑川，分兵进剿吉尾、树苗贼匪各缘由一折。树苗一路余匪，尚在该处山内藏匿，经琅玕派令成文、永明等带兵搜剿，焚烧贼寨，沿途均有斩获，并将投顺夷民分别安插，自不难以次廓清。其吉尾贼匪，据称最为强横，且山路处处可通，虑其逃入沿江一带，再有勾结。琅玕现在驻扎剑川适中之地，督率将弁，上紧进攻，绝其后路，自应如此办理。此时傈匪叠经官兵紧剿，虽间有弃械来投之人，但夷性反复靡常，总须慑以兵威，使该夷等真心畏惧，乞命投诚，方可就事完结。至恒乍绷一犯，勾结各处夷匪，滋生事端，尤为凶顽可恶，必须严拿惩办，断不可任其漏网。该逆现既逃至江外，距琅玕驻兵处所不甚辽远，务当设法擒获；或晓谕夷众，将恒乍绷早行缚献，以净根株。再：折内称此次进兵，带同所集乡勇相机攻剿一节。该处陆续调派兵数，尽已足敷剿办，何必又藉乡勇之力，纷纷团集，转多烦扰？著琅玕察看情形，如现在军营，实无需该乡勇等在彼帮同出力，即速行撤回。将此传谕知之。”

《清仁宗实录》卷99

嘉庆七年七月……丁丑 ……又谕：“琅玕奏：树苗、通甸、小川各路官兵连获胜仗，现在合兵进剿吉尾。览奏俱悉。傈僳夷匪经此惩创，自必畏惧，惟恒乍绷一犯逃匿江外。伊系起事首逆，必当擒拿务获，勿令漏网。至折内称：‘秋深瘴退，如有仍须剿办之处，再行奏办。’该匪等现已逃出江外，若秋深后竟敢渡江滋扰，自应剿办；倘畏惧不出，即可不烦师旅。该夷人赋性凶顽，劫掠是其长技，遇有滋事之时，自当随案惩创。至既经慑伏之后，即兵力有余，亦断无将此种夷人诛戮务尽之理。穷兵黩武非善政，亦何忍残害无知之夷人邀功见好耶？琅玕当查明为首之杨金、罗小二实在下落，慑以兵威，勒令该夷人速将二犯缚献，即可完事。无庸过江搜剿，务欲邀功，至不可罢兵之时，转成蛇足矣。将此谕令知之。”

《清仁宗实录》卷100

嘉庆七年八月……壬寅 云贵总督琅玕奏剿办傈匪出力员弁。赏游击富谦、六十四，同知恽燮花翎，都司王雄等蓝翎，知县孙暹等升擢有差。

《清仁宗实录》卷102

嘉庆七年九月……丙申 ……谕军机大臣等：“琅玕奏：‘江内傈匪俱经驯服，现在购觅顺夷，过江擒拿首逆。’览奏俱悉。此次杵卜可、吉利湾等处傈僳，既经悔过出投，十分畏惧，江内地方实已肃清。琅玕将各寨安抚，出示晓谕，所办尚是。恒乍绷潜逃江外，自不值重烦兵力。兹责令头人过江，设法擒拿。该处有提督乌大经、总兵张玉龙督办，琅玕自不必在彼驻扎。该督现往威远查办倮黑滋事一案，其首逆杨金等亦已窜至江外，须饬令镇、道严密购线，查拿首犯，加意防堵。琅玕即遵旨回省办事。将此谕令知之。”……免云南傈匪滋扰及兵差经过之维西、丽江、中甸、剑川、鹤庆、云龙、太和、赵、宾川，邓川、浪穹、云南、楚雄、镇南、大姚、南安、定远、姚州、保山、永平、蒙化、永北二十二厅、州、县本年额赋有差。

《清仁宗实录》卷103

嘉庆七年十一月……甲戌 ……谕军机大臣等：“本日乌大经奏江外野傈复行渡江滋扰一折。维西一带傈匪，前据琅玕奏称，经官兵屡次痛剿后，业已畏惧乞降，其首逆恒乍绷逃匿江外，亦不难设法弋擒；并留兵二千名，分派将弁，沿江防堵。自应布置周密，何至又有渡江滋扰之事？该匪等偷渡之处，系何江岸？何人汛地？著琅玕即查明参奏。傈匪系边外野夷，似此反复无常，愍不畏死，若不大加惩创，何所忌惮？著琅玕等即将前此奏撤各兵截回，迅速剿办，俾知畏慑。至此次渡江贼匪，自仍系恒乍绷往来勾结，正可乘其过江，设法搜擒。若将该首逆擒获，余匪望风奔溃，自不难迅就蒇事矣。”

《清仁宗实录》卷105

嘉庆七年十二月……戊申 ……免云南傈匪滋扰之丽江府属本年矿厂、盐井、额课铜斤及税秋官庄租米。

《清仁宗实录》卷106

（嘉庆）七年，维西夷恒乍绷与其党腊者布作乱，秃树、出亨附之。琅玕率总兵张玉龙入山剿捕，克阿喃多贼寨，进攻诸别古山，获秃树。玉龙克小维西夷人，缚腊者布献军前磔之。进攻康普，恒乍绷遁澜沧江外，获其孥。分兵攻吉尾、树苗，琅玕驻剑川，断贼后路，败之于通甸、小川，克回龙厂。寻围剿上江山箐贼，歼其渠，余众乞降。琅玕以恒乍绷势蹙，疏请撤兵，提督乌大经率兵二千驻防。贼诇官军已退，乘水涸潜渡，纠江内降倮，复肆劫掠。琅玕驰抵剑川，恒乍绷遁走。八年，上以首逆未获，命永保接办军务。琅玕已擒斩汉奸张有斌，临江扎筏，声言渡兵江外，倮倮震悚，诣军门乞降，琅玕令诱导诸寨擒贼自效。九月，恒乍绷潜匿山箐，官军搜获之，余党尽歼。事平，予议叙。

琅玕以维西僻处边隅，各夷杂居江内外，稽察难周，疏请于维西、丽江等五路设头人，给顶带，约束夷众；又以维西南北路及鹤丽镇、剑川诸汛皆要地，请裁马为步，添兵八百，分布要隘，边境遂安。

《清史稿》卷358《觉罗琅玕列传》

嘉庆七年壬戌，维西傈僳恒乍绷作乱，总督觉罗琅玕讨平之。恒乍绷，澜沧江外傈僳，幼学为端公，占卜治病，人称为沙泥华言活佛，在康普打鼓念经，夷众悦服。头人禾邑仁惧惑众，责逐。六年冬，岁歉雪大，众傈僳向康普、古刹两寨借粮不允，恒乍绷挟禾邑仁责逐之嫌，遂纠众抢劫。总督琅歼派兵往剿，江内傈僳纷纷投降，恒乍绷逃往江外，官兵分别撤留。七年冬，江内降夷复勾结恒乍绷劫掠各村寨，上命琅玕再往剿。八年九月，擒恒乍绷，正法，并掘其祖墓。傈僳平。《案册》

道光《云南通志》卷105《武备志二之五·戎事五》

嘉庆八年四月……壬申 ……谕军机大臣等："琅圩奏江外夷人围拿首逆，擒戮贼党各情形一折。据称：'陇戛一带夷人，携家乞投，共二百数十名口，愿将家口留营作质，男丁仍回江外截拿首逆。当经琅玕派拨夷勇带同前往兜围，连次毙贼数十人，擒获恒乍绷妻母及妻弟二名，并有老幼男妇百余人哀吁乞投，亦经量给口粮，全行放回。现据恒乍绷妻母供称，愿将二子留质，伊单身过江找寻伊女，密为商酌，设法办理等语。所办甚好。且据称：该逆携带多人，向不裹积粮食，惟仗各寨随时供应；今经琅玕密谕各寨，令于该逆就食时，乘机缚献。看来该逆势极穷蹙，自可即就俘擒，琅玕当迅速妥办。俟恒乍绷就擒后，即将该逆凌迟处死，在彼枭示，俾江内江外夷人共知儆惧，即可完案。其擒获该逆之夷人，自当从重奖赏，或奏请赏给顶带，以示鼓励。至恒乍绷之妻及妻母、妻弟等，本例应缘坐之犯。但既据该夷妇供称，本系江内傈僳，被恒乍绷硬将伊女夺占为妻，以致弃家失业。倘该夷妇母女果能将恒乍绷设法献出，或别经擒获后，讯明该逆妻室实系夺占，即当将夷妇及子女等一并释回，俾免株累。其江外夷人等，琅玕仍当出示晓谕，以：'尔等本系向化夷人，特因恒乍绷蛊惑滋事，为所愚弄。今官兵已将首逆擒获正法，其余概不株连。前此逃出乞投之百余人，均经量给口食，加恩释回。尔等嗣后，当各安生业，勉为善良，以承天朝恩泽。'如此明白开导，并一面加以抚恤，该夷众等自必心知感激，安分守法，则边陲可以永靖。"

《清仁宗实录》卷111

嘉庆八年四月……己丑　……谕军机大臣等："琅玕奏官兵击毙偷渡贼党，并设法擒拿首逆各情形一折。览奏俱悉。恒乍绷在江外北路勾结多人，到处抢夺，自连次围拿之后，贼党均由山沟小路窜至江边，思欲扎筏偷渡。经官兵兜围击杀，余匪纷纷望南败窜，仍未将恒乍绷弋获。琅玕现饬顺夷、练勇等暂行撤回，故示疏慢，仍在各隘口密为堵截，以便乘机缉获，并遣人设法购线擒拿，只可如此办理。此时恒乍绷既经南窜，琅玕惟当饬令沿江营卡留心堵御，并饬丽江及卯照土司一带加意严防，以杜该犯窜入吉尾之路；一面仍令顺夷等设法购拿，或将该犯随身伙匪开导解散，则贼势既孤，自不难将首逆擒获，克期蒇功。将此传谕知之。"

《清仁宗实录》卷112

嘉庆八年五月……辛亥　谕军机大臣等："据琅玕奏酌派官兵过江，得获胜仗，并各处顺夷拿送勾结贼目，及后路防范严密各情形一折。恒乍绷一犯，在江外逃窜日久，尚未弋获。琅玕既经酌派将弁，于各营抽拨壮练官兵，并带顺夷，分三路过江，看来势难中止，亦只可如此办理。恒乍绷煽惑滋事，全赖江内江外傈僳附合为奸。今官兵渡江之后，随有从贼各寨畏惧来投，不独江内顺夷不肯听从勾结，即江外夷人亦有帮同拿获伙匪之事。是该逆党与日见解散，业已力蹙势孤，无难一鼓集事。琅玕惟应谕派顺夷等，踹探贼踪，许以重赏官职，令其将首逆恒乍绷及早设法擒缚，严加惩创，俾夷众咸知震慑，彼时即可就案完结。总之，首逆既得，切勿再有株连。惟在琅玕妥速办理，以期早靖边隅为要。将此谕令知之。”

《清仁宗实录》卷113

嘉庆八年七月癸巳朔 ……又谕：“琅玕奏侦探逆匪踪迹一折。恒乍绷一犯遁入怒地，刻下固不便带兵穷追。若遽行撤兵，则夷众益无所畏惧。即江外不宜久驻，亦应将兵练撤至江内驻扎，慑以声威，各顺夷自必帮同搜捕。仍一面设法传谕怒子等，如能将恒乍绷缚献，必当从重加赏。首逆一获，即可撤兵蒇事。琅玕当妥速办理，不可再有迟误。将此传谕知之。”

《清仁宗实录》卷116

嘉庆八年七月……甲寅 谕军机大臣等：“琅玕奏连日将著名贼目尽数擒戮，并设法搜捕首逆一折，览奏俱悉。恒乍绷逃往怒地，怒子等不特不肯依附，并欲齐心协拿，先将恒乍绷之表妹擒献，可见其出于真心。琅玕即当劝谕怒子等，如能将恒乍绷设法擒缚，必当立加重赏，或给予顶带，俾共知鼓励，奋勉图功。至夷众等因恒乍绷编造邪说，有吃他符水能避枪炮之语，甘心从逆，迷而不悟。琅玕更当剀切晓谕，以破愚蒙。只须将恒乍绷一犯及助恶之别的扒克日就擒，即行正法，即可撤兵蒇事。再：游击六十四接护粮运，行至含子膞地方，突有贼匪前来焚抢。该游击即带兵追捕，猝被弩伤致毙，著咨部照阵亡例赐恤。其烧抢各贼，掠食滋扰，固当急为剿办，但不可过事株连。惟将戕害六十四之贼严拿务获，即可完案。其关外无关紧要各卡，未便久驻兵练。琅玕自应将原驻之兵撤换至江内地方，防堵缉拿，务期克日办竣，永靖边圉。将此传谕知之。”

《清仁宗实录》卷117

嘉庆八年八月戊寅 ……谕军机大臣等：“琅玕奏连日将贼栅攻克，跟踪搜拿首逆一折。傈匪滋事以来，剿办已及二载，首逆恒乍绷总未成擒。此次官兵虽将罗吗洛贼巢攻破，而恒乍绷与助恶之别的扒仍冒雨逃脱。琅玕办理此事，耽延时日，虚糜兵饷，实属无耻无能。现在恒乍绷因粮食俱尽，携带家口、余剩麦面二三斗，同身受枪伤之别的扒及剿剩残匪四五十人翻山逃走，自应趁其势极穷蹙之时，跟踪务获。该匪等既能于无路处攀越而行，我兵亦带有顺夷、怒子前引，独不能踹探路径，紧蹑逼追乎？计此旨到时，恒乍绷自已就擒诛。设该逆等或饿毙深山，或滚崖身死，亦必须获有尸身，呈验明确，方足为凭。总之，恒乍绷及别的扒二犯既得，即可出示安抚，撤兵蒇事。此时如有应撤卡兵，著即先行撤回。将此谕令知之。”

《清仁宗实录》卷 119

嘉庆八年九月……乙巳 ……谕军机大臣等：“琅玕奏恒乍绷贼党搜获殆尽，首逆穷极南窜，现有顺夷截拿，留兵接应一折。恒乍绷穷蹙奔逃，此次又将恒乍绷助恶之女沙泥刷先并所生幼孩及别的扒之胞兄黑苏扒等十数名概行拿获。恒乍绷不敢逃往怒地，仅带同二三十人往南奔窜，已如釜底游魂，万分穷蹙。此时只将首犯恒乍绷拿获，其别的扒一犯想亦无可奔逃，即当撤兵了事。但必须实在歼擒，即或饿毙深山，或滚崖身死，亦须得有确据。现在差往诱擒之岩池既纠集五寨夷人齐心截拿，兼有夷勇四百名在交界防堵，琅玕此时惟当悬立重赏，俾该顺夷等踊跃跟寻，争先缚献，此案即可完结。试思首逆等一日不擒，则大兵一日不撤，其所糜粮饷，岂不更甚于此？又何如重赏之下，立时办竣，大兵早撤，其所省不较多乎？至此时南路正在搜拿之时，其紧要卡隘自应暂留兵勇防堵，其北路兵卡，即照琅玕所奏，先行陆续撤回，一俟首逆就擒后，即当全撤竣事。琅玕当遵照谕旨，迅速妥办，切勿稍有延缓，以致天气寒冷，大雪封山，贼踪又难寻觅，再稽时日。将此传谕知之。”

《清仁宗实录》卷 120

嘉庆八年十月……己巳 云贵总督琅玕奏生擒贼目别的扒并首逆恒乍绷家属出力人员，参将成文等升叙有差。

……壬申 ……云贵总督琅玕奏报，生擒首逆恒乍绷。得旨：“嘉奖，下部议叙。”赏道员丰绅、知州史绍登花翎，乡勇禾君相千总衔并蓝翎，余加衔议叙有差。

《清仁宗实录》卷 122

嘉庆八年十二月……乙亥 以云南夷疆戡定，于维西、丽江四路各设头人二名，给把总、外委顶带，约束夷众。从总督琅玕请也。以云南江内、江外肃清，赏知府存柱、游击国申、都司善朋、守备张国宝花翎，守备沈洲等蓝翎，余升叙有差。并赏兵丁一月钱粮。

……**庚辰** ……免云南被贼滋扰之维西、丽江两厅县本年地丁税秋银米及丽江府官庄租米。并免集勇防堵之中甸、剑川、鹤庆、云龙四厅州及兵差粮运经由之大理、云南、永昌三府，及太和、赵、云南、浪穹、邓川、楚雄、镇南、姚州、大姚、广通、南安、定远、昆明、昆阳、富民、安宁、禄丰、易门、罗次、宜良、呈贡、晋宁、腾越、保山、新兴、河阳、江川、蒙化、永北二十九厅州县条公银有差。

《清仁宗实录》卷124

（嘉庆）八年癸亥，维西力些藤鲊蚌纠众作乱，总督琅公玕驻剑川，集兵制之，逾年始授首，余众悉就抚。

藤鲊蚌知医药，所治病既愈，只博酒食，却钱币，诸夷咸相亲爱。驻防某千总吓以邪教，得赂方止，已非一次。继之者大有所欲，诱而系之空室。于是夷众愤怒，持械劫之去。驻防以作乱报。维西协副将即令千总以兵五十往，拒捕反斗，伤兵十余人，并杀千总。事遂不可已。夫朝廷设驻防，原为保民，乃以数千之生灵，数万之库帑，徒供未弁之一激，司其事者，盍亦返而自审哉！

［清·嘉庆］师范：《滇系》三之一《事略》

《平彝碑》

嘉庆八年癸亥（公元一八〇三年）维西大饥，坚持两年多的恒乍绷义军乏粮绝食，傈僳兵牺牲者颇众，最后，恒乍绷也壮烈牺牲。是年九月，觉罗琅玕获胜，乃立《平彝碑》以记其“功”。平彝碑在石鼓西十五里金沙江畔，兹录碑文于后：

古有京观，所以示武功也。嘉庆七年正月，维西傈匪恒乍绷，勾结滋事，蔓延千有余里。余奉命督兵剿办，派拨将弁，分路搜捕，自七年二月至八年九月，始将首逆恒乍绷及其家属一并生擒，分别凌迟斩首，明正典刑。而各路领兵文武，于各路击杀之外，斩获首级，并将著名贼目及助逆伙党擒拿净尽，先后押解来营。于各营斩剿示众者，不下二千余人。蠢尔顽夷，生当圣世，胆敢于光天化日之下，共作不靖。其骈首擒诛，固由自取，而目睹垒上枯髅，心甚恻焉。事竣，命有司各就其地掩埋之，土冢岿然，盖以示戒，非以示武。爰记其事于石，使群夷触目而知警云。

大清嘉庆八年，岁次癸亥九月　日，兵部尚书都察院右都御史、总督云南贵州二省等处地方赞理军务兼理粮饷觉罗琅玕撰文。

云南省编辑委员会编：《纳西族社会历史调查》（二）第267—268页

《觉罗琅玕平彝碑》

碑高五尺二寸，广三尺，文二十八行，行七十字，正书。嘉庆八年十月立，在旧云南府城隍庙。《新纂云南通志》卷六《大事记》，嘉庆四年录旧志，载云贵总督觉罗琅玕平维西恒乍绷事，附按曰："藤鲜蚌（恒乍绷）平定始末，详见省城旧城隍庙壁嵌碑文，庙改碑佚。"按城隍庙旧址，清季于正殿前广场改建劝业场商店，正殿及后宫两旁辟路建铺房，辛亥革命又改后宫为黄公祠（祀黄子和），新开街道名劝业场及黄公东街、西街，又后改正殿作剧场，今为五一电影院。其觉罗琅玕平彝碑倾置于黄公东街路旁，盖原地筑墙，弃碑于此。……　（方国瑜）

《平彝碑记》觉罗琅玕撰

古之平大患成大功者，必有果断诚毅之力，而后能置其身于危险之地而不挠，措斯民于衽席之安而□感。惟我尚书督帅觉罗琅公之平傈匪也，前后几及二载，卒能擒巨魁，清余孽，边民绥□，功德巍然。方将勒彝鼎而载旗常，岂舆言所能颂扬于万一者。然其中万难之势与必不得已之衷，惟被其泽□为能窥□□□□□诸石，以志不忘。

丽郡诸夷错处，惟傈僳□□□□□神鬼。恒乍绷者，康普牧牛竖也，诡言通阴阳、知祸福，以符药惑人，煽动日益众。嘉庆七年春，群傈饥，图抢掠，恒逆□□□□□□□□通江内之挖凹亦目练及江外之别的扒□□□西诛、岩池等，聚众数千人，戕官劫民，由康普合江桥扰及维西城下。时，公方阅兵叶榆，闻警星驰，督□□□□□□□□□□□诛之。旋克复康普，获恒逆父母□□□之□□□□剿随抚。时恒乍绷先已随别的扒等逃匿澜沧江外，余众悉服。公思佳兵不详，帝德好生，不忍因一犯逋逃，使江外悉遭兵燹。且念天子方以陕、楚、蜀大功未竣，日切焦劳，更不欲以边隅军事久烦宸廑也。因责有司悬赏为购擒计，而奏请撤师。讵逆匪见官兵惮于过江，志益肆，复构同女巫数辈，倡言恒乍绷术神福大，官莫能□□别的扒等更招爪日、黑片亥度□□□□□□□□大小头目，伪设官名，肆行逼胁，以至已投者尽行反侧，而逆兄乌恒布亦由怒地归，入伙偷渡，率众焚掠，□□江□□□□□□□丽江，夺取木土官房宅以报。前代傈僳之□□□□□□，上复命公讨之。公因前此剿办未竟，深以自咎，此次必图万全，为一劳永逸之计，更以蠢夷之蛊于邪说而不悟也。欲破群□，必擒首逆；欲擒首逆，必事江外；欲事江外，□□□□。论者□以为难，而公独毅然。乃分兵东自石鼓，北至康普，南至吉尾、通甸，中则树苗、小川，鼓励将士，斫伐树木，觅路进攻。时，大中丞永公甫经莅滇，即驰抵剑川，察看形势，以山深箐密，粮运维艰，多方筹画，始得供支无缺。公乃得以尽力搜剿，大小百十余战，于临阵击杀外，生擒□□□□□□□□赤线叭、黑片亥度及贼伙千有余人。自壬戌之冬至癸亥之春，四阅月而江内以宁。众以撤师请，公曰："未也。江外不定，首逆不获，江内之患□□也。"遂亲临江。□□□□□□形势，知我兵渡□患奏入，诏曰可。随派将牧等，分率弁兵夷勇渡江而西。各寨望风来投者半，阻梗者亦半。公传令悬万金赏，购线擒首逆，命各路先剿而后抚之。夷人畏且感。陆续擒斩贼目凹特、赤始扒及大小女巫等五十余人、党伙无算，收复投顺寨落三百余里。而怒地头人亦震惧来告，原共截逆匪窜路，并缚送贼伙赤线扒来营，恒逆自此不能远飏矣！然而，公犹曰："未也，众贼目未尽，首逆不可得而获也。"益严督搜剿，遂俘怒克扒，杀西诛，而岩池亦觳觫乞命。自是恒逆势益孤，亡命奔窜高崖密箐间。兵勇昼夜裹粮追蹑，往来普陀、杂利各箐，凡数周。贼既狡诈善走，而山险林密，兵勇每为霖雨所迷，顺夷等又以别的扒、乌恒布尚存，心怀顾忌。公乃益励将士，加赏顺夷，令克日图之。人人思奋。遂于泥金菁生擒别的扒、乌恒布及逆妻、逆姊等。越十日，而恒乍绷亦于拖罗箐就缚，分别脔割枭示，人心莫不称快。班师之次，顺夷密侦贼目岩池阳顺阴违，后路贼匪谷泥曾戕官，凶犯先后缚送，皆斩之。于是首伙各犯，遂无一漏网者。

溯自四月兵勇过江以来，至九月而大功告竣，阅时初不为久，公则回计起事迄今几及两年，日夜焦思，谋益稔，计益坚，决然独断，以底于成。于□服□公之识□，益叹□□之果断诚毅非人所能及也。夫以纵横数千里之地，崇山绵亘，巨箐窃深，众木丛杂，贼人并无碉卡壁垒可以环攻夹击，惟恃穿林伏莽，强弩毒矢，如射弓含沙，人不及□□□□□□□□而师徒八千而外，练勇无多，输粮于万仞之巅，托命于一绳之渡，可不谓极天下之至难者哉！然而，公之必则有万得已者，故虽值群疑，历至险，必待擒渠息患，□□□□□□为□国为民之诚，真可□天地质鬼神而无愧者矣！迨至首逆就擒，而群凶先已净尽，虽曰大劫使然，亦由公之至诚感格，故能致斯民于久安长治之庥也。而我大中丞永□□□□□□□□□□以维西饷粮为念，督率方伯监司转漕不匮，俾我公得以尽力擒逆，功规万全。（以下三行泐损）□体……黎可信而得……丰功

大清嘉庆[八]年十月……[丽]江府……暨省城绅士等恭 记

原载《云南文物》1975年第六期，转录自方国瑜主编《云南史料丛刊》卷13，云南大学出版社2001年，第771—772页

恒乍绷者，维西傈僳种，又作力些。其人愚无所知，顾妄言祸裙辄验。有黠者，因指为佛，藉之煽诱檀施，久浸炽焰。维西副都督使把总某往谕解其党，把总不能事，复有所诛求，众哗而起，戕把总及兵数千，乃大兴师问罪。傈种善弩，其矢中人血，濡缕立死。幸十矢中七白，箭仅三傅药，云若尽傅药，则为雷所诛殛也。恒乍绷屡败，众溃匿深箐，采千穗米以食。署丽江令某，啖其降夷，以重赏约缚致之；有日矣，令谓贼在掌握，故迟迟，挟开府求为郡守，仍索犒三万金。开府意未决，参戎某公知其状，倍出金啖降夷，遂缚送参戎营，送辕鞠实，命磔之。恒乍绷曰："我不可杀。杀我天且雷震！"及剚刃，果晴空霹雳者三。后亦无他异。

恒乍绷未就缚，先擒其孥。其妹年十一，名女沙尼，能见鬼；至校场刑人所，历指所诛酋名曰："某在斯，某在斯。"果皆其所刑地，百不谬。开府召入讯之曰："安所得鬼？"对曰："公座后有二鬼，佩刀侍。"问："鬼何状？"对曰："皆征服，一冠缀兰顶，年可四五十；一冠缀顶白而光，可三十许，其鬼无鼻，可怪也。"时战死者二人，一都司六公，一守备安公，年貌皆符女言；安公先以创故，损其鼻，每战常以假鼻缀面，人不之觉也。幕下或拟私留女为婢，开府恶之，屏去女食饮，遂馁死。

恪勤公凯旋，得恽司马燮所绘前后战绩三十二帧，寮吏传观，多有跋颂。余亦曾遍系之诗，备各体；稿久失去，忆一帧，为擒腊者布事。腊者布

者，恒乍绷之亲兄，伟悍骁鸷，千夫围之不能擒。侦得旁寨一傈妇，小有色，腊者布驱其夫而据之，妇弗善也。召其夫至营中，重犒之，使私告妇，至则醉之酒，驰以告；果旬日一至，遂缚致军门诛之，恒乍绷势遂熸。记余诗曰："玉碗葡萄翠袖扶，琵琶一曲夜啼乌；休夸卧榻能安睡，记否罗敷自有夫？纤纤女手挽征衣，铁弩千群夜合围；愁绝同床各自梦，鹣鹣有翼不双飞。蹋雪衔枚唤捉生，黎涡一醉动欢声；兵家妙算兼奇正，青史还传绝代名。"

［清］王定柱：《滇语备忘录》

《石鼓谣》

长江倒着红石岩，弩箭如雨洒腥血。
满谷枪炮空传声，落日荒凉战不成。
三年傈僳尽卧倒，山田山地无人耕。
僵卧头耳恣割取，一头头颅五两轻。
剑川城中贺太平，一日功成江水清。
迤西四府夜开宴，红顶白顶遍军营。
肥马趋尘如风过，斑眼翎子照眼明。
嗟乎赤子百万众，安得长江亿万年，
永洗甲兵长不用。

［清］桑映斗：《味秋轩集》

恒乍绷《供单》

《供单》：据恒乍绷供，今年二十八岁，系江外傈僳，在康普居住。幼时学做端公，占卜治病，众人称为沙尼，是汉话的活佛。向在康普山头打鼓念经，众夷人前来布施。昰头人和昰仁说我妖言惑众，将我拿去，用女裙蒙头，狗血抹面。我再四哀求，将我责放。六年冬底，维西一带雪大无收。众傈僳来说，康普、古刹二寨存有余粮，向借不允。我想起禾昰仁欧辱的仇恨，想借此报仇，遂唆使众人硬抢。当与相好的腊者布等商议，转约吉尾、树苗、江内傈僳千余人，于七年（1802 年）正月内，聚集山头，要去抢劫。兵前来查拿，众人动手，弩伤官兵，乘势将康普一带并乐吉古银厂及附近仓粮、塘汛、兵房全行烧抢。腊者布说："已经做出事来，歇不得手。维西一带原是夷地，趁此攻破维西，分头踞住，将地土给与众傈僳耕种。即或兵来，层山密等，断不能进。”遂占踞康普，夷众俱各顺从。一面守住合江桥，一面叫众人分传木刻，纠各处傈僳，还有二三百怒子，共有三千余人。任腊者布为大总管，瓦怒等为头目，带人打仗，做假符水给众人吃了，说是能避枪炮。众傈僳信以为实，又贪得田地，俱各听从。遂分路，将树苗、通甸、小川一带及盐井、铜厂并塘汛房屋，全行烧抢。三月内，官兵已到。腊者布带人攻扑维西，又到后路截粮，被官兵枪炮打死了多人，伙党时被拿获。我看着光景不好，就留挖底女沙妮等在康普带人打仗，腊者布在小维西堵截官兵。我同叔父乌孜带了家口，还有随身的吉尾傈僳三百余人逃出江外。后来官兵攻克康普，腊者布与父亲凹孜、叔父乌孜，被官兵各处剿杀，投顺之人甚多。我就住在江外，随有胞兄乌垣布由怒地找我，帮同在江外滋扰。到九月内，官兵陆续撤回。有同伙的别的扒商议说：“官兵已撤，断不再来。不如还是过江，逼胁众夷，再行烧抢。如能抢过维西，便可勾结丽江傈僳，占踞木土之房，令我居住；抢来田地，给与众傈僳，令各夷人都为佃户，大家专享富贵。”我信以为实，就将他放为都总管，称为总都，称胞兄乌垣布为江东王，并令他们先行过江。又招集了些强壮傈僳，放为大小头目，俱令穿戴抢来汉人衣帽，给与白顶、金顶，称为总都、总管、道府等项官名，各处勾结，如有不从者，即行杀害。并有西诛、岩池在江外南路招集夷众，代为接应。又招了几个能见鬼的女沙尼，教他逢人便说我的福气甚大，亥年必参成事。众傈僳害怕，复听从分路烧抢。因在杵达、树苗等处伤害官兵，众人愈觉信服。凡所到之处，傈僳跪接跪送，见面磕头，供给食物，称为泥扒夷主。不料今年江内各处内党，被官兵夷练生擒剿杀，头目人等亦多被拿获，别的扒等也没能勾结丽江傈僳。我连次差挖干、庆度、赤目练、黑片、挖底女沙尼等各处约人，都被兵练、顺夷拿获。别的扒、乌垣布等害怕，也都逃过江来。他们说官兵断不过江，等撤回之后，再做商量。谁知江外北路的人，陆续过江投顺。我们不敢在彼安身，向南逃走，被乡勇、顺夷赶来，乘夜雨逃脱；派怒否扒过江扑卡，被枪炮打死；又连夜逃回，各处躲藏。不料官兵已经过江，处处搜到，幸有望哨的伙党先为报信，得以逃脱。别的扒设计诈降，带人扑卡，又被识破。我情急逃往怒地，谁知怒子齐心要拿，又连夜逃回，要向西诛、岩池处躲藏。闻知西诛被杀，岩池已投，不敢再去，又带同别的扒等逃往普陀洛山崖藏匿。后有岩池找去，说他并未投过官兵，叫我跟他再去纠人打仗。我心疑不肯。旋又有官兵找来，幸遇雨雾，又翻山逃走。那时众伙因无食，各自分散，别的扒同我胞兄乌恒布前赴怒地，还想勾结那里的傈僳。我就带着家口，还有几个吉尾傈僳，往菖蒲塘采食天生野谷，等候别的扒的信息。过了几日，别的扒、乌恒布找来说，他们潜往怒地，闻那里也要拿他，遂害怕逃回，将抢的幼孩换些粮米，送来接济。他又招了逃散的二十余人，在岈口防堵官兵。因连日雨雾，我乘机又向他们告知，能以呼风唤雨，皆是我的法术，官兵总不能拿我，过此就有好处。谁知过了两日，又被官兵、顺夷找来，我们又翻山逃到泥金箐。别的扒就向我商议，说中北西路兵勇，总要拿我。派了三个吉尾傈僳，带我向南路躲避，或能乘机勾结，再为合伙。他与我胞兄乌恒布即在箐内藏匿，密行派人各处招人，并听我们信息。我因女人怀孕，并同胞姊池姑妈都留给他们，我就带了小女人并三个吉尾傈僳，随路又招了三个逃散的伙党，共足八人，逃到南路德宏山苦菜箐内藏躲。谁知又被南路顺夷找来，我在山上望见，将衣物抛下，又翻山逃跑到念念密后山藏躲。恐顺夷等向内追寻，想着南路难以安身，还想再往中路寻找别的扒。因闻别的扒、乌恒布连家带口并我女人俱被拿获，又不敢再往前走，就在其栖、施罗两界箐内山崖上藏匿。不想到二十日天将亮时，猝不及防，忽有官兵、顺夷直上崖上，先用枪弩打死了两个吉尾傈僳，余具滚崖逃走。我带着小女人先往林后逃跑，因小女人患病行走不快，被兵勇赶上，将我同小女人普更妈一齐拿获的。我实因听腊者布、别的扒们话，忘（妄）思富贵，以致犯了弥天大罪，连父母、叔父、兄弟、姊妹、妻子全家被杀，实系自己作孽，如今后悔无及了。再我有一个四个月的儿子，系沙尼要线所生，从前逃跑时，因儿子幼小，原叫人保护后行，听说亦被拿获，此外再无亲人。至大小头目，原有五十余人，除岩池已投官兵，其余俱陆续被拿，此外无别人。至我所说命大福洪、呼风唤雨、能避枪炮的话，都是哄骗众人，其实并无法术是实。

《腊者布供单》："头人禾昆仁恐怕人多生事，曾把恒乍绷拿去，百般污辱，苦求放回。恒乍绷怀恨要想报仇，向小的商量。小的因去年冬间雪大，田禾不收，众傈僳都系寒苦无食，康普地方富庶，即乘机怂恿恒乍绷纠人抢劫。康普那时还有他的叔子，也同在商议。"

《凹孜供单》："年六十五，系江外傈僳。子恒乍绷，年二十二（按：傈僳族无准确纪年，故异于《恒乍绷供单》的'二十八'。当以其本人自述为难），是前妻所生。妻三十一，生二岁幼女。恒乍绷素念经治病，傈僳因此都信服他。上年五月，在康普山头打鼓念经，就有傈僳礼拜，头人禾仁把他拿去责打。本年正月，约相好腊者布议烧抢稼报仇出气。”

《腊者布供单》；“小的系江外傈僳，年四十七岁，与恒乍绷向日认识。”“那时还有他的叔子乌孜也同在商议，因恐人少，不能行事，就去约树苗、吉尾傈僳前来相帮，议定抢得牛羊银米，大家分用。本年正月二十六日，在康普聚会，那时只有一千有余的人。”

《别的扒供单》：“我系江内傈僳，年三十七岁。上年恒乍绷起事时，我虽入伙，不过随同打仗、烧抢，并不管事。”

《岩池供单》；“我系江外念念密傈僳，年三十岁。上年恒乍绷起事的时候，我就到江内入伙，帮同勾结，到处带人烧枪、打仗，杀害官兵。”

《腊者布供单》：“汛闻知，带兵来压服，众人不依，恐被捉拿，就同放药弩，将兵射死。”

《腊者布供单》：“小的复与恒乍绷商议，索性乘势烧抢起来。复派出瓦怒、念谷、恒必的三人作为头目，各处传散木刻，纠得三千余人。并令恒乍绷捏称能避枪炮，愚惑众人，向各处滋扰。康普一带夷民，也有被杀的，也有顺从的。我们即在康普居住，抢得粮米、银钱、牛马，俱系我掌管分派散给。众人都称我是带兵总管，称恒乍绷为沙尼。原想四山雪大不化，官兵来得迟缓，便可攻破维西城，令恒乍绷居住；小的住居康普，此处山势极险，量官兵难到。”

《乌垣布供单》；“我系恒乍绷胞兄，年三十五岁……上年恒乍绷在江内生事，我一闻信赶来，恒乍绷已逃江外，我就帮他在江外烧抢。”

《乌恒布供单》：“到九月内，官兵撤后，别的扒同我商议说，官兵已撤，断不再来，还是过江烧枪，并可勾结丽江傈僳，侵占土官房屋、夷民地土。恒乍绷就给他戴了白顶，呼为总都；我也戴了白顶，呼为江东王。我又改名恒者布，假充沙尼，就同别的扒先到江内勾结已降傈僳，在于通甸、羊山、鸡脚卫、小川、小甸、高轩井一带，逼胁众人烧抢。”

《谷泥供单》：“我系江内木斯主傈僳，年三十三岁。上年九月内，恒乍绷复行勾结滋事，我就乘机约同附近穷苦傈僳，在巨甸、桥头、石鼓一带烧抢。经官兵搜捕，即率众打仗，曾伤过官兵，原是有的，并未与恒乍绷合伙。本年春间，官兵到桥头沟搜拿严禁，我就随着众人出来投顺。后来因闻得官兵进了维西，复又纠约数十人，想在后路一带抢粮。因防护严紧，不能得手，就在山后无兵卡处烧枪。”

《乌恒命供单》：“自罗吗洛击散之厉，实觉势孤，我与别的扒潜至怒地，还要想勾结那里的傈僳。后闻得怒子要来擒拿，又折回菖蒲塘，找着恒乍绷同住了几日，被顺夷寻来，又打了一仗。别的扒令恒乍绷望南路逃走，我带着家口，还有胞妹池姑妈及恒乍绷的妻子，同别的扒的家小，在泥金普藏匿。”

《别的扒供单》：“不料官兵竟自过江，数月以来，我带人各处抵敌官兵，乘夜扑卡，设计诈降，屡被官兵击败。各处夷寨已投，同伙渐少，我就同乌恒布潜至怒地，要想找那里居住的傈僳，还去勾结。不想怒子要齐心捉拿，我又同乌恒布折回，在菖蒲塘找着恒乍绷同住了几日，被顺夷寻来，又打了一仗，望山后逃脱。我怕一同被围，没有救应，就叫恒乍绷同他小女人，带了随身的吉尾傈僳三人引路，望南路白甸一带逃走，叫他相机结些人，来会合打仗。恒乍绷因他妻子怀孕，连他胞妹池姑妈一并交给我与乌恒布，带着我们的家口，又招集二十余人，在呢金箐崖上藏匿，探听官兵消息并恒乍绷之信。”

《乌恒布供单》：“我带着家口，还有胞妹池姑妈及恒乍绷的妻子同别的扒的家小，在泥金箐藏匿，不想又被兵勇找着，连日围攻，抵敌不住，将我及家口并招集的二十余人一并拿获。”

《别的扒供单》：“在泥金箐陡崖上藏匿……不想又被兵勇找着，连日围攻，先将恒乍绷之妻姊并乌恒布同家口及手下三十余人，一齐生擒杀毙。我带了妻子儿女还有吉尾三人，逃在密森，又被官兵上山搜拿，我头受刀伤被拿获的。”

转录自王恒杰《恒乍绷〈供单〉笺注》，载云南民族大学编《民族学报》第 4 辑，民族出版社 2006 年

（嘉庆）七年谕：本年正月间，傈匪滋事，该民夷等田亩荒芜，秋成无望，殊堪轸念。所有曾经被扰之维西、丽江两厅县，本年应征地丁钱粮，著加恩全行豁免。其地界毗连之中甸、剑川、鹤庆、云龙四厅州，耕作亦多失时，著加恩将本年应征地丁钱粮减免十分之五。兵粮过境之大理府属之太和、赵州、宾川、邓川、浪穹、云南；楚雄府属之楚雄、镇南、大姚、南安、定远、姚州；永昌府属之保山、永平、蒙化；永北等各厅州县，秋获亦未能全收，著加恩将本年应征地丁钱粮减免十分之三，以示朕念切民依

至意。

民国《新纂云南通志》卷161《荒政考三·赈恤》

嘉庆七年渝：本年正月间傈匪滋事，该民夷等田亩荒芜，秋成无望，殊堪轸念。所有曾经被扰之维西、丽江两厅县，本年应征地丁钱粮，著加恩全行豁免。其地界毗连之中甸、剑川、鹤庆、云龙四厅州耕作亦多失时，著加恩将本年应征地丁钱粮减免十分之五。兵粮过境大理府属之太和、赵州、宾川、邓川、浪穹、云南，楚雄府属之楚雄、镇南、大姚、南安、定远、姚州，永昌府属之保山、永平，蒙化、永北等各厅州县，秋获亦未能全收，著加恩将本年应征地丁钱粮减免十分之三，以示朕念切民依至意。

又谕：本年丽江、维西等处厂井，因被傈匪滋扰，课项堕误。所有维西厅属之红坡吉咱厂岁解课银一百四十七两零，又回龙厂缺额铜二万一千六百八斤零及短少年额铜撤课银三千二百四十余两，又高轩井缺额盐七万一千一百斤，该课廉等银七百十两零；又维西通年抽阿墩子进口沙盐变价银五十二两零，俱著加恩，概行豁免。其高轩井尚未趱补清查案内堕煎盐三千五百三十斤著缓，俟嘉庆八年起，分作二年趱煎归补。再，维西厅、丽江县地丁钱粮，前经降旨加恩蠲免，其应征秋米若照旧完纳，民力尚形拮据，并著加恩，将维西厅本年应征税秋等米一百五十石零，丽江县应征秋米一千五百四十一石零，折征米六百九十五石零，及丽江府应征官庄租米一千三百八十五石零，一并蠲免，以示朕轸念边徼穷黎至意。

道光《云南通志稿》卷78《食货志九·蠲恤》

嘉庆七年上谕：本年正月间傈匪滋事，该民夷等田亩荒芜，秋成无望，殊堪轸念。所有曾经被扰之维西、丽江两厅县，本年应征地丁钱粮，著加恩全行豁免。其地界毗连之中甸、剑川、鹤庆、云龙四厅州耕作亦多失时，著加恩将本年应征地丁钱粮减免十分之五。兵粮过境大理府属之太和、赵州、宾川、邓川、浪穹、云南，楚雄府属之楚雄、镇南、大姚、南安、定远、姚州，永昌府属之保山、永平，及蒙化、永北等各厅州县，秋获亦未能全收，著加恩将本年应征地方钱粮减免十分之三，以示朕念切民依至意。

又奉上谕：本年丽江、维西等处厂井，因被傈匪滋扰，课项堕误。所有维西厅属之红坡吉咱厂岁解课银，又回龙厂缺额铜斤及短少年额铜撤课银，又高轩井缺额盐课廉等银，又维西通年抽阿墩子进沙盐变价银两，俱着加恩，概行豁免。其高轩井尚未趱补请查案内堕煎盐斤著缓，俟嘉庆八年起，分作二年趱煎归补；再，维西、丽江县地丁钱粮，前经降旨加恩蠲免，其应征秋米若照旧完纳，民力尚形拮据，并著加恩，将维西厅本年应征税秋等米一百五十石零，丽江县应征秋米一千五百四十一石零、折征米六百九十五石零，及丽江府应征官庄租米一千三百八十五石零，一并蠲免，以示朕轸念边徼穷黎至意。

光绪《丽江府志》卷3《食货志·蠲恤》

道光元年二月……辛卯 又谕："庆保奏永北厅属夷匪聚众滋事，派兵堵缉，驰往督办一折。云南招喇阿、止得一带，力些、摆夷、倮罗聚集千余人之多，焚烧村寨，杀伤汉民，亟应查拿究办。庆保接据禀报后，知提督张凤、总兵高适已调派官兵前往堵缉，即兼程驰往督办。此事应先饬知沿边营汛，周密堵御，勿令该夷匪扰及内地，一面责成土司子文俊、高善自带土练，擒拿首犯，毋令蔓延。办理边外野夷，总须先将滋事渠魁及煽惑汉奸按名捕获，明正刑诛，其附和胁从者分别惩办，断不可纵令带兵将弁张大其事，贪功妄杀。滇南天气早热，若至瘴疠一生，诸多棘手。该督尤当督率镇将等迅速办理，是为至要。现已谕知蒋攸铦檄派官兵，于川省边界协同堵截，该夷匪等谅可不至远窜。至该处土目，既将地土典给汉民，被其盘剥，何以不行控理，辄即聚众滋事？而梅依老十，以四川夷人，何致因滇省夷产之事，从中煽惑？滇省夷人，何以即听其纠约，群相附和，肆行焚劫？其中或另有别情。庆保于到彼后．逐一根究明白，据实奏闻，不可稍存隐饰。将此由五百里谕令知之。"

又谕："据庆保奏：'云南永北厅属夷人，因与寄居夷地之汉民典地起衅。有四川会理夷人梅依老十即谷朝得从中煽惑，以致招喇阿、止得一带地方力些、摆夷、倮罗聚集千余人，将阿喇山旧衙坪并附近村寨焚烧，杀伤种山汉民甚多。已派兵驰往堵缉，并飞咨川省派兵协同堵截。'等语。永北地方与四川会理州接壤，逼近雷波，恐该夷匪被剿情急，窜入川境，潜相勾结。蒋攸铦计已将抵川省，接奉此旨，著即于途次札调川省得力将弁，酌带兵丁，迅速驰赴会理州一带，督同沿边营汛，悉力堵御。一有滇省夷匪窜入，即行协力擒捕，勿令扰及川境为要。将此由五百里谕知之。"

《清宣宗实录》卷13

道光元年二月……甲辰　谕军机大臣等："据庆保奏：'永北厅属夷匪，复遣人潜赴接壤之大姚县勾结，该督于回滇后，即驰往督办。'等语。永北厅边外野夷滋事，前尚在金沙江外，兹复遣人潜赴大姚县勾结拉古、鱼所两处力些，肆行抢杀，则已扰至金沙江内。该夷匪既已过江，与内地州、县境壤毗连。庆保驰抵该处，既会同张凤等相机剿办，其所调官兵已有三千七百余名，并有募集土练，足敷派拨。务择扼要之区，严密堵缉，不可任其奔突，致滋蔓延。一面探明首逆所在，鼓励兵练奋勇进剿，上紧扑灭，以靖边圉。至金沙江内，先派有官兵堵御，匪徒等何以竟能偷越过江，勾结滋扰？该督业已饬查，著将疏防员弁查明据实严参，勿稍徇纵。其雇募练勇及支给兵练银米，玉辂前已拨解银四万两交迤西道谢凝道动支筹办；如有不敷，再行奏明接济，毋误要需。将此由五百里谕令知之。"

《清宣宗实录》卷13

道光元年二月……庚戌　谕军机大臣等："德英阿奏滇省永北厅夷匪滋事，派拨官兵前往抚恤防堵缘由一折。云南永北厅属力些、倮夷、摆夷聚众滋事，前据庆保奏到后，已降旨令蒋攸铦派调将弁驰赴会理州一带，督同沿边营汛防堵。兹据德英阿奏盐源县、会理州地方有难民纷纷逃至境内，已饬调官弁一面抚恤难民，一面拨兵前往边境堵御。此时蒋攸铦计已旋省，著即会同督率，相机办理。会理、盐源在与永北接壤，难民既可逃避前来，即贼夷亦难保不越境滋扰。现在滇省兵势已集，该省兵练进剿之时，川省尤防范周密，不可使逆夷一名窜入，以便就地扑灭。其逃至川境难民，妥为安抚，勿令失所。至梅依老十一犯系川省夷人，在滇煽惑夷众，即将该家属一并查拿究办，毋任漏网。德英阿接奉谕旨，著在川省暂住，帮同督办，俟此事完竣后，再行起程来京陛见可也。将此由四百里谕令知之。"

《清宣宗实录》卷13

道光元年三月……乙卯　谕军机大臣等："德英阿等奏滇省永北厅夷匪滋事，添兵协堵并抚恤难民一折。云南永北厅属野夷滋事地方与四川会理、盐源两处境壤毗连，德英阿等前已饬派镇、道酌带兵弁，前往堵御。现在蒋攸铦回省，复酌调官兵驰往防守。该省所派文武官员均各得力，已将金沙江打冲河渡船撤去，派兵于盐源边界梭织巡查；并谕令沿边民夷聚团筑寨，严密堵截。所办俱妥，览奏稍释廑念。第滇省兵练正当进剿之时，恐该匪等被剿情急四散奔逃，或杂匿难民之中阑入川境，尤当加意防范。德英阿昨已有旨谕令暂留川省，蒋攸铦等务督饬该镇、道将弁等实力防堵，一有夷逆窜入，即就地擒捕，勿任窜逸。其难民逃至者，当妥为抚恤安插。至官兵盐菜、口粮，并酌给难民银两，均准其动支给发。该督当督率撙节办理，事竣核实，报销可也。将此由五百里谕令期之。”

《清宣宗实录》卷14

道光元年三月……癸亥 ……谕军机大臣等：庆保奏：驰抵大姚，与提臣札商分别剿办永北、大姚两处夷匪情形一摺。此案永北逆夷傅添贵等哄动愚夷，假托妖言，勾结滋事，现在已有七八千人，其偷渡过江在大姚焚劫滋扰者，亦有三四千人。虽其中多有裹胁乌合之众，然贼数已为不少，先因各处派调官兵未集，自不便轻率进剿。该督等续调官兵，合计先后已有八千余名，更加以土练四千，兵势亦不为不厚。该督当知会提督张凤，相度机宜，分路进剿。仍一面防护完善地方，安抚夷民，勿使再有裹胁。总须一鼓作气，痛加剿办，使贼匪震慑兵威，则胁从者自必闻风解散。首逆势孤，易于成擒。断不可迁延时日，致令滋蔓难图。至滇省每有军务，多得土练之力，朕所深知。该土司素来贫乏，自应给予盐菜口粮，俾各踊跃从事，惟当核实办理，毋任冒滥。其楚雄协副将清泰，于夷匪偷渡过江，不能先事防范，本应革职治罪，惟此时正在进剿，著先行摘去顶带，令其带兵剿贼，以观后效。又据另片奏，现已购获梅依老十并要犯沙季得，著即确切研讯。此次为首之犯，是否只系傅添贵及伊妻父陈添培，抑或更有同谋倡逆之犯？永北大姚两处共有首逆几名？附逆者实有若干人？究系因何起衅，敢作不靖？讯悉各供，即行附报具奏。将此由五百里谕令知之。

《清宣宗实录》卷14

（道光元年三月）乙丑 ……又谕：朕闻云南提督张凤，恇怯巧诈。此次永北厅夷匪滋事，张凤并未遣兵攻捕，任其肆行烧抢，永北境内荼毒殆遍，而大姚夷人又闻风而起。现已将李锦麟补放云南提督，著庆保、史致光确切查明，该夷匪初起时情形若何？如系张凤迟延不办，以致滋蔓肆扰，贻误地方，即行据实严参，勿稍徇庇。又闻永北夷人，苦于土司之苛派、汉民之占耕，上年十月间即有蠢动之意，经土司免其派累而息。署同知张壼田不为清理，谓土司不能约束子弟，欲行详革，经土司央求得免；复向各夷寨需索银钱，以致正月初蜂起滋扰。并著庆保等确查，如张懿田实系办理不善，亦即严参究办。史致光此时计已距滇不远，接奉谕旨，著即迅速驰驿前往，会同查办。将此由五百里谕令知之。……

又谕：蒋攸铦奏委署各总兵印务一摺。滇省永北厅及大姚县匪徒滋事，与川省境壤毗连，堵御最关紧要。蒋攸铦因张志林患病，请将各总兵分别署理，已均照所请行矣。该督此时惟当督率该镇等严密防守边界，勿稍疏虞；俟军务完竣后，再令该提镇等陆续来京陛见。又另片所奏：张凤等贻误情形，实属不分畛域，可嘉之至。现已有旨将李锦麟补放云南提督，并饬查办矣。将此谕令知之。

《清宣宗实录》卷 14

道光元年三月……丁卯　谕军机大臣等：云南永北夷匪滋事，并偷越过江，扰及大姚。前命庆保督兵剿办，惟庆保向未经历戎行。呢玛善屡次出兵，于军务情形较为熟悉，著即由川取道，驰赴云南军营，帮同庆保统率官兵，办理剿捕事宜，以期迅速蒇功。其成都将军印务，著德英阿署理，俟军务完竣，呢玛善回任后，德英阿再行交卸来京可也。将此谕知呢玛善并谕德英阿知之。

……庚辰　谕军机大臣等：据庆保等奏永北、大姚两处剿捕情形并讯问梅依老十供词一摺。永北、大姚一带野夷滋事，业已两月有余。该逆等裹胁煽惑，日益增多，不但蔓延滋患，且恐扰及腹内完善之区。现在天气渐已炎热，永北地方虽无瘴疠，转瞬雨水盛行，山路险峻，军行诸多不便。该督等因前调官兵不敷分派，现已派调督标及临元等镇协官兵二千名，并饬调土练六百余名，雇募练勇九百余名，合之前此陆续调集官兵土练，已有一万数千人，兵势亦不为不厚。该督等固须慎重图功，亦不可怯懦畏葸迁延时日，使贼志益张。此时大股贼匪在阿喇山后之公母二寨、竹林坡一带屯聚，分股之贼在吉苴、芝麻庄等处游奕。该督等请先将芝麻庄一路肃清，再行攻剿公母二寨大股贼匪。滇南距京万里，该督等相机办理，朕亦不为遥制。庆保惟当督率将备，鼓励兵练，奋勇剿捕，务期一战成功，迅埽贼氛，勿致边地生民横被荼毒，是为至要。至守备郭荣先派令扎卡防堵，虽因贼匪猝至，众寡不敌，乃锅帐粮石全被抢劫，伤亡兵丁至五十余名之多，实属庸懦无能，著即革职，在军前枷号示众，俟蒇事后，再行定拟具奏。其官兵盐菜口粮及练勇粮台等一切军需，准其于前此调拨银七万两外，再续提银五万两，交局支用。饬知局员等撙节办理，勿稍浮滥，事竣核实报销。将此由五百里谕令知之。

《清宣宗实录》卷15

道光元年夏四月……庚寅　谕军机大臣等：前有旨令呢玛善驰赴滇省，帮同庆保办理军务。该将军接奉后，自早已兼程前往。永北、大姚夷匪滋事，为时已及三月，剿办尚无端绪。现在逆夷裹胁，众已逾万，办理不可再缓。庆保本未娴军旅，已令其来京陛见。兹特授呢玛善为钦差大臣，发去关防一颗。该将军祗领，即专办军务，以重事权。军营中自提督李锦麟、罗思举以下，悉听节制调派。呢玛善久历戎行，此次膺兹重寄，当督率师干，申明赏罚，鼓励将士，迅速蒇功。前据庆保先后奏调滇省官兵一万余名、土练五千余名，现又有旨令罗思举再调贵州兵五千名，兵力已不为不厚；并令蒋攸铦在川省筹拨饷银二三十万两，解滇备用。呢玛善惟当尽心督办，以副委任。再该将军会同蒋攸铦所奏，访闻同知张壸田办理夷田不公，并捏禀梅依老十为四川夷人，推诿卸过；提督张凤带兵畏葸不前，并会同镇道出示禁止汉民妄杀夷人，种种办理乖方。并著呢玛善确实访查，如果属实，先将张凤、张壸田革职拿问，再行据实具奏，朕必执法严惩，不可稍有徇饰。其金沙江、白水江一带渡口船只，应行撤去之处，该将军即檄行各地方官一体遵办，以慎巡防。将此由六百里谕令知之。

又谕：滇省永北、大姚夷匪滋事已逾三月，贼众逾万。前有旨令罗思举驰赴滇省军营，帮同剿办，本日已降旨令庆保来京。特授呢玛善为钦差大臣，督办军务。恐滇省兵力不敷，著罗思举于贵州通省官兵内酌派五千名，遴选副将以下曾经出兵打仗勇往者派出数员，令其分起带兵，速赴滇省。该提督到军营后，即随同呢玛善督兵进剿，务将夷匪一鼓扑灭，迅速蒇功。将此附本日六百里报便，谕令知之。

又谕：据蒋攸铦奏滇省夷匪滋事情形一折，已降旨令庆保进京，特授呢玛善为总统专办军务，并饬罗思举添带黔兵赴滇进剿矣。该督惟当饬知边境文武官弁慎守疆圉，以防窜逸，不可稍有疏虞。再滇省库贮银两素少，该督所闻派往兵丁发给盐粮不足，或系经费支绌之故，此时若由他省拨往，恐缓不济急。惟川省道途较近，著蒋攸铦于本省银款，无论现征封贮，酌筹银二三十万两，派员迅速解往滇省，以应急需。该督一面奏闻，朕即降旨于四川邻省就近如数拨还归款。将此由六百里谕令知之。

又谕：云南永北夷匪滋事，扰及大姚，已及三月，官兵尚未进剿得手。已授呢玛善为钦差大臣，督办军务。庆保本系闽浙总督，于军旅素未谙习，著即来京陛见，再赴新任。史致光现已抵滇，伊系现任云贵总督，一切筹备军火粮饷及抚恤难民皆其专责，著即尽心经理，随宜筹办，以期迅速蒇功。至滇省藩库，向来储备无多，已有旨谕知蒋攸铦，令其于川省库贮先行筹拨解滇，以资接济。该督即董率藩司玉辂妥慎出纳，不可贻误要需，亦不可冒滥开支，事竣核实报销。将此附本日六百里报便，谕令知之。

《清宣宗实录》卷16

（道光元年夏四月）癸巳 ……谕军机大臣等：前因永北、大姚夷匪滋事，已阅三月，剿办尚无端绪，逆夷裹胁日众。特授呢玛善为钦差大臣，总办军务。兹据庆保奏：大姚一路夷匪，业经分路进剿，大获胜仗，将首逆陈添培并紧要贼目刁周等均已按名擒获，旬日之内，即可将贼巢搜洗净尽；其芝麻庄一路夷匪，亦经张凤督率将弁分投攻剿。生擒活贼多名，并将贼寨烧毁。此时惟有永北一路首逆瞎眼唐老大等屯聚公母二寨，负嵎抗拒。庆保等即日将大姚余匪剿尽，即会合兵练，齐赴永北进剿。呢玛善现已奏报起程，途次接奉此旨，无庸前往大姚，著取路径赴永北军营。彼时庆保如尚未将公母二寨大股贼众悉数歼除，该将军即会同庆保商筹办理，迅速蒇功；若到彼后，庆保等已将逆夷扑灭，亦尚有搜剿余匪、安抚难民各事宜，并前旨饬查之件，该将军即在彼驻扎查办。至呢玛善所奏指调贵州营精兵一节，滇省先后奏调官兵一万余名、土练五千余名，刻下均会集永北，以之攻剿公母寨贼匪，谅已足敷剿办。昨所调贵州兵五千名，现已降旨停止。呢玛善到彼，察看情形，如兵力实有不敷，无庸先行具奏，即就近知会罗思举，将贵西兵或调派千余名，或数百名，令罗思举管带前往协剿；如可不需，即无庸饬调，该将军酌筹妥办。统俟军务全竣，再奏明回成都本任可也。将此由六百里谕令知之。

又谕：庆保等奏剿捕大姚贼匪，即日蒇事，兵力齐赴永北会剿，并覆奏起衅缘由各折。前因大姚、永北两处贼匪滋扰，已及三月，尚未剿办得手，特授呢玛善为钦差大臣驰往督办。兹据该督奏报，大姚一路逆夷业已生擒贼首，旬日之间即可扫除净尽；惟有永北大股夷匪尚屯聚公母二寨负嵎抗拒，现亦屡获胜仗，官兵勇气倍增。该督请将大姚得胜之兵移赴永北会办，并自请前往督办。该督现已办理得手，著即鼓励将士，齐赴永北，扫穴擒渠，迅速蒇功。呢玛善已自川起程，即日到滇。如庆保已将公母寨全股逆夷剿尽，即会同该将军筹办一切善后事宜；若尚未办竣，亦即会同督办，俟该处军务全行告蒇，该督再行来京陛见。其前此饬令川省筹拨饷银，此时军务将竣，自可无须接济。现已降旨停止，该督仍知会史致光，于该省筹款备用，无误要需。至大姚、永北两路，前此共获匪犯一百余名，及此后续获之犯，应如何分别正法留质之处，史致光现已驰抵军营，该督即与会商办理可也。将此由六百里谕令知之。

又谕：前有旨，令罗思举于贵州通省官兵内酌拨五千名带赴滇省，随同呢玛善进剿。兹据庆保奏报，大姚贼匪业经剿除净尽，其芝麻庄盘踞之贼并已焚毁贼巢，此时仅有公母二寨逆夷负嵎抗拒，庆保已将大姚胜兵移赴永北会合进攻，兵力足敷剿办，所有前调贵州官兵五千名著即停止派往。罗思举计已行抵贵州，可酌带得力将弁速赴军营。现据呢玛善奏，贵西镇营精兵登山蹻捷，可期得力。已有旨谕知呢玛善，如兵力已敷，无庸饬调；若尚须调派，此项兵丁本系罗思举所辖，该提督即带领协同进剿可也。将此附本日六百里报便谕令知之。

谕四川总督蒋攸铦：据庆保奏，剿办大姚一路夷匪，业经大获胜仗，将首逆陈添培并紧要贼目按名擒获，旬日之内，即可将贼巢搜洗净尽；其芝麻庄一路夷匪，亦经张凤督率将弁分投攻剿，生擒贼匪多名，并将贼寨烧毁；此时惟永北一路首逆瞎眼唐老大等屯聚公母二寨，负嵎抗拒，庆保即日带领大姚得胜之兵齐赴永北，会合进剿。与该督等本日所奏探得大姚一路连得胜仗之语相符。永北逼近川境，恐公母寨贼匪被剿情急，四出奔逸。该督当饬知川省防边将弁严密堵截，毋令贼匪一名阑入，以便滇省就地扫荡，迅速蒇功。至滇省军务，计日可以竣事，军需支发无多，已令本省自行筹办；所有前次饬令川省筹拨饷银二三十万两之处，著即停止办理可也。将此由六百里谕令知之。

《清宣宗实录》卷16

道光元年四月……甲辰 ……谕军机大臣等：庆保等奏剿洗大姚拉古贼巢，全境肃清，并会查张凤、张�田大概情形各一摺。大姚贼匪会合于拉古窝巢负嵎坚守，经庆保督率官兵相机进剿，伤毙贼匪一百余名，生擒贼目陶显贵等六十余名，并派员分查村寨。大姚境内贼匪均已歼擒净尽，其迁徙流离之众，亦俱安集复业。现已酌留官兵一千名，分派将弁，搜捕余孽，扎卡巡防；其余官兵俱已凯撤回营，土练撤令回农，所办甚好。此时大姚既已肃清，永北一处贼匪，并经张凤连获胜仗，将首逆瞎眼唐老大擒获，亦不难克期竣事。著庆保等即驰赴永北军营，督同该提镇等，将余孽迅速扫除，以靖地方。其被难汉夷民人，除盘剥夷地之汉民不准赈恤外，其余汉民及不肯从逆之夷民，均著查明，一体赈恤。伤亡员弁兵练，均著查明造册咨部，照例赐恤。副将清泰，前因匪徒偷越过江失于防堵，摘去顶带，兹屡获胜仗兼获巨匪多名，著加恩赏还顶带。已革守备郭荣先，因兵力无多，致被贼匪抢劫，尚非畏葸，著免其科罪，仍释枷棍责，以示惩儆。在事文武各员，除镇道外，著庆保等择其尤为出力者，秉公保奏，俟奏到时再降恩旨。至审拟各犯罪名，除首逆陈添培等业已分别凌迟斩枭外，其被逼从贼并未抗拒官兵之卜焕留等八十一名，均著照所拟发遣新疆等处，分给兵丁为奴。永北未获之首犯傅添贵，著即查询窜匿何处，迅速擒捕，与已获之唐老大、陈秀等一并归案审明，按律办理。其永北夷匪焚抢先后日期，并土司发票免派、张悫田徇纵不为清理各情节，该督等抵永后，务确切查明，秉公据实具奏，毋稍徇隐。将此由五百里谕令知之

《清宣宗实录》卷17

道光元年五月……辛亥 ……谕军机大臣等：蒋攸铦奏川省边境安静情形一摺。滇省夷匪滋事，逼近川省，该督等饬委文武员弁防守隘口，俾川境沿边一带民夷得以照常耕作，所办俱属妥协。昨据庆保等奏，大姚一路业已肃清，永北一路拿获首逆唐老大，尚有余匪未净，庆保、史致光俱已前往督办。恐剿散逆夷四出逃窜，该督仍当饬知川省防边将弁加意巡防，不可稍有疏懈。将此谕令知之。

又谕：蒋攸铦奏：滇省大姚夷匪，业经攻剿，继以安抚，后患可以无虑。永北未经大加惩创，撤兵后难保不生反侧。汉民在夷地垦种，所在多有，其将熟地典卖，系土司土目所为，非汉民白占。今屠戮者不可胜纪，存活者家业荡然。现在永北文武会衔告示，谓高土司所属客民，酌给地价，各回原籍，不得复行盘踞。章土司地方，素安本分者，仍准各安生业，编入夷甲，听土司管辖；如不情愿，即各归故里。如此，则肇衅之土司转为得计，滋事之夷匪更获便宜，殊不足以伸国法而服人心。闻地价止给二成，现尚无人肯领，并恐他处夷人闻风效尤，不可不虑，请饬查办等语。永北夷匪滋事，其衅端由于典卖地亩，此时剿办安抚，事竣后必须剖断公平，俾汉夷永

远相安。如蒋攸铦所奏，永北文武所出告示，仍系调停将就，不中肯綮。史致光现已驰赴永北，著悉心体察情形，乘此惩创之后，遴派隔属明白公正之员，妥为清理，酌定章程，务令汉民夷人俱各心服，庶可杜绝争端，为一劳永逸之计。设办理不善，日后再有事端，惟该督是问。将此谕令知之。

《清宣宗实录》卷 18

（道光元年五月）……辛酉　……谕军机大臣等：呢玛善奏永北军务完竣无须再添兵力一摺，正在降旨间，适又递到该将军前一日奏报，途次察看村寨夷人已照常耕作，只须搜捕余匪情形。呢玛善现已行抵永北，其所奏该处地方军务情形，均经目击，览奏堪释廑怀。该将军摺内所称，不敢存草率了事之心，亦不敢因奉有谕旨，稍事贪功见长，具见悃忱，深得大臣之体。其停调黔兵，所办亦合机宜。现在贼巢已破，首逆已获，惟傅添贵及其妻谷氏并贼目黄腾、杨老五四犯窜匿未获，该将军已派委川省将弁，协同滇省镇将入山搜捕，务即按名擒获，早正刑诛，以净余孽。至饬查张悫田之事，呢玛善以庆保前此未至永北，史致光甫经接任，均无所用其回护，请会同查办。著即公同察访，务须一秉大公，确切查明，据实具奏，不可稍有偏畸。至安抚难民及善后各事宜，已饬庆保、史致光会筹妥办。该将军俟搜捕事竣，察看地方安静，实可放心，即奏明回成都本任可也。将此由五百里谕令知之。

又谕：据庆保等奏，永北军务已竣，无须调兵拨饷，飞咨停止并筹办安抚事宜。正在降旨间，适又递到前一日奏报，攻克永北贼巢，擒拿首逆，搜捕零匪并讯取首逆唐老大供词各摺。大姚一股夷匪前已剿办肃清，现在永北一股亦已攻破贼巢，捕获渠魁。庆保等因无须多兵进剿，本省军饷敷用，将前拨川省饷银、黔省官兵俱飞咨停止，所办甚合机宜。惟要犯傅添贵及其妻谷氏并贼目黄腾、杨老五四犯尚窜匿稽诛，其零星余匪仍恐搜捕未净。庆保等当督饬将弁，带领兵练，上紧侦探，于各处山谷峒寨搜查，务将傅添贵等四犯逐一拿获，速正刑诛，不可稍留余孽。至抚恤难民及一切善后事宜，均关紧要，史致光系本省总督，责无旁贷。庆保此次办理军务，诸凡妥协，并著将善后事宜，会同史致光悉心清理，务令汉夷悦服，永远相安，不致再生后患，方为不负委任。其首逆唐老大，罪大恶极，如已讯明，无须留质，即行凌迟处死，宣示夷众，以昭国法而靖人心。庆保俟诸务筹办妥竣，再行来京陛见可也。将此由五百里谕令知之。

《清宣宗实录》卷 18

（道光元年五月）癸酉 ……又谕：呢玛善等奏，永北军营节次拿获首夥匪犯，分别办理，地方安谧，并大姚搜获余匪，究出紧要贼目各一折。云南永北厅土司所属野夷，因该土司目把将地土典卖与汉民耕种，生计艰难，各怀怨恨。首逆唐老大即唐贵纠同逆目陈添培等，以驱逐汉民为辞，煽惑夷众，于本年正月起事，焚抢村寨，劫杀汉夷，裹胁至七八千人，渡江扰及大姚，分股恃险抗拒。庆保自黔省审案回滇，途次接据禀报，即驰往调兵督办，行将大姚一股夷匪剿洗净尽，擒获贼目陈添培等；其永北贼匪，亦檄饬官兵，攻破贼巢，生擒首逆唐老大及贼目逆夷数百余名，扫荡贼氛。两处地方，悉臻安谧。庆保调度有方，蒇功迅速，著加恩赏，加太子少保衔，并赏给玉翎管一个，玉搬指一个，黄辫大荷包一对、小荷包四个，以示嘉奖。呢玛善遵旨赴滇，比到军营，虽已扫穴擒渠，尚有零匪窜匿山谷。该将军不事贪功，分派员弁入山搜捕，深合机宜，著加恩交部议叙，并赏给玉搬指一个，黄辫大荷包一对、小荷包四个。史致光由京回任，即驰赴军营帮同办理安抚事宜，著加恩赏给玉搬指一个，黄辫大荷包一对、小荷包四个。其在事各员，镇道中有奋勉出力者，并著秉公保奏，候朕施恩。其余文武员弁，择其尤为出力者，应如何量加鼓励之处，分别开单具奏，不可冒滥。伤亡兵练，咨部照例恤赏。所获各犯，除业经正法外，余著照所议，分别发遣。其善后一切事宜，仍著会同妥协办理。永靖边圉。

《清宣宗实录》卷18

（道光元年五月）癸酉 ……又谕：呢玛善等奏，会筹善后事宜，先清理汉夷典卖地土，酌拟章程一摺。汉民典卖夷地，原属违禁。今据查明，永北厅属北胜土司所辖夷地典卖、折准与汉民者，自乾隆二十年后以至于今，有典出十之七八者，有十之三四者。夷人无田可耕，因与汉民为仇。但此事先由该土司等图得价银，非汉民强占。此次夷人仇杀汉民，甚为惨恶，若令汉民退地他徙，将更恃为得计。自应持平区断，以服其心。著照所议，除汉民现居夷地者自愿退地归籍外，余俱暂令照原典买之地耕种糊口，饬令土司等将历年典卖折准土地，分晰清查，造册呈送到官，遴派公正明干之员，会同该厅，按寨确勘，分别等差，责令依所定初限、二限、三限，设法取赎，以便汉民陆续归籍。如过期不能取赎，则将原地断归汉民执业，该厅另造纳粮汉户，清册报查。其无业汉民溷迹生事者，概行递籍管束。至山箐地土，严禁砍卖树木，先俾夷人生计有资，俟陆续赎回田土，渐复旧业。其顺州、莨蕖各土司地土，亦著一体查办，务令汉夷两得其平，不可互相欺压，各安生理，永息争端，用副并育帡幪之化。

《清宣宗实录》卷18

（道光元年六月）……丁亥 谕军机大臣等：前据呢玛善等会奏："汉民典买夷地，定以初二三限，令夷人收赎，如逾期不赎，将原地断归汉民执业。"兹据御史张圣愉奏："原议固属持平，但汉民重利盘剥夷民，折准田地，夷民穷苦，设不能依限取赎，夷地竟成汉业，必又积怨成仇。请将不能依限取赎之地亩，或割半均分，或给还十分之三，仍严禁嗣后汉典夷地，如违加等治罪"等语。汉人夷人，同系编氓，此次田土构衅惩创之后，总当秉公定议，使之两得其平。著交史致光、韩克均详查核办。如该御史所奏，事属可行，即酌议章程，奏明饬遵；如有窒碍难行之处，亦不可迁就其说，务使汉夷俱各心服，不启争端，方为久安之策。又该御史另片所奏，云南迤西之永昌界连缅甸，迤南之开化、广南等处界连交阯，均有流民盘剥局赌情事，并著该督抚实力稽查，防患未然，以期永靖边圉。该御史原奏摺片，俱著发交阅看。将此谕令知之。

《清宣宗实录》卷19

道光元年六月甲午 谕内阁：呢玛善等奏，查明办理永北夷务迟缓乖舛各员分别定拟一摺。云南提督张凤，于永北夷匪滋扰，虽经统兵进剿，连获胜仗，生擒首逆唐老大，犁洗贼巢，但先因调兵未齐，在永北厅城驻扎三十余日；迨定期进兵；又惑于投诚之信，稽延六日。迟缓之咎，实无可辞。张凤著即革职，饬令回籍。署永北同知中甸同知张壼田，始闻夷匪蠢动之信，并不认真根究，迨后夷匪纠众歃血，又复怯懦，不即亲身查拿，办理实属舛谬。张壼田著革职，发往新疆效力赎罪。土知州高善，于所属夷人抚绥失宜，致令滋事，著即斥革，照例迁徙，另选应袭之人承袭。永北营参将李胜林、于逆夷蠢动毫无觉察，著交部严加议处。鹤丽镇总兵高适、迤西道谢凝道，因夷匪为田土仇杀，先执招安之见，办理不合机宜，著一并交部议处。至庆保到滇未久，此次督办军务，均为妥速，其自请议处之处，著加恩宽免。

谕军机大臣等：呢玛善奏，滇省军务完竣将官兵分别留撤一折。据称大姚一路，业经逐一搜查，实已全境肃清，并无余匪藏匿。永北一路，余匪亦俱已就获，惟傅添贵、黄腾二名，尚须密缉。滇省军务已竣，所有前此檄调各处官兵土练，自应全行凯撤。逸犯傅添贵、黄腾二名，孑身逃窜，只须设法访缉，无庸仍留多兵，虚糜粮饷。其另片所称，该处夷人经此番惩创，实已畏惧，不致再有反侧；惟寄居汉民内有刁悍之徒，造作浮言。现将无业者递籍，有业者招徕，仍须留兵弹压。著即照所议，于旧衙坪驻兵八百名，各要隘分布兵七百名，俟秋收后再行奏撤。其应需盐粮银两，准其照例支领，事竣核实报销。将此谕令知之。

《清宣宗实录》卷20

（道光元年六月）庚子　谕内阁：庆保等奏筹办永北、大姚善后事宜条款一折，朕详加披阅。内被难汉民分别安插抚恤一条：永北、大姚夷匪滋事，被难汉民居多；其夷人未经从贼者，亦间被焚抢。除大姚难民已逐一查明抚恤外，永北难民被贼蹂躏。流离失所。著将现在查明本省及川省招回难民丁口实数，准其照临安猛缅抚恤成案，被焚庐屋给与修费，大小丁口酌给两月口粮，俾资生计。其大姚汉夷典卖田土分别查办一条：大姚地方久经归流，夷田即在民田之内，该夷人不知食力谋生，将田准折典卖，汉民多不过户纳粮，致夷人无田有赋。著即查明汉民承买夷田，除已过户纳粮者仍听执业外，如汉民未经过户纳粮，悉按漏税律办理。此外有典质夷田利过于本者，即令夷民照原借之数赎还田亩，不准计利。该督等务遴委贤员，会同地方官妥实查办，不得藉端滋扰。其禁革土司苛派一条：夷人本无恒产，该土司等既纳其租，又复苛派差徭，殊滋苦累。嗣后著严行饬禁，租息而外，不准额外诛求。倘有不遵，将该土司等查参惩办，厅官徇庇者一并参处。其裁革土司冗役一条：永北土司属下，有行捕、目把、总管等项人员，向皆倚官为害。该夷寨既有目把，又有伙头、甲长，足资应役办公，其余各项冗役，均著永远裁革，以省烦苛。其民夷争控事件应令地方官督饬土司查办一条：汉夷民人争角之案，地方官原应速为剖断，并随时稽察奸宄以靖边圉。嗣后饬令各土司认真查察，如有田土命盗及奸徒煽惑之事，立即申报地方官查办，不得自行颟顸了结。如土司迟延讳饰，或已禀报地方官不即查办，立予严参究惩。其土司定期会哨一条：夷地会哨，本有旧章。著责令该土司等各带土练，遵照酌定章程，每年按四季仲月，在阿喇山前后周历会哨一次，申报该管道厅就近稽核。其金沙江一带，亦令随时督率练役梭织巡查，并饬顺州、蒗蕖各土司一体巡哨，毋稍疏懈。其土司地方分编保甲一条。汉夷良莠不齐。无业游民易致生端构衅。著责令编排保甲。土司管下夷人。著落伙头。寄居汉民。著落客长庄头。各查造户口清册。夷人由土司核给门牌。汉民由永北同知给发门牌。各随时抽查。取具连环保结呈报。仍严禁胥役需索。不可有名无实。致被扰累。其严禁客民扣留牲畜一条：大姚汉夷杂处，往往夷人牧放牛马误践田塍，被客民扣留滋事。嗣后著责令保甲人等随时查报地方官，严拿扣留牲畜之人，按律治罪，以杜衅端。其宣广教化一条：夷俗素信神鬼，狡谲之徒，往往藉以惑众。该督等已刊发简明告示，遍行晓谕。著地方官留心化导，以革陋习。其投诚夷民酌惩再犯一条：此次夷匪滋事，随同附和者准其投诚免罪，已属法外施仁。著将永北、大姚两处投诚夷民，造册另存档案。嗣后如有被人控告及犯命盗等案者，按律从重加等治罪，俾知儆惕。其永北旧衙坪移设文员、大姚苴却地方添设巡检、永北阿喇山前后扼要处所增拨兵丁添改塘汛、大姚猛连渡口安设汛弁四条，著交吏、兵二部核议具奏。寻议，准其移永北厅经历驻旧衙坪，添设永北厅司狱一员、大姚苴却巡检一员，并于各属佐杂中裁汰一缺，以符定额。拨楚雄协把总一员，带兵三十名，驻扎猛连渡口。余俟勘明详议咨部，再行核办。从之。

……辛丑　……兵部会奏：遵旨严议云南永北营参将李胜林革职，鹤丽镇总兵高适、迤西道谢凝道降三级调用。得旨："参将李胜林，于境内逆匪滋事毫无觉察，本应照部议革职，念其随同打仗，协拿贼匪，保护村庄，尚有微劳。著赏给把总，留于云南差委。总兵高适、道员谢凝道，俱著从宽，改为降二级调用，无庸查级议抵。"

《清宣宗实录》卷20

道光十一年正月……癸亥　谕内阁："阮元等奏腾越边界原驻傈僳夷练，应行置田裕食，请借款筹办一折。滇省腾越边界，向设傈僳夷练三百七十户，分驻香柏岭等处，以防野匪，较为得力。据该督等查明，该夷练垦种山地，不敷食用，每年另给盐粮，常川筹发，不免糜费。请借款置田，以裕口食。著照所请，准其于司库备边项下先行借动银二万两，饬发该府、厅购置田亩，分别拨种招佃. 俟田亩置齐，即行停止盐粮。所借之银，即由本省捐廉分限归补完款，毋许悬宕。此项既归捐补，并著免其造销。该部知道。"

《清宣宗实录》卷183

据永北同知张愨田禀报：该厅所属之北胜州土司属下夷人，因先年将地土私自卖给汉奸，各夷民失业，怀怨成仇，以致聚匪焚杀等情。奴才接据禀报，一面即派员酌带兵丁驰往堵缉，一面兼程回滇，亲赴永北督办。因该处山路崎岖，非雇募练勇不足以防堵缉拿。先后饬司在藩库内动支银四万两，解交迤西道谢凝道妥为筹办在案。又据报：该夷匪等复遣人前赴大姚县勾结拉古、鱼所两处力些，聚集抢杀汉夷人等。现在人数究有若干，亦未明白。奴才即经飞札饬查。如果疏于防范，以致各匪窜越，另当据实参办，不敢妄为徇纵，至该处汉夷杂处，奴才恐其四出扰害，以至滋蔓难图，不得不重藉兵威并厚集土练，迅速办理。现复飞饬滇西道谢凝道、永北同知张愨田，速即雇募劲练，以资分派堵缉。其所需官兵，经提臣张凤、鹤丽镇总兵高适并奴才先后派调提镇及督抚两标，楚雄、维西、大理等协营官兵共三千七百九十名，尚足以资分配。惟该处界连川省，又与滇省楚雄、丽江二府所属州县多有毗连，必须踩勘道路，在于扼要之区分别堵缉，方不致东逐西逃，任其奔突。奴才即携带总督关防，星夜启程，驰赴永北，在于藩库酌拨银四万两外，倘有不敷，再行奏请动支，以备应用。并令附近永北各州县碾运米石，均交滇西道谢凝道遵照。

《清宣宗成皇帝实录》卷15[①]

查永北一厅，管辖北胜、顺州、蒗蕖等土司。而北胜则有知州、州同两土司，分管力些、倮倮、摆夷等村寨；其地土尚听土司分给夷人耕种，土司收租纳粮。该土司等自乾隆二十余年至今将土地陆续典卖与黔、粤、川、楚客民及永北本地民人。有土司自行典卖者，有夷人转手典卖者，有被汉人盘剥准折者，事非一年，情非一辄。从前各汉民将地土仍给夷民耕种；嗣外来汉民日众，各出押金银两向原佃买之汉民佃耕，几使夷民无田可耕。而汉民复多恃势欺凌夷民，怨恨已极。又力些一种，不善耕作，多在山箐撒种包谷和放牧为业。近因江浙客民复向目把私典山箐地土，砍伐林木，种畜麻姑、香菌等物，力些亦无所资生……欲夺回土地。

---

① 转录自《倮倮族简史》编写组、《倮倮族简史》修订本编写组《倮倮族简史》“卸任云贵总督庆保上禀奏道光皇帝书”，民族出版社2008年版，第42－43页。修订者按：经查对《清实录》相关部分，无法找到此奏折。在《清宣宗成皇帝实录》卷13第35页找到与之相似的点滴记载，但存在较大的出入。

兹查土州目把将地土典卖与汉民者已有十之七八，土知州地土亦典卖十之三四。近年以来，民夷争讼到厅，该地方官虽知汉民私买夷产有干禁例；因人数众多，积重难返，只能断令土司等一时不能取赎，多阳奉阴违，此地土所以愈滋轇轕也。现汉民约一、二万人，出有价银，多系安土，若令迁，便流离失所。现查土司典卖价值已有七、八万两，以一年半为初限，三年为二限，五年为三限。

一土司自行典卖，价值较少，年份较近，以及汉民盘剥准折之田，照原价之数回赎，不准计利者，勒令初限内回赎。

一目把人等，私行典卖，应令目把取赎，目把内有已被匪杀害并逃亡产绝者，责令土司代为赔交，令二限内回赎。

一夷人转向典卖，年份久远，价值较多，一时难于交割，及汉民于典卖后续有垦辟，应酌给工本者，令三限内回赎。

《清宣宗成皇帝实录》卷18[①]

道光元年辛巳，永北傈僳滋事，总督庆保讨平之。永北土司高善属下傈僳，被土司、目把等将田土售与汉人，以致夷人生计日艰，又见汉人开垦成熟，忌嫉垂涎。有公寨傈僳唐贵一名唐老大，于嘉庆二十五年十二月同傅添贵谋杀逐汉人，占回地土，诱惑夷众梅依老十等，刑牲插血，奉唐贵为首，自称地王；傅添贵称治命先生，陈添培称顺添理，结集七八千人，焚劫有汉人村寨，并偷渡金沙江，扰及大姚。庆保驰赴剿办。上命成都将军呢玛善赴滇协剿，授为钦差大臣，提督以下听节制。呢玛善至滇，庆保已将永北、大姚两处次第荡平。呢玛善还成都。

道光《云南通志稿》卷105《武备志二之五·戎事五》

又道光元年七月初五日，钦奉上谕：本年滇省永北、大姚一带，夷匪滋事，将差役较重之丽江、鹤庆、维西等厅州县经征嘉庆二十五年条公、耗羡银两减免十分之五，差役较减之剑川、中甸等厅州减免十分之三。

光绪《丽江府志》卷3《食货志·蠲恤》

① 转录自《傈僳族简史》编写组、《傈僳族简史》修订本编写组《傈僳族简史》“钦差大臣尼玛善、总督史致光、卸任总督庆保于六月二十三日向道光皇帝上《永北善后事宜》奏折”，民族出版社2008年版，第46－48页。修订者按：此段材料未能找到，仅据［日］武内房司《开发与封禁：道光时期清朝对西南民族政策的浅析》引用的庆保奏折（片断）予以校对。

道光七年，署腾越厅广裕详请设立河西外围香柏岭十五卡，招募傈僳三百七十五户分驻，于盐课溢余留半银支给口粮盐菜，限满听其种地守卡。嗣因山地硗确，不敷口粮，永昌府胡启荣、腾越厅周澍，详请奏明借藩库银二万两，置买练田，分给各傈僳口粮；府、厅各捐银一万两，五年归款。内香柏岭立二卡，安设傈僳六十户；三级箐一卡，安设傈僳三十户；麦瓜林二卡，安设傈僳七十户；三台山一卡，安设傈僳十五户；喂羊路二卡，安设傈僳四十户；春花地、大草坡两处分扎三卡，春花地安设傈僳四十户，大草坡安设傈僳四十户，蔄竹脑安设傈僳四十户。以上共设傈僳三百七十户，随带眷口一千一百十七名，分扎十五卡。又马安山一卡，捐设傈僳二十户；象脑山一卡，捐设傈僳十五户。谨按，右新建碉堡屯田为现在边防要务。《案册》

道光《云南通志》卷106《武备志二之六·戎事六》

澜沧江外傈僳恒乍绷，在康普占卜治病，人称为沙泥华言活佛。头人禾昆仁惧惑众，责逐之。六年冬，岁欠雪大，傈僳向康普、古刹两寨借粮不允，恒乍绷挟禾昆仁责逐之嫌，遂纠众劫掠。总督琅玕派兵往剿。八年九月，禽恒乍绷，伏诛。……

永北土司高善、目把等以所属傈僳田土售与汉人，致夷人生计日艰。道光元年，公寨傈僳唐贵、傅添贵谋逐汉人夺回地土，纠夷众数千焚劫汉人村寨，渡金沙江，扰及大姚。总督庆保调兵驰剿。上授成都将军呢玛善为钦差大臣，来滇协办。呢玛善至滇，永北、大姚已次第平定。呢玛善还成都。……

（光绪十七年）永北厅力些丁洪贵等假名活佛降世，煽惑愚夷，麕集于水头山鱼洞坡，戕北胜土知州高履坤及土目高可久、黄之凤、李如兰，总督王文韶、巡抚谭钧培檄参将梁士伟、苏伦元分别剿抚，永北略定。

光绪《续云南通志稿》卷84《武备志·戎事杂记》

道光元年辛巳，夷目傅添贵等为乱，总督庆保、史致光率兵平之。初，北胜高土知州、章土州同地方，自乾隆三十年以后，即陆续典卖与黔、粤、川、楚客民垦种。嘉庆初年，川楚军兴，各省人民避移来滇，日聚日多，旧衙坪各地聚集成市。嘉庆七年奏准，将右军守备移驻弹压。二十五年，有高氏土目傅添贵、陈添培、毕得秀妖言煽惑，纠合夷众千余人为乱。同知张壸田迁延不以实报，夷匪遂偷渡金江，勾结大姚县夷匪陶显贵，伙聚数千，妄称王号，其妻傅谷氏妄称治水娘娘，烧杀无忌。汉民半踞菩萨山，半逃四川之会理、盐源县。该州县等会禀，四川总督奏闻。当时上命调任闽浙总督庆保留办永北军务，会同新任云贵总督史致光、四川驻防成都将军呢玛善、云南提督张凤，檄总兵高适并永北营将兵分道进剿。是年春，大获全胜，擒贼首陶显贵等，六十余人伏诛，永、姚一律肃清。派总兵高适带兵一千五百，在旧衙坪暂留防范。委邓川州知州陈键招抚汉民，并奏永、姚善后事宜十四条。奉旨：勒令土司五年三限，将典出夷民田地备价取赎，使汉民回藉，夷民复业；永北存城经历移驻旧衙坪，分防城中，新设司狱一员；同知张壵田、参将李胜林被议革职；土知州高善解省正法。……

光绪十五年己丑，永北直隶同知姜瑞鸿以土州同章天锡仇杀羊坪土千总李凤文，禀请各大宪调兵剿办。冬十一月，瑞鸿亲临旧衙坪征调各约团练，并令摊派经费，又密谕崔玉祥招集死党前往图之，又移会永北营左军守备董义率兵进剿。天锡仍不知情，安住华荣庄，倏见官军旗号，始只身逃匿庄外土住人家。

十六年春正月，瑞鸿诱获天锡及土目王德茂，杀之。土目丁洪贵潜逃远方，瑞鸿详请改土归流。……

十九年癸巳冬十月，瑞鸿揭称土目丁洪贵与癫巫谷老四为乱，请官兵讨平之。初，谷老四父子以猎兽世其业。自谓一日，忽见一美丽少妇立山脚，相与语。少妇言：某月某日，天出七日，晒死下民，惟鱼硐坡有一硐可避，中有金银食物，取之不绝，此天设以活我夷众。汉当灭，夷当兴也。旋引谷老四至硐口，以竹竿睨视，果如其言。遂轰传远近，数日间夷民相聚数百，谷老四父子自号金主、银主。适丁洪贵因章天锡余波，被瑞鸿屡派兵差访孥，逃匿无所，适闻鱼硐坡事，遂邀同被牵连之吴管事窜入其中，占据水头山，藉报复为名，抢掠山前后村寨，其时人仅数十也。姜鸿瑞以反叛闻，飞书大理，电省告急。参将梁士伟遣鱼乍江汛外委张镇元率兵至牛窝子防堵，日见夷民络绎往来，遂领兵截杀其运米者三人。夷人率众攻围，镇元遇害，同时死者军功秦书泰等十余人。报闻，郡城戒严，合永震动，各村筑堡自卫。参将梁士伟领兵出扎阿比里，鹤丽镇亦遣镇北营哨官彭永寿助防。云南提督蔡标遣建威右营会带参将马秉云驰赴鱼硐坡防堵，又派大理城守营都司李桂芳赴永，访查所报军情虚实。李桂芳由苗力一带绕至水头山等处，绘阿比里暨老东山各地舆图以归，蔡标指陈大略，告省垣大府，电请就近调军进剿。十二月，贼攻破赢（荣）将村，旋攻旧衙坪，左军千总马万兴力战却之，遂移据皮喇山；逾日，复陷苗力街。瑞鸿檄北胜州土州牧高履坤前往招抚，至皮喇山被贼围攻遇害，军功高可及土目李如兰等十余人同时死之。旧衙坪经历萧仰德首先通禀，瑞鸿惧，复飞禀各大宪请兵，又发土勇百余人，饬勇目崔玉祥前往防堵。提督蔡标加派建成左营会带总兵马柱、副将李福兴领兵驰剿，鹤丽镇总兵岑有富随统兵临南路。总督王文韶、巡抚谭钧培奏委存记道翁寿镂为营务处督办军务，带绥靖营管带参将刘锐恒、苏抡元并随员广西直隶州知州刘云章、建水县知县林济勋领兵，由武定、大姚至旧衙坪剿抚。复奏派迤西道张廷燎到永查办酿祸原由。又札后补道翁寿镂到永剿抚。

二十年春二月，官兵擒获丁洪贵、吴管事，就地正法。夷匪溃散，归顺者半，其半走入高土司地下七甲、羊士厂等处，抗据不服。提督蔡标飞檄马柱、李福兴，由期纳、清驿（清水）首先入山攻剿，继又加派建威右营会带总兵黄河洲、参将马秉云由期纳、六德分路上山助剿。本郡留滇补用副将李自新亦带土勇同往。逾月，翁道始派刘锐恒等由维沙进兵入山。五月中，擒获首要王阿路子谷千长，就地正法，乱始平。六月班师，翁寿镂回省，留黄河洲在永弹压。奏入，奉朱批：永北直隶同知姜瑞鸿、参将梁士伟不能先事预防，使妖人聚众数百，几致酿成巨祸，应宜参革。姑念尚能协同大军扑灭，功过相抵，著无庸议。其余在事人员，自两道以至武绅，随摺叙功获奖，保十余人。土知州高履坤阵亡，赏加道衔，给予云骑尉世职。后姜瑞鸿以贪婪无厌，激变边民，贻害地方，被劾革职。

光绪《永北直隶厅志》卷3《武备志·戎事》

（光绪）二十八年……三月，滇滩隘及河西练傈人叛乱。滇滩隘傈匪长脖子、树湾坡、豆二狗、余小老等，于滇滩隘昌银沟集野傈千余，劫居民烧村寨。腾越厅丞叶如桐，照会驻腾英领事转达密支那府严为防范，勿容出境。三月二十日，腾越镇总兵张松林，率官兵百余往其地，督土兵进剿，将斑鸠塘、搬瓦傈僳寨烧毁，获鸟枪二杆、毒弩十余、药箭五筒、戈矛二十余，阵亡土兵二人，伤七人，毙匪首树湾坡及匪十余。匪首长脖子等远窜，方欲严缉，忽得河西练乃留义字营管带金松林，率四哨兵勇分驻滇滩、麻栗坝防守，而自往河西。初，黄草坝傈僳产一男，曰麻糯，头有三顶，额大耳长，囟门肉突起，傈人附会谓为傈族之王；又松山跛傈名余二，以卜蓍惑人，自号天师，讹传孔明庙脚有金光，掘之可得金银。于是诸山野人及傈僳千二百余蜂起为乱，三月二十三日，焚掠中山寨。如桐委团正尹占甲等，率团兵往三锅疆防堵。傈匪焚掠鹿厂，二十七日进围孟乃。乡勇合力防剿，毙七名，匪退回后山，图再举。河西绅民请镇厅增兵进剿，张松林乃派兵兜剿，焚毁松山、文笔、大蛇腰各野寨，团兵受伤六人，获鸟枪五杆、刀矛十余、毒弩二十余，匪首十余人槛送到城，伏诛，河西平。案册

民国《腾冲县志稿》卷4《第二·大事记四》

宣统二年六月，上帕傈傈叛变，巡防队被围，驻防贡属镇北营后哨官肖绵党率队赴援，击毙傈匪数人，阵亡伙夫廖银祥一名，地方始获安。

民国二年正月，上帕傈傈复叛，以美人计诱驻上帕游击官兵三十余名，一并砍死，损失枪弹无数。驻防菖国民军后哨官高促岭督率队往援，傈匪据险抗拒。肖队官以声东击西之法，引诱傈匪舍其险要防堵江边，肖队始将傈匪巢穴击破，格毙傈匪百余十名，余匪摈锷归农，边事稍靖。

民国《征集菖蒲桶沿边志》第二《大事记》

四、经济生活

（一）种植业

巢处山林。有名栗些者，亦罗罗之别种也，居山林，无室屋，不事产业，常带药箭弓弩，猎取禽兽。其妇人则掘取草木之根，以给日食。岁输官者，惟皮张耳。

景泰《云南图经志书》卷4《北胜州风俗》

风俗　……巢处山林，同上有蛮栗些，亦罗罗别种，巢处山林，猎取禽兽以给食。人物勇厉。旧志：人物勇厉，大概与丽江府同。

［明·天顺］李贤等：《大明一统志》卷87《云南布政司·北胜州》

有蛮栗些，亦罗罗种。巢处山林，猎取禽兽以食。

正德《云南志》卷12《风俗》北胜州

云龙州……栗粟，于诸彝中最悍。依山负谷，射猎为生，长刀毒弩，日不离身。……亦事耕种，饶黍、稷、荞、稗。

康熙《大理府志》卷12《风俗》

滇省鹤庆、大理、永昌三府所属之维西、云龙、腾越等厅、州边外，有蛮名力些，一名傈傈，又名赤发野人，原分生熟二种，熟者种地力作，设有

头人管束，生者不知耕作，以罗雀、射猎为生……

［清·乾隆］《张允随奏稿》[1]

盘口箐，飞崖峭壁，人亦罕至。种人傈僳，蓬首黎面，春夏临江穴处，秋冬岩居，无尺地可耕，以野药充饥。近亦有愿入内为农矣。

雍正《宾川州志》卷4《疆域山川》

力些，即栗粟，于诸夷中最悍，依山负谷，射猎为生，长刀毒弩，日不离身。祭赛则张松棚、然炬，剥獐鹿诸兽而已。亦事耕种，饶黍、稷、荞、稗。

［清·光绪］刘慰三：《滇南志略》卷2《大理府》

傈苏，潜居深山，板片为屋，种荞稗为食……

康熙《元谋县志》卷2《风俗·种人附》

彝种有七：……迁徙无常居，在铁锁箐内外者为傈僳……铁锁箐之稍近白井者，渐知居处，多以树皮障风雨，刈收毕，便徙去。

康熙《姚州志》卷1《风俗》[2]

彝种有七：……迁徙无常居，在铁锁箐内外者为傈僳……铁锁箐之稍近白井者，渐知居处，多以树皮障风雨，刈收毕，便徙去。

［清］《古今图书集成·方舆汇编·职方典》卷1498《姚安府土司考·种人》

老窝土司：……

夷人种目：傈僳。

风俗：刀耕火种。

［清］董善庆撰，王凤文整理：《云龙记往·段保世职传》

傈僳……处兰州界，连云龙，依山负谷，射猎为生。利刀毒矢，日夜不离身。弋兽即生食。间事耕种，惟荞、稗。

雍正《云龙州志》卷5《风俗·附种人》

---

① 载方国瑜主编《云南史料丛刊》卷8第709页，云南大学出版社2001年。

② 乾隆《姚州志》卷1《风俗》、道光《姚州志》卷1《风俗》所载傈僳之文与此同。

倮倮……依山负谷，射猎为生……虽耕种，惟有荞、麦、高粱。

光绪《云龙州志》卷5《秩官志·附夷地风俗人情》老窝土司

倮倮……概系刀耕火种，射猎为生。

光绪《云龙州志》卷5《秩官志·附夷地风俗人情》六库土司

倮苏，潜居深山，板片为屋，种荞稗为食。

康熙《武定府志》卷1《风俗》

倮苏，潜居深山，板片为屋，种荞稗为食。

［清］《古今图书集成·方舆汇编·职方典》卷1503《武定府土司考·种人》

力些，潜居深山，板片为屋，种荞、麦为食。

［清·光绪］刘慰三：《滇南志略》卷6《武定直隶州》

倮苏　潜居深山，板片为屋，种荞稗为食。

光绪《武定直隶州志》卷2《风俗》

栗粟，散入姚安、丽江、大理、永昌四府。……亦事耕种，饶黍、稷、荞、稗。

［清·乾隆］谢圣纶：《滇黔志略》卷15《云南·种人》

栗粟，近城四山，康普、弓笼、奔子栏皆有之。……垦山而种，地瘠则去之，迁徙不常。刈获则多酿为酒，昼夜酖酣，数日尽之。粒食罄，遂执劲弩药矢猎，登危峰石壁，疾走如狡兔，妇从之亦然。

［清·乾隆］余庆远：《维西见闻纪·夷人》

气候则近城山环而风不烈，气候稍温，春夏多淫雨，秋冬多岚雾，冬气多，春气少，夏气则绝无矣，盖山岚气胜也。八月陨霜，四月方止，九月雨雪，十月弥盛，然十一二月之交，积雪数尺，夜结坚冰，昼则悉融。其宗、喇普逼近金沙江，地卑气暖，夏暑冬和，仿佛昆明，谷、麦多丰。康普、叶枝在澜沧江岸，地势卑下，气候亦暖，三冬环山积雪，春盛难消。其宗喇普、奔子栏亦在金沙江岸，地隘山高，夏炎而暑，峰头多雪，冬令殊寒。阿墩子逼近西藏、青海，雪山千古不消，引领可见。通属土地硗薄，惟种荞麦。

夷人则有力些、西番诸种。力些，近城四山，康普、弓笼、奔子栏皆有之。……居悬岩绝顶，垦山而种，迁徙不常。

［清·光绪］刘慰三：《滇南志略》卷3《维西厅》

乾隆十二年，州属秤戛夷人弄更扒系土巡捕段连第属下熟傈僳，谨案：云龙江外傈僳，一名力些，一名赤发野人，有生熟二种，熟者耕种，生者抢劫为生。劫掠潞江、芒市等土司地方。又腾越边外官寨夷人早可，亦系云龙土目段连第属下熟傈僳，劫掠段连第所管片马、鱼洞两寨……

道光《云南通志稿》卷106《武备志三之一·边防上》

《皇朝职贡图》：傈僳……其居赤石崖、金江边地，与永江连界者，依树木岩穴，迁徙无常。……种荞稗，随地输赋。……《武定府志》：潜居深山，板片为屋，种荞稗为食。……《大理府志》：栗粟，于诸夷中最悍。……亦事耕种，饶黍稷荞稗。……余庆远《维西闻见录》：近城四山，康普、弓笼、奔子兰皆有之。……垦山而种，地瘠则去之，迁徙不常。……

道光《云南通志稿》卷184《南蛮志三之三·种人三》

北胜州土州同　……所属夷人种类：力些一种，原无姓氏，居处山崖箐岭之中。男子赤足包头，持弓射猎。女人短衣桶裙，挖地种荞。

乾隆《永北府志》卷25《土司·种人附》

北胜州土州同　……所属夷人种类：力些一种，无姓氏。居山崖箐岭之中。男子赤足包头，持弓射猎。女人短衣桶裙，挖地种麦。

羊坪土千总　……所属夷人种类：力些一种，住居高山。刀耕火种，采樵营生。

光绪《永北直隶厅志》卷7《人物志下·土司·种人附》

傈僳，《南诏野史》作力些，金沙、澜沧两江之高山有之。……以土和蜜充饥，今则有种杂粮者。

光绪《丽江府志》卷1《地理志·风俗·种人附》

傈僳有家野之分：家傈僳住澜沧江内，耕田住屋，各有村寨头人，能通汉语，服官管束，交纳钞粮，与民人无异。野傈僳住居江外，山硐密箐，并无村寨头人，不通汉语，亦不服官约束，惟种有青稞、苦荞，并无钞粮，每遇冬季江水浅涸之时，即过江在山后一带，打牲为食……

嘉庆七年云贵总督觉罗琅玕奏折[①]

至傈僳一种，向来不善耕作，惟以打牲糊口，间于山头土脉稍厚地方洒种青稞、苦荞，为数亦属无多，且因地瘠不能年年成熟，以致迁徙无常……

嘉庆八年十月二十三日觉罗琅玕奏摺《查明傈僳逆党并无缘坐家属及叛产由》[②]

力些一种，不善耕作，多在山箐撒种包谷和放牧为业。近因江浙客民复向目把私典山箐地土，砍伐林木，种畜麻姑、香菌等物，力些亦无所资生……欲夺回土地。

《清宣宗成皇帝实录》卷18[③]

傈僳，居高山极冷之地……种火麻以为衣，猎野兽以为食。

光绪《永昌府志》卷57《群蛮志·种人》

傈僳……其居赤石崖、金江边地，与永江连界者，依树木岩穴，迁徙无常。……种荞、稗，随地输赋。

光绪《腾越厅志稿》卷15《诸夷志·种人》

栗粟，维西、中甸、剑浪、云龙、腾越各边地皆有之。……喜居悬岩绝顶。垦山而种，地瘠则去之，迁徙不常。刈获则多酿为酒，昼夜沈酣，数日尽之。粒食罄，遂执劲弩药矢猎，登危峰石壁，疾走如狡兔，妇从之亦然。……年奉头目麦黍多升，新春必率而拜焉。

［清·光绪］杨琼：《滇中琐记·栗粟》

查曲江，系从藏属擦瓦龙地流入，自色赖汪以上为上江，以下为下江，拉打阁以下为江尾，曲言呼为独龙汪洞。……两岸地势险峻，出产麝香、黄

① 转录自《傈僳族简史》编写组、《傈僳族简史》修订本编写组《傈僳族简史》，民族出版社2008年版第19页。

② 中央档案馆藏档案。转录自王恒杰《1801年云南傈僳族人民反封建起义》，《历史教学》1963年第11期。

③ 转录自《傈僳族简史》编写组、《傈僳族简史》修订本编写组《傈僳族简史》，民族出版社2008年版第46－48页，“道光元年六月二十三日钦差大臣尼玛善、总督史致光、卸任总督庆保上《永北善后事宜》”。修订者按：此段材料于《清实录》中未能找到。

连、皮革、毛货等物。上江则喇卡塌较平，江尾则绿底峡以下较平，其余均系山坡，树木丛杂。忙苦渡动以上，惟产荞麦、膏粱、小米、苞谷、稗芋之类，以下则产旱谷，江尾之拉打阁以下，尤为广产。……

江尾曲、傈杂处，居民较上、下江为稍密，每村有多至二三十户者。……江尾虽间有曲牛，并不以之耕田，只供口腹。农器亦无犁锄，所种之地，惟以刀伐木，纵火焚烧，用竹锥地成眼，点种苞谷。若种荞、麦、稗、黍等类，则只撒种于地，用竹帚扫匀，听其自生自实，名为刀耕火种，无不成熟。今年种此，明年种彼，将住房之左右前后地土，分年种完，则将房屋弃之他，另结庐居，另砍地种；其已种之地，须荒十年八年，必俟其草木畅茂，方行复砍复种。……

一查脱落江自藏属松噶曲宗地流入，江头为阿独鲁，即与松噶地接壤。……两岸地势较曲江为平，曲、傈杂处，人烟亦极稀少。松笼党以上，只产荞麦、青稞各类杂粮，以下则产旱谷，香莲、皮革、镰铁、矿砂，所在皆产。

民国《永昌府文征》纪载卷23《清十二》夏瑚《怒俅边隘详情》

傈僳，一名力些，潜居深山，板片为屋，种荞麦为食。见《禄劝州志》

民国《禄劝县志》卷3《种人志》

傈僳，又作傈苏。……今腾冲古勇琅琊山一及髭西江边、五设治区、江心坡，皆有此种人。……业农，其居于高地者种山，居于平原者亦间种水田。种山地者，皆冬伐森林，使大树倒地，至仲春时用火烧之，灰为肥料，土亦被烧疏松而种之，次年又复如是；凡所居住处皆被砍伐殆尽，数年林远，又复他徙。……在缅者英政府恨之，以其乱伐森林，不知畜也。种水田者，与汉人耕种法略同。据克勒脱纳所调查，谓傈僳人之农业，以种植种类繁多为其特色。所种谷类，有各种黍类、荞麦、高粱、小麦、大麦、燕麦、玉蜀黍及稻等，此外则为落花生、番薯、马铃薯等。各植物之耕种时期，皆能按农时分配。

民国《腾冲县志稿》卷23《第十五·种人》

傈僳种，系土著。……住山野，刀耕火种，迁徙靡常，以猎禽采药为生活。近城者醇朴，住山者犷悍。麻布为衣，木楞为屋。

民国《云南维西县地志全编》

（甲）位置

上帕居西北极边，距省城二十七站，计一千八百六十余里，在碧罗雪山（怒山一部）、高黎贡山两大雪山之间。……碧罗、高黎两大雪山，半山之上，冬春积雪甚多，人迹罕到，惟半山之下，始能住居。以故平原甚少，全境高原约占百分之十八，低原约占百分之三十七，平原约占百分之八，山陵约占百分之二十六，江河约占百分之十一。各怒、傈皆于半山之下，择险而居。惟村落零散，人户稀少，将来边夷进化，汉民加多，地面或可逐渐开垦也。

民国《纂修云南上帕沿边志》（2）地势

农时：夷人不知节令气候，傈僳、曲子每届春季，听雀叫即种苞谷。古宗、怒子亦届春季，樱桃开花即种苞谷，又届秋末胡桃落叶种青稞、小麦。每一架牛之山地，约产苞谷一石五斗，产小麦、青稞各一石。夷人种苞谷于三四月，收于八九月；种小麦、青稞于十月，收于四五月。若勤慎之农，可种三季。

民国《征集菖蒲桶沿边志》第十一《农政》

力些，亦曰离苏，形癯而性狡，居深山中，怠于种树，逐兽捕鱼。男女皆獶捷，物多生啖，有茹毛饮血之风。

光绪《盐源县志》卷11《风俗志·夷俗》

黎苏，一作为力苏，为数无多，散居盐边、会理等地……能忍苦耐劳，除务农外，尤工射，以打猎、采药为主要副业。

民国《宁属调查报告·政俗门》

俐苏族……不仅威龙州，凡德昌所属东西南诸山，或三五户，或十余户，山腰山麓，随地有俐苏耕牧焉。……昔日皆种山地，近亦有佃汉人田而种稻者。

民国《西昌县志》卷12《夷族志》

（二）渔猎与畜牧业

有名栗些者，亦罗罗之别种也，居山林，无室屋，不事产业，常带药箭弓弩，猎取禽兽。其妇人则掘取草木之根，以给日食。岁输官者，惟皮张耳。

景泰《云南图经志书》卷4《北胜州风俗》

有蛮栗些，亦罗罗种。巢处山林，猎取禽兽以食。

正德《云南志》卷12《风俗》北胜州

栗粟，于诸彝中最悍。依山负谷，射猎为生，长刀毒弩，日不离身。祭赛则张松棚然炬，剥獐鹿诸兽而已。……

浪宋，栗粟居多，壤据丽江兰州之石门关。……架木为楼，人畜分处。

康熙《大理府志》卷12《风俗》

彝种有七：……迁徙无常居，在铁锁箐内外者为傈僳，好强悍，斗则交刃，技善弩，经年以射猎为事，闲常出为盗……铁锁箐之稍近白井者，渐知居处，多以树皮障风雨，刈收毕，便徙去。取鱼则垂藤，人附以入江。最贫苦，畜牛一二头，即称极富，饥亦远去劫掠。

康熙《姚州志》卷1《风俗》

彝种有七：……迁徙无常居，在铁锁箐内外者为傈僘，好强悍，斗则交刃，技善弩，经年以射猎为事，闲常出为盗……铁锁箐之稍近白井者，渐知居处，多以树皮障风雨，刈收毕，便徙去。取鱼则垂藤，人附以入江。最贫苦，畜牛一二头，即称极富，饥亦远去劫掠。

［清］《古今图书集成·方舆汇编·职方典》卷1498《姚安府土司考·种人》

傈僳……处兰州界，连云龙，依山负谷，射猎为生。利刀毒矢，日夜不离身。弋兽即生食。……祭赛，则张松棚燃炬，剥獐鹿诸兽骨用。有隙辄相仇杀。散游于僰子寨、瓦窑场、马柳甸、鸡踪洞之间，不时伺隙，劫掠行旅，抢夺牛羊，大为归化、师、顺之患。

雍正《云龙州志》卷5《风俗·附种人》

栗粟，近城四山，康普、弓笼、奔子栏皆有之。……男女常跣，喜居悬崖绝顶。垦山而种，地瘠则去之，迁徙不常。刈获则多酿为酒，昼夜酖酣，数日尽之。粒食罄，遂执劲弩药矢猎，登危峰石壁，疾走如狡兔，妇从之亦然。获禽兽，或烹或炙，对坐共食，虽猿猴亦炙食，烹俟水一沸即食，不尽无归。

［清·乾隆］余庆远：《维西见闻纪·夷人》

熊夹，熊力大而勇于自用，见有木桩辄拔之，必出乃喜。栗粟因多伐巨木，劈其半，撞木桩插于开处。群熊游而见，争骑巨木，力拔桩脱，牡则夹肾囊，牝亦夹臀肉，鲜克免者。

猿栅，于麓掘龛，深五六寸，宽尺许，置果，外插木楞为栅，空容猿手。猿至，窥果，遂手探龛握果，而拳不能出，辄狂啸，人闻声从之，猿益惊惶，不忍舍果，而为人所获。

地弩，穴地置数弩，张弦控矢，缚羊弩下，线系弩机，绊于羊身。虎豹至，下爪攫羊，线动机发矢，悉中虎豹胸，行不数武皆毙。

［清·乾隆］余庆远：《维西见闻纪·器物》

傈僳，有生熟二种，岩居穴处，或架木为巢。囚首跣足，高鼻深眼，身着麻布披毡，猎取禽兽为食，居无定所，食尽即迁。

乾隆《丽江府志略》上卷《官师略·种人》

傈僳，性强悍，披羊皮褂，左插，持弩射猎。每取山禽野兽，并松明、苦片等入市货卖。

乾隆《白盐井志》卷1《户口·种人》

栗粟，散入姚安、丽江、大理、永昌四府。在诸夷中性最凶悍。……以劫杀为生，登山陟石，捷如猿猱。居处依岩树，迁徒无常。栗粟依山负谷，射猎为生，长刀毒弩日不离身。祭赛，则张松棚燃炬，剥獐鹿诸兽而食。

［清·乾隆］谢圣纶：《滇黔志略》卷15《云南·种人》力些

《永北府志》：性枭雄，能远视，崖居穴处。头束布帕，身佩刀弩，猎獐麂以为食，网鸟雀以资生。……

《大理府志》：栗粟，于诸夷中最悍。依山负谷，射猎为生，长刀毒弩，日不离身。祭赛则张松棚然炬，剥獐鹿诸兽而巳。……

《丽江府志》：崖居穴处，或架木为巢。囚首跣足，高鼻深眼。猎取禽兽为食，居无定所，食尽即迁。……

余庆远《维西闻见录》：近城四山，康普、弓笼、奔子兰皆有之。……男女常跣，喜居悬崖绝顶。垦山而种，地瘠则去之，迁徙不常。刈获则多酿为酒，昼夜酖酣，数日尽之。粒食罄，遂执劲弩药矢猎，登危峰石壁，疾走如狡兔，妇从之亦然。获禽兽，或烹或炙，对坐共食，虽猿猴亦炙食，烹俟水一沸即食，不尽无归。

道光《云南通志稿》卷184《南蛮志三之三·种人三》

力些……性枭雄，能远视，猎獐麂、网鸟雀为食。……粒食罄，执劲弩药矢猎，登危峰石壁，疾走如狡兔，妇从之亦然。获禽兽，或烹或炙，对坐共食，不尽无归。

光绪《续云南通志稿》卷160《南蛮志·种人一》

傈僳……依山负谷，射猎为生……

光绪《云龙州志》卷5《秩官志·附夷地风俗人情》老窝土司

力些，即栗粟，于诸夷中最悍，依山负谷，射猎为生，长刀毒弩，日不离身。祭赛则张松棚、然炬，剥獐鹿诸兽而已。

［清·光绪］刘慰三：《滇南志略》卷2《大理府》

力些，近城四山，康普、弓笼、奔子栏皆有之。……喜猎，登危峰石壁，疾走如飞；获禽兽，则烹炙共食。

［清·光绪］刘慰三：《滇南志略》卷3《维西厅》

北胜州知州　所属夷人种类：力些一种，性枭雄，能远视。崖居穴处，头束布帕，身佩弓弩，猎獐麂以易食，网鸟雀以资生。

北胜州土州同　所属夷人种类：力些一种，无姓氏。居山崖箐岭之中。男子赤足包头，持弓射猎。

光绪《永北直隶厅志》卷7《人物志下·土司·种人附》

傈僳，居高山极冷之地，与崩龙稍异。……猎野兽以为食。

光绪《永昌府志》卷57《群蛮志·种人》

栗粟，维西、中甸、剑浪、云龙、腾越各边地皆有之。……喜居悬岩绝顶。垦山而种……刈获则多酿为酒，昼夜沈酣，数日尽之。粒食罄，遂执劲弩药矢猎，登危峰石壁，疾走如狡兔，妇从之亦然。获禽兽，或烹或炙，对坐共食，虽猿猴亦炙烹，俟水一沸即食，不尽无归。

［清·光绪］杨琼：《滇中琐记·栗粟》

江尾曲、傈杂处，居民较上、下江为稍密，每村有多至二三十户者。……六畜惟鸡犬豕三项，马牛羊则无之矣。江尾虽间有曲牛，并不以之耕田，只供口腹。……

民国《永昌府文征》纪载卷23《清十二》夏瑚《怒俅边隘详情》

小江之茶山人，傈僳种也……其食品以牛为贵，遇婚丧、祭祀或酬神、报赛，必杀牛，牛头悬之大门或中庭．愈多愈荣。……房屋制式与内地土人不同，人尽楼居，牲畜宿其下。

[清·宣统] 李根源著，[民国] 李根沄录：《滇西兵要界务图注》卷2《乙线》

栗粟以滇省沧、潞两江上游为多，其居于未定界者，散住岔角江、拉打阁、恩梅开江上游沿岸，及尖高山北昌银沟、之非河一带。此类性质刚强好斗，并好渔猎。男子出入佩刀外，兼负弓弩，百步内百发百中；箭头有药者，无论人畜，射中出血即死。

[民国] 尹明德：《滇缅北段界务调查报告》

傈僳，又作傈苏。……其副业则男多狩猎，以其人性顽悍，好杀善斗，猎时遇猛曾亦不畏避，射之不中，直前与搏，为兽所噬，至死不悔。或设各种机制取之。

民国《腾冲县志稿》卷23《第十五·种人》

傈僳种……住山野，刀耕火种，迁徙靡常，以猎禽采药为生活。

民国《云南维西县地志全编》

麝香　怒、傈性喜猎兽，每年雪封山时，即群往碧罗、高黎两山狩猎，张网守之。获獐子后，仅取麝香，其肉概行分食。近以獐子稀少，出产无多，每年所出，不过数十圆而已。

熊胆　帕地之熊有两种，曰牛熊，曰狗熊。牛熊最大，狗熊次之。怒、傈往猎者置弩于地上，箭涂以毒药，熊触之立毙，仅取其皮及胆。皮粗厚，仅能备铺垫之用。胆则分上、中、下三等：上等闪砾夺目，色有金光，名曰金胆；中等色透明似琥珀，名曰珀胆。余则有菜花胆，其色黄黑相杂；墨胆，其色深黑，均属下等。每年出产甚多，概销内地。

牛皮　怒、傈有病，向无医药，素信祭鬼。初则用鸡猪不愈，则以牛祭之。以故帕属之牛皮出产甚多。然无大者，每张仅二三斤或六七斤，其价亦减于内地之牛皮。

獭皮　帕属水獭有二种，在江内者为江獭，在河内者为河獭。河獭毛细茸，价甚昂；江獭毛稍粗，价略减于河獭。然为数甚少，每年仅出数十张。

飞鼠皮　飞鼠原系兽类，惟怒地始有。常居林中食果实，两腋皮毛如翅能飞，故名。怒、傈最善用弩弓射之。其皮甚薄，以之制裘。仅背脊一路，他处则皮板太薄，概不能用。每年出数甚广，运销内地。

民国《纂修云南上帕沿边志》(4) 物产

俐苏族……养蜂、打猎、牧牛羊，皆其所长。……强悍好猎，能自卫而不为非。

民国《西昌县志》卷12《夷族志》

(三) 手工业与商业

栗粟，近城四山，康普、弓笼、奔子栏皆有之。……垦山而种……刈获则多酿为酒，昼夜酖酣，数日尽之。

［清・乾隆］余庆远：《维西见闻纪・夷人》

傈僳，居高山极冷之地……种火麻以为衣，猎野兽以为食。

光绪《永昌府志》卷57《群蛮志・种人》

傈僳……削竹为矢，采毒熬膏作箭头之药。利刀强弩不离其身。

光绪《云龙州志》卷5《秩官志・附夷地风俗人情》六库土司

丽江井相邻傈僳、巴苴、俅人、怒人等类，无附近街市，买卖不惯用钱，米粮柴薪惟盐可换，是以向来煎盐不给薪本，惟以煎获盐斤半给各灶作薪，与各夷人换易柴枝杂粮，以资煎办用度，余为官盐，入府境行销。

乾隆《丽江府志略》上卷《财用略・行盐》

傈僳……每取山禽野兽，并松明、苦片等入市货卖。多嗜酒，醉辄狂荡。

乾隆《白盐井志》卷1《户口・种人》

黄连　……滇之维西、丽江、中甸接壤打箭炉，与川为近，傈僳夷地亦产连，枝壮刺疏，色深黄章，江贾携细布、绒线易之，杂雅产以货。

［清・乾隆］张泓：《滇南新语・黄连》

查曲江，系从藏属擦瓦龙地流入，自色赖汪以上为上江，以下为下江，拉打阁以下为江尾……下江曲民，则又苦江尾傈僳，勾结怒江吉匪，[①] 出没无常，横行抢杀，恒有旦夕难安之势。上下江与江尾，又均有所谓骨尸钱粮者傈言为俄普骨牙。缘傈僳到处抢劫，亦到处贸易，然无不凶横霸道，倘被人殴死，或即病死，傈又集众往其所死之一带地方抢劫烧杀，累月连年，迄无休息，不得已与之讲和，愿上骨尸钱粮；于是议定某项若干，村村寨寨、家家户户，每年照上一份。傈人往收此分钱粮，尤必好为供应。地方出一傈僳命件，则此骨尸钱粮，曲人必世代上纳，傈僳亦世代收受。各村上此钱粮，有多至五六起、七八起者。……

民国《永昌府文征》纪载卷23《清十二》夏瑚：《怒俅边隘详情》

乙二十一号　拉拇上接鸡鸣大耶

自鸡鸣大耶沿潞江西岸高黎贡山东麓北上……仲窳近江边，二十余户，傈僳，较殷实，放有头目。此地盐井质佳且旺，前经该地夷民煎熬，后因病疫，以为煎盐触鬼之怒，将井封闭。嗣丽江商人来集资开煎，该地夷民不许，且不时抢杀，故仍封闭。光绪三十一年腊月，有英国测量生羊一嬉者，沿途测量至此，为大雪所阻，�由浪傈回缅，所带铁丝行军床尚寄存于此。

［清·宣统］李根源著，［民国］李根沄录：《滇西兵要界务图注》卷2《乙线》

小江之茶山人，傈僳种也……最畏汉人，汉兵差役尤甚。汉人至此无投宿处，赠以盐、线、糖、针等物，彼即煮酒杀鸡相款，以暖糯笋味最美。

［清·宣统］李根源著，［民国］李根沄录：《滇西兵要界务图注》卷2《乙线》

傈僳，又作傈苏。……女性较温和，除帮助男子业农外，则纺织麻布。

民国《腾冲县志稿》卷23《第十五·种人》

上帕气候与内地迥别。沿江两岸为两雪山所阻，空气郁塞，蛮烟瘴雨、云雾迷朦、温度最高，潮湿尤重。每年春季，大雨滂沱，连绵数月，阴风暗霾，怵目惊心，蛟翻水泛，声闻数里。夏秋炎热，雨量减少，瘴疫传染，死

① 吉匪—云南维西县澜沧江边有吉尾村。过去，怒江及澜沧江的许多傈僳族蓄奴主常到维西的吉尾一带抢劫奴隶和买卖奴隶，清代统治阶级因此称吉尾的傈僳族为“吉匪”。（见《傈僳族简史》修订本，民族出版社2008年版，第67页注①。）

伤甚众。冬季则逐日晴早，雨水全无，惟气候寒冷，霜雪早降，瘴疫减退，尚称安适。其温度以华氏表计，在六七月间最高至九十五度，在二三月间最低至四十五度，平均月份皆在六十度至七十度之间。在昔与内地不相往来，因之商贾裹足，行人稀少。每至十月，大雪即行封山，内外隔绝，消息不通。至次年五、六月间，雪始融化，可以通行。现时怒、傈渐次开化，商旅日多，行人来往，络绎不绝。每年至十二月，雪始封山，及次年三月，即可破雪出入。将来边地进化，商业发展，行旅相续于道，或可无雪封之患也欤。

民国《纂修云南上帕沿边志》(3) 气候

沙金 帕属沙金并无矿厂，概系各怒、傈于怒江两岸水浅之处捞沙细淘而出。淘出之金皆薄茸细片，复以水银火炼结而为砂，圆如豆形，每粒一二分、二三分不等，故名为沙金。

铁 帕属铁矿无人开采，亦无产硐。产铁之处，如马吉沱主扒亥碧果等处，矿苗甚旺，铁质极佳。各怒、傈自行前往该处，于地面挖取矿石数十斤，用打铁小炉化炼成铁，以之制为锄斧刀矛各器，然为数无多，必俟将来官府商贾集资开办，始能成厂发展。

贝母 入药用。产于碧罗、高黎两大山寒冷之处。一茎直出，无分枝，杆尺余，花白色，开于顶茎，如胡荽，其根小者如豆。名曰雀嘴贝最佳，比如算盘子者次之。亦系草本，现在价甚昂贵。每年三四月间，怒、傈结伴往碧罗、高黎两山采取，各得数两至十余两者为多。含水甚重，需二、三斤始晒干一斤，仍销内地。

漆油 帕地怒、傈遍种漆树，多不割漆，结籽后取籽榨油，以碗盛之，凝结后去碗取出，状似牛油。怒、傈生活简单，中等人家使用猪油、胡桃油等，然亦掺杂漆油食用，贫寒之户概食漆油。惟出数甚广，每年除本地食用外，尚余数万斤，运销内地。

飞鼠皮 飞鼠原系兽类，惟怒地始有。常居林中食果实，两腋皮毛如翅能飞，故名。怒、傈最善用弩弓射之。其皮甚薄，以之制裘。仅背脊一路，他处则皮板太薄，概不能用。每年出数甚广，运销内地。

黄草 黄草亦系药材，产于岩石之上。细小者色甚黄如金钗，故药名为金钗石斛。粗大者名土石斛，惟细小者方佳。土石斛不堪入药。怒、傈于深山岩畔取得后零售与汉人。又复去其根及粗皮，始运销内地。

茯苓 亦系药材，产于松树之下。怒、傈采取后售与汉人。汉人则用米汁喷湿，以草盖覆四五日取出，则皮色变黑。佳者皮面有花纹，名为胡椒。皮形圆者最佳，长者次之。

民国《纂修云南上帕沿边志》(4) 物产

(甲) 纺织

上帕麻布，概系怒、傈妇女自行纺织，并供给男子衣服。每户均种大麻，收取后煮洗洁净，纺而为线，织之成布。其法甚简，各户门前均立二桩，用竹竿二根排列于上，以绳系扣，将麻排为经线，置于竿下，无梭子，概用纬线结团，抛织而成。宽不过六寸，质量细密，全境皆然。将来能改良，用机织成，亦为最良之工艺品也。

(乙) 木器

上帕怒、傈，仅能造木柜一项，大小皆有。大者高三四尺，能盛粮数石，小者尺许，为居家所常用者。然无锯斧各器，仅以砍刀及小尖刀刻削而成。因此槽榫处太浅，不其持久。向无技师教授，皆自行研究成也。

(丙) 铁器

上帕铁器，向无工匠。怒、傈自制锤钳等件，用旧铁器改造；或往有矿之处，拾矿石数十斤，锻炼为铁，造成锄斧刀矛各器，其质料与内地所造者比较，相差无几。然不能造他项器皿者，因无技师教授改良也。

(丁) 竹器

帕属产竹甚多。怒、傈最精竹器，即居家日用簸箕、筛子、箩筐、竹盒等物，均属自行制造。更有一种竹子，节长三四尺，名过江竹，以之造器甚佳。怒、傈常以此编造竹器，光华异常，诚他属所不能及者也。

民国《纂修云南上帕沿边志》(14) 工艺

泥木工：各夷人住房，尽系自造，手续简单。木料接榫处尽用刀斧刻削，或用篾扎成：因无锯、锛等器，不能造制榫口，难以持久。曲子、傈僳之房四面无墙，因无人会做泥工。古宗、怒子之房四围筑土，尽系自筑，尽人能为之。

石工：无。

造纸：无。

酿榨：菖属夷人尽皆嗜酒，人人能酿。其法甚简，将粮煮熟后拌以酒药，置于瓶中十余日后，将粮取出用木甑蒸之，用一槽插于甑中，其酒即由糟内流出。惟无榨油、榨糖之人。

竹工：菖属产竹甚多，夷人尽能制造器，如居家日用簸箕、筛、箩、筐、篮等物均系自编。

民国《征集菖蒲桶沿边志》第十二《工业》

器用　夷人居家用器，极为简单。木器系木桶、木碗、木勺、木瓢。铁器系怒锄（即条锄）、铁刀、铁斧。竹器系竹筛、竹簸、竹箕、竹篮、竹筐。

民国《征集菖蒲桶沿边志》第十七《礼俗》

查上帕地面，银币尚未通行，即生银、铜、铁，亦不使用。汉商与怒、傈等交易，向系以其所有，易其所无。现在逐渐进化，银币虽已通行，而零星菜蔬等物，仍以盐布互相更换，以物易物之俗，尚不能免。必俟将来市场繁盛，钱币流通，此风或可转移也。

民国《纂修云南上帕沿边志》（15）交易

上帕僻处滇边，居怒江上游，为西北屏障。人种原为怒子，后渐始有傈僳，由沧江、六库一带移来杂居其间，名虽归丽江府管辖，其实则怒、傈自成部落，亦无土司统属。……且赋性犷悍，桀骜不驯，反复无常，汉人无敢深入此地。虽有小贩商人冒险前来，皆有怒目等负责保护，始敢深入，然居少数，不过二三人而已。

民国《纂修云南上帕沿边志》（1）沿革

上帕夷民，虽分三种，而性质则互相传变，习染成风。素性犷悍，桀骜不驯，身傍随时带有刀弩，无分稚老，专以抢劫为生。……且赋性顽梗，全无欺诈。汉商来往，始则以利诱之，终则以奸计害之，尚服从信仰，而不知其诈也。近来逐渐进化，知识略开，社会变迁，直性稍减。将来交通便利，汉人繁多，风气一开，其浑朴之性，将随之而变也欤！

民国《纂修云南上帕沿边志》（7）性质

五、职业　昔日皆种山地，近亦有佃汉人田而种稻者。耕之外，采薪烧炭，采茯苓、防风等药，养蜂、打猎、牧牛羊，皆其所长。

六、衣食住　自制毛布，虽粗而暖。……毛布外兼纫麻为布，纫火草叶之纤维质为布。织无机，故其为布也窄。食则玉蜀黍为正粮，稍裕者或搀用米。荞子、洋芋、萝卜等品，皆自种而食，常以其余售与汉人。喜饮酒。……用具率多粗恶。

民国《西昌县志》卷12《夷族志》

（四）物产与贡纳

有名栗些者，亦罗罗之别种也，居山林，无室屋，不事产业，常带药箭弓弩，猎取禽兽。其妇人则掘取草木之根，以给日食。岁输官者，惟皮张耳。

景泰《云南图经志书》卷4《北胜州风俗》

民役：［均徭］本州所辖人户俱系西蕃、力些、僰人、摩些，不通汉语，原无审编均徭，其额征各衙门柴薪、马夫、隶禁等项银两，于本州高、章二土官管下通把出办。

万历《云南通志》卷6《赋役志·北胜州》

黄连　自昔药品珍雅连，密刺外匝，折之出轻烟，中心作菊花状，而重逾数十星者，历未前闻。滇之维西、丽江、中甸接壤打箭炉，与川为近，傈僳夷地亦产连，枝壮刺疏，色深黄章，江贾携细布、绒线易之，杂雅产以货。闻庆公复节制云贵时得数枝，皆重斤许，车为念珠，将妆饰以充贡。余颇疑之。及丙寅，摄鹤庆守篆，有持一枝来售者，重十二两，索值颇昂。嗟呼，此连之形则伟矣，未知其功用之可与雅连并驾否？

［清·乾隆］张泓：《滇南新语·黄连》

丽江井相邻傈僳、巴苴、俅人、怒人等类，无附近街市，买卖不惯用钱，米粮柴薪惟盐可换，是以向来煎盐不给薪本，惟以煎获盐斤半给各灶作薪，与各夷人换易柴枝杂粮，以资煎办用度，余为官盐，入府境行销。

乾隆《丽江府志略》上卷《财用略·行盐》

气候则近城山环而风不烈，气候稍温，春夏多淫雨，秋冬多岚雾，冬气多，春气少，夏气则绝无矣，盖山岚气胜也。八月陨霜，四月方止，九月雨雪，十月弥盛，然十一二月之交，积雪数尺，夜结坚冰，昼则悉融。其宗喇普遏近金沙江，地卑气暖，夏暑冬和，仿佛昆明，谷、麦多丰。康普、叶枝在澜沧江岸，地势卑下，气候亦暖，三冬环山积雪，春盛难消。其宗、喇普、奔子栏亦在金沙江岸，地隘山高，夏炎而暑，峰头多雪，冬令殊寒。阿墩子逼近西藏、青海，雪山千古不消，引领可见。通属土地硗薄，惟种荞麦。

夷人则有力些、西番诸种。

［清·光绪］刘慰三：《滇南志略》卷3《丽江府·维西厅》

傈僳……种荞稗，随地输赋。

光绪《腾越厅志稿》卷15《诸夷志·种人》

一查曲江，系从藏属擦瓦龙地流入，自色赖汪以上为上江，以下为下江，拉打阁以下为江尾，曲言呼为独龙汪洞。……两岸地势险峻，出产麝香、黄连、皮革、毛货等物。……忙苦渡动以上，惟产荞麦、膏粱、小米、苞谷、稗芋之类，以下则产旱谷，江尾之拉打阁以下，尤为广产。……

江尾曲、傈杂处，居民较上、下江为稍密，每村有多至二三十户者。……六畜惟鸡、犬、豕三项，马、牛、羊则无之矣。江尾虽间有曲牛，并不以之耕田，只供口腹。……

九、宜改征赋税，以裕经费也。

曲、怒各江虽归土司管理，而所收钱粮，概系竹筒、篾簸、茵布之类，间有上黄蜡、黄莲者，亦复不可多得也。所值无几，故未归入正供，即该土司亦得之不喜，失之不忧。百姓之苦，在于押派货物、勒索夫马供应耳。今既拟撤土司、建官长、改土归流，二三年后，自可按村按户，改征粮银。在尔时，百姓即幸押派勒索之弊革除，复睹银货交易之利兴，宜无不乐从命令，输将恐后也。至于招垦之民，无论安置何处，三年后，即可计亩升科，倘得各土地一律垦种，则应征之赋，诚有不可以数计者。各江生意利厚，尽人皆知，向只傈人敢于出入，只在脱落江止，若狄满江，即傈人亦少踪迹。此次闻委员欲晋木王，随同前往各江负贩贸易者已有六人，闻均获有利益。今岁当有续往者，待至道途平荡，则是边之商务，尤宜逐渐发达。一切货物出入，当可酌收税课，尤宜妥定章程，及早开办，十年八年后，此款当大有可观。将来以所收各江之赋税，支所设各官之俸廉与所办各事之经费，预为决之，或当有盈无绌。委员为筹备经费起见，是否有当，仰维宪台察核施行。

民国《永昌府文征》纪载卷23《清十二》夏瑚：《怒俅边隘详情》

北段未定界区域人种，大别之，可分为蒲蛮、浪速、茶山、小山、摆夷、栗粟、球夷七种……

北段未定界内，物产颇为丰富，兹举其著者言之：

（一）贝母　出产于恩梅开江及迈立开江各源头当担力卡山、康藏雪山中，每年产量约五千斤。去年在球夷地，每斤售价现洋六元［印洋四元］，六七月间，华人前去挖采收买者，络绎不绝。

（二）黄连　出产于茶山、浪速、球夷各地，沿高黎贡山及坎底附近山中，驼洛江源头一带，每年产量约三万斤。

（三）琥珀　出产于户拱，每年冬、春两季，腾冲、龙陵所属各土司摆夷前去开采，产量多寡不一。

（四）谷米　未定界区域内，粮食多杂粮、芋薯之类，谷米极感缺乏，独坎底坝出产丰富，除供给坎底坝及附近四山食用外，尚可运销孙布拉蚌野人山一带。数年来，英人经营江心坡中上部，人员、士兵所需粮食，皆由坎底运来。坎底坝地广人稀，现种谷区域不过十分之二三，如全数开垦种植，则谷米出产之数量当更可惊矣。

（五）芝麻　出产于江心坡及迈立开江西面野人山一带，每年产量约百十担，由商人收买，转售密支那榨芝麻油。

（六）食盐　江心坡中部、能林南部、肿木坤补咀蚌东部、窝泽、窝米各地均产，概系盐泉，究中以东部之窝泽、窝米两地所出含盐质更富。土人不知晒澄之法，直接取盐水于锅内煮之，将水蒸干，盐质即沉淀锅内，如瓦片然，称曰瓦块盐，销售江心坡东部及浪速、茶山一带。前清光绪二十一年，六库土司段浩率兵征服窝泽、窝米二寨，派人在内熬盐销售，尚有煮盐大锅及攻城鸟枪、土炮、铜帽枪在该二寨头人家。

（七）杉木　出产于小江源板厂山一带，杉木树所占面积，方方约三四日程。

（八）茶叶　产于小江流域、江心坡及野人山一带，每年产量丰富，除自行饮用外，上销坎底，下销密支那。但制法不精，装置粗陋，盛以茶杯粗之竹筒，味则甚浓。

（九）矿产　五金之属，蕴藏甚富，世人已发现者，岔角江、拉打阁及江心坡、俄犬、戛拱高等处之金矿，江心坡中部能罗之铜矿，驼洛江中部补喇劳之银矿，矿苗均旺，江心坡中部石旦附近且产玉石。

（十）粮食　除坎底谷米外，各地惟产杂粮、小米、稗子、玉蜀黍、芋头、豆、薯之类，间产旱谷，皆各户自栽自食，罕有出售者。

（十一）牲畜　各山寨多畜鸡、犬、豕、牛、羊、马匹，惟头人及坎底始有。

（十二）树浆　出产于户拱、密支那北，迈立开江流域亦间有之。此种野生树浆，二十年前为野人山出品大宗，自仰光、新嘉坡人栽树浆成效后，此野生树浆已无人过问，所谓树浆厂者，仅存历史上之名词耳。

除以上所举十二项外，尚有各种药材、木材、漆树、野物、兽皮、虎骨、麝香、鹿茸、草绵之类。野兽极多，英政府奖励猎取，每击毙一虎，将皮交去，奖印洋百元，豹类奖印洋五六十元，豺狼奖二三十元。此未定界产物之大概情形也。

［民国］尹明德：《滇缅北段界务调查报告》

傈僳，又作傈苏。……农业，以种植种类繁多为其特色。所种谷类，有各种黍类、荞麦、高粱、小麦、大麦、燕麦、玉蜀黍及稻等，此外则为落花生、番薯、马铃薯等。……所售之物，多为熊胆、麝香、鹿角及各种兽皮，此外则为黄连、贝母、漆、核桃、香蕈、木耳及祀神之末香等。

民国《腾冲县志稿》卷23《第十五·种人》

（甲）矿产

沙金　帕属沙金并无矿厂，概系各怒、傈于怒江两岸水浅之处捞沙细淘而出。淘出之金皆薄茸细片，复以水银火炼结而为砂，圆如豆形，每粒一二分、二三分不等，故名为沙金。

铁　帕属铁矿无人开采，亦无产硐。产铁之处，如马吉沱主扒亥碧果等处，矿苗甚旺，铁质极佳。各怒、傈自行前往该处，于地面挖取矿石数十斤，用打铁小炉化炼成铁，以之制为锄斧刀矛各器，然为数无多，必俟将来官府商贾集资开办，始能成厂发展。

（乙）土产

黄连　帕属黄连产于碧罗、高黎两大雪山之上，为本属重要药材，行销内地。在昔概系野产，嗣因怒、傈采取者多，致令野产尽绝。因其值昂利厚，怒、傈均提倡栽种，递年推广。查此物向无籽种，栽根分苗，花系蓝色，叶似芹菜，干高尺余或数寸。栽种三年，始能采取根苗。年代愈久，则其根愈老而值愈昂。性喜寒冷，不宜向阳。每年怒、傈于碧罗、高黎两半山之上，择林木深处，辟地栽种。近日逐渐推广，愈种愈多。将来普遍种植，则怒、傈之生计，翘足可以立而待也。

麝香　怒、傈性喜猎兽，每年雪封山时，即群往碧罗、高黎两山狩猎，张网守之。获獐子后，仅取麝香，其肉概行分食。近以獐子稀少，出产无多，每年所出，不过数十圆而已。

熊胆　帕地之熊有两种，曰牛熊，曰狗熊。牛熊最大，狗熊次之。怒、傈往猎者置弩于地上，箭涂以毒药，熊触之立毙，仅取其皮及胆。皮粗厚，仅能备铺垫之用。胆则分上、中、下三等：上等闪烁夺目，色有金光，名曰金胆；中等色透明似琥珀，名曰珀胆。余则有菜花胆，其色黄黑相杂；墨胆，其色深黑，均属下等。每年出产甚多，概销内地。

贝母　入药用。产于碧罗、高黎两大山寒冷之处。一茎直出，无分枝，杆尺余，花白色，开于顶茎，如胡荽，其根小者如豆。名曰雀嘴贝最佳，比如算盘子者次之。亦系草本，现在价甚昂贵。每年三四月间，怒、傈结伴往碧罗、高黎两山采取，各得数两至十余两者为多。含水甚重，需二、三斤始晒干一斤，仍销内地。

漆油　帕地怒、傈遍种漆树，多不割漆，结籽后取籽榨油，以碗盛之，凝结后去碗取出，状似牛油。怒、傈生活简单，中等人家使用猪油、胡桃油等，然亦掺杂漆油食用，贫寒之户概食漆油。惟出数甚广，每年除本地食用外，尚余数万斤，运销内地。

黄蜡　帕属蜂有二种，居家所养者为蜜蜂，野聚岩畔者为岩蜂，均取其蜜而食之。为蜜渣熬炼滤为黄蜡。然每年出产无多，仅数百斤而已。

香菌　香菌产于深山森林内，树木倒枯横于地面，一经风雨腐朽，则发生香菌。各怒、傈任意采取而售之。

木耳　产如香菌。

牛皮　怒、傈有病，向无医药，素信祭鬼。初则用鸡猪不愈，则以牛祭之。以故帕属之牛皮出产甚多。然无大者，每张仅二三斤或六七斤，其价亦减于内地之牛皮。

獭皮　帕属水獭有二种，在江内者为江獭，在河内者为河獭。河獭毛细茸，价甚昂；江獭毛稍粗，价略减于河獭。然为数甚少，每年仅出数十张。

飞鼠皮　飞鼠原系兽类，惟怒地始有。常居林中食果实，两腋皮毛如翅能飞，故名。怒、傈最善用弩弓射之。其皮甚薄，以之制裘。仅背脊一路，他处则皮板太薄，概不能用。每年出数甚广，运销内地。

黄草　黄草亦系药材，产于岩石之上。细小者色甚黄如金钗，故药名为金钗石斛。粗大者名土石斛，惟细小者方佳。土石斛不堪入药。怒、傈于深山岩畔取得后零售与汉人。又复去其根及粗皮，始运销内地。

茯苓　亦系药材，产于松树之下。怒、傈采取后售与汉人。汉人则用米汁喷湿，以草盖覆四五日取出，则皮色变黑。佳者皮面有花纹，名为胡椒。皮形圆者最佳，长者次之。

（丙）农产

米　帕属之稻，分水旱两种。种水田者曰水谷，种旱地者曰旱谷。旱谷壳红米最白，惟略干，油汁甚少，煮食不甚增长。水谷壳黄，米色稍亚于旱谷，性最软糯，油汁甚多，煮食亦最发长。然仅江边一带能种。高山之地气候寒冷，不甚相宜，概种杂粮。以故帕属杂粮最多，米谷甚少，各怒、傈食米者尚属寥寥。且人户稀少，村落零散，江边芜地尚多，将来边地进化，汉人迁移繁盛，加以官署劝导，提倡陆续开垦，随时改良，谷米自能增多也。

糯米　帕地糯米，亦有两种，谷顶出穗长寸余者为长毛糯，无穗者为常糯。长毛糯性最粘软，常糯次之。然每户仅种一二斗，出数无多。

包谷　包谷又名玉麦，帕地有饭、糯二种，饭者皮最厚，糯者性粘如糯米。高山之地不产米谷，各怒、傈概行舂食。即江边一带有米者，亦常杂米而食之。

高粱　帕地高粱，亦有饭、糯两种。糯者性软，各怒、傈常以作饼而食。饭者概煮酒用之。

荞子　帕地荞子亦分两种，一曰甜荞，一曰苦荞。甜荞性劣，苦荞甚佳。苦荞概行充食，间亦有食甜荞者。余则煮酒及喂牲畜用之。

饭豆　帕属饭豆仅有白色一种，概种于高山。若递年栽种，则不甚生长。以故怒、傈等均隔年一种，以之充食，较之他项杂粮尤佳。

黄豆　帕属黄豆，亦隔年一种。惟鲜充食料，仅以之入菜蔬及喂牲畜之用。

天粟米　帕属天粟米一种，状类小麦，叶秆均红色，穗亦红色，穗内有子如黍米，白色、圆形，然必须有余地之家，始种少许。以故出数甚微，怒、傈等作饼及造酒用之。

鸡脚稗　帕属有鸡脚稗者，其叶如兰，高仅尺余，杆顶结穗如鸡足，故名。惟不能充食。怒、傈素质嗜酒，以故各户均种此物，咸为煮酒之用。

青稞麦　帕属有青稞麦一种，状类大麦，惟麦穗稍长，籽略大，若磨而为面，不甚交融，仅能造酒。怒、傈等均种为煮酒之用。

民国《纂修云南上帕沿边志》(4) 物产

五、文　化

（一）语言文字

傈僳……有夷话，无夷字。凡江外深山之间皆有。

光绪《永昌府志》卷57《群蛮志·种人》

力些……《永北府志》：……不通汉语。……此辈老于深山，大半不履城市。

道光《云南通志稿》卷184《南蛮志三之三·种人三》

北胜州土司所属夷人种类：力些……不通汉语。……此辈老于深山，大半不履城市。

乾隆《永北府志》卷25《土司·种人附》

北胜州知州所属夷人种类：力些一种……不通汉语。男女衣食相同。此辈老于深山，大半不履城市。

羊坪土千总所属夷人种类：力些一种……稍通汉语，略知礼节。

光绪《永北直隶厅志》卷7《人物志下·土司·种人附》

傈僳，以拉等为字。……语与诸夷别。……不通汉语。

光绪《云龙州志》卷5《秩官志·附夷地风俗人情》老窝土司

傈僳……因子取名。不烧香，不着履，不洗面，不通汉语。……以木刻为券，通信亦然。

光绪《云龙州志》卷5《秩官志·附夷地风俗人情》六库土司

傈僳有家野之分：家傈僳住澜沧江内，耕田住屋，各有村寨头人，能通汉语，服官管束，交纳钞粮，与民人无异。野傈僳住居江外，山硐密箐，并无村寨头人，不通汉语，亦不服官约束……

嘉庆七年云贵总督觉罗琅玕奏折①

栗粟……借贷刻木为契。

［清・乾隆］余庆远：《维西见闻纪・夷人》

栗粟，维西、中甸、剑浪、云龙、腾越各边地皆有之。……不信佛而信鬼。借贷，刻木为契。

［清・光绪］杨琼：《滇中琐记・栗粟》

小江之茶山人，傈僳种也……语言声音极轻细。无文字，用木刻记事。男子多通汉语，且讲汉礼者。

［清・宣统］李根源著，［民国］李根沄录：《滇西兵要界务图注》卷2《乙线》

栗粟以滇省沧、潞两江上游为多，其居于未定界者，散住岔角江、拉打阁、恩梅开江上游沿岸，及尖高山北昌银沟、之非河一带。……别有语言，多与华人来往，故晓汉语者较多。

［民国］尹明德：《滇缅北段界务调查报告》

傈僳，以滇省沧、潞两江上游为多。……别有语言，因多与汉人来往，故晓汉语者较多。

民国《保山县志稿》卷13《土族》

傈僳无文字，近年英国教士亦仿美教士汉生教野人办法，以罗马字母拼为傈僳语，为之创造文字。惟其收效不如野人之普遍，只能行于信仰耶教之一部分。其原始记录法，概用木刻，木刻长二寸，宽五分，凡二个，边各锉为齿形，两木刻之齿缝相遇时必密合，立约者各持其一以为证据，亦中国古代符节之遗意。但傈僳中亦间有读汉书、略识汉字者。

民国《腾冲县志稿》卷23《第十五・种人》

---

① 转录自《傈僳族简史》编写组、《傈僳族简史》修订本编写组《傈僳族简史》，民族出版社2008年版，第19页。

傈僳种人，原无文字，有美教士翰生，用英文字母拼音法造成傈僳字，教之读书写信，傈僳便之。英教士傅能仁更推广之。乃相率入教。至今腾冲边境，凡有傈僳之村寨，无不有耶教士之足迹焉。其宗教之侵略，洵乎可畏，为政者亦希注意及之也。

民国《腾冲县志稿》卷25《第十七·宗教》

么些、栗些、古宗各有土音不相同，惟栗些与怒人、俅人所言同者，为栗人土音类怒人，怒人土音又类俅人也。

民国《维西县志稿》卷16《方言·土音》

么些、栗些，亦各有字迹，专象形，人则图人，物则图物，为书契，无姓氏。

民国《维西县志稿》卷2《第十七·礼俗》

傈僳种，系土著。有语言，无文字。

民国《云南维西县地志全编》

中甸虽有七种民族，而文字仅有五种，即汉文、藏文、回文、摩西文、倮罗文；其力些、苗子二种，仅有言语而无文字。

民国《中甸县志》下卷《社会状况·语言文字》

中甸有汉、藏、回、苗、摩些、力些、倮罗七种民族，而语言仅有六种，因回族与汉族同为一种语言也。……力些语多腭音、喉音，而唇音、舌音最少，鼻音、齿音更少，语言粗涩，言词简单。

民国《中甸县志》下卷《社会状况·语言文字》

有汉人、倮罗、古宗、么些、傈僳、回民六种。……傈僳住东山，另有夷语，有傈僳文，恒不适用，风俗与倮罗同。

民国《云南省中甸县县志·人口·种类》

语系，有四种：傈僳话、汉话、倮倮话、民家话。

民国《泸水志》第16章《方言·语系》

上帕……怒、傈自成部落，亦无土司统属。族中各有一种语言，其最通行者为傈僳语。向无文字，纪事则以木刻或结绳为之。虽颁白者，亦不知其年龄，经过事实，更属茫然，几不知此外别有天。

民国《纂修云南上帕沿边志》(1) 沿革

上帕夷民，原有三种，曰怒子，曰傈僳，曰拉玛。怒子全系土著，无姓氏，不识年龄，不谙文字，不通汉语。傈僳概由沧江一带移来，亦无姓氏，内分四族：一名瓦哨，二名括哨扒，三名亥哨扒、四名獗哨扒，均系傈僳语。以汉语译之：挖为鱼，从余姓；括为荞，从乔姓；亥为鼠，从褚姓；厥为蜂，从风姓；扒为老者之称。此外别无姓氏，亦不知年龄，不通汉语。

民国《纂修云南上帕沿边志》(5) 种族

上帕夷民，虽分怒子、傈僳、拉马三种，而语言则仅有怒子、傈僳两种。拉马语仅沧江一带有之，移来帕地者，概从傈僳语。怒语甚狭，惟怒子一种始用此，外能知者甚鲜。傈僳语则全境通用，尽人皆知。

民国《纂修云南上帕沿边志》(6) 语言

贡山夷民，原有五种，曰古宗，曰喇嘛，曰怒子，曰傈僳，曰曲子。……此五种夷人，均无姓氏，不识汉文，不通汉语。古宗、喇嘛，有学习藏文者。曲子、傈僳，均不识年龄岁月。

民国《征集菖蒲桶沿边志》第十五《氏族》

菖属民虽分喇嘛、古宗、怒子、傈僳、曲子五种，而语言仅有三种。喇嘛、古宗，均系古宗语。怒子、曲子，均系怒子语，均通傈僳语，傈僳通古宗、怒子语者甚少。全境通用傈僳语。

民国《征集菖蒲桶沿边志》第十六《方言》

黎苏，一作为力苏，为数无多，散居盐边、会理等地，尚保持其独立的语言风俗。

民国《宁属调查报告·政俗门》

俐苏族……语言与倮夷、西番不同，汉人鲜通其语者，而俐苏则悉通汉语。语言之外，无文字也。

民国《西昌县志》卷12《夷族志》

（二）艺术娱乐

傈僳……祭赛，则张松棚燃炬，剥獐鹿诸兽骨用。

雍正《云龙州志》卷5《风俗·附种人》

傈僳……吹口弦，足跳跃为乐。

光绪《云龙州志》卷5《秩官志·附夷地风俗人情》六库土司

力些，即栗粟……祭赛，则张松棚然炬，剥獐鹿诸兽而已。

［清·光绪］刘慰三：《滇南志略》卷2《大理府》

栗粟，散入姚安、丽江、大理、永昌四府。……祭赛，则张松棚燃炬，剥獐鹿诸兽而食。……维西亦有栗粟，其性颇淳，能镂竹为弦，衔放齿间，弹之成声，亦颇喑咿可听，谓之口琴。

［清·乾隆］谢圣纶：《滇黔志略》卷15《云南·种人》

傈僳，性强悍，……男妇携手顿足，吹芦笙，弹响篾，以为乐。

乾隆《白盐井志》卷1《户口·种人》

小江之茶山人，傈僳种也……吹芦笙、打铜鼓为乐。

［清·宣统］李根源著，［民国］李根沄录：《滇西兵要界务图注》卷2《乙线》

力些族礼节，仍重磕头。其乐有葫芦笙、横笛、四方四弦之琵琶、锁南。其笙有五管者，在年节喜庆时吹奏；八管者，则用于丧葬。

民国《中甸县志》下卷《社会状况·生活·礼乐》

傈僳，又作傈苏。……逢年节或婚嫁，男女老幼聚会一处，牵手作圆圈，中烧火塘，曼声蹈舞，饮酒为乐，有至终宵不倦者。又泸水前后之傈僳，每于春节时，男女老幼群往温泉沐浴，并置酒歌蹈以为乐，凡三四日而止，名曰澡塘会。其乐器亦简单，有口琴、竹箫、三弦、胡芦笙等。

民国《腾冲县志稿》卷23《第十五·种人》

（丙）婚嫁

……怒、傈风俗，男女必配合后，男家始煮酒宰畜邀请双方亲友，群集宴会，男女数十，分班唱舞，名曰跳锅庄，欢饮一昼夜始散。……

（己）歌舞

怒、傈习性，最喜歌舞，常于村中，约聚数十人，男女混杂，履舄交错，接手为圈而跳，名曰跳锅庄。其乐有三种：一以木为琴. 名曰琵琶，形如月琴，弦则用四，弹之铿然作声。一以竹为箫，前制三眼，后一眼，长三寸余，以口吹，以指按音，亦响越。一以竹为弦，名曰口弦，用竹片约长三寸，宽三四分，中刻一小片如薄纸，一经指弹，则此小片发音，附于口齿之间，殊觉幽扬；其簧有用三片、一片者，音则相同。每当歌舞之际，男弹琴、女吹箫，并弹口弦，随意欢跳，无论婚嫁宴会，均喜举行。对于招待，极为简单。主人仅给之以酒，男女开怀畅饮，不分老少，围坐歌唱，互相答和。所唱之歌，皆触物感怀，临时成句，并无曲谱，音节亦不限韵，字数多寡，尤为不一。……

民国《纂修云南上帕沿边志》（8）风俗

歌舞　夷人惯性，最喜歌舞。每遇婚嫁宴会之家，主人招待可以简慢，惟须预备烧酒水酒，以待客人跳舞之需。每于黄昏后，或在室中。或在屋外，平地上烧一火塘，男女数十人，携手团围火塘边，一面跳舞，一面饮酒唱歌，名曰跳锅庄。其乐有三种，一削木为琴，形如月琴，名为琵琶。弦则有二，弹之铿然有声。一以竹为箫，前制三眼，后一眼，长二三寸，以口吹，以手按，音亦响越。一以竹为弦，名曰口弦，用竹片约长三寸，宽三四分，中刻一小片如薄纸，一经指弹，则小片发音，附于齿间，殊觉幽扬。每当歌唱之际，男弹琴，女吹箫，并弹口弦，随意欢跳，互相和答。所唱之歌，并无曲谱单节，皆临时成句，字数多寡不一。

兹将其歌译释于下：

傈傈歌：

多夺麻觉大爷觉，
渣着麻觉秋普手。
挂夺麻觉黑烟拄，
麻科阿姐多阿尼。

译傈僳歌：

吃烟要吃金堂烟，
吃米要吃好白米。
穿衣要穿好布匹，
热来要吃好凉水。

民国《征集菖蒲桶沿边志》第十七《礼俗》

俐苏族……婚时新妇步行，两人舁棚遮护而前；贺者以羊为礼，相与吹葫芦笙，作跳舞会。

民国《西昌县志》卷12《夷族志》

（三）教　育

地近西域……种类不一，曰么些，曰傈僳，曰古宗，语言各异。……傈僳最为枭悍，出入佩刀悬弓，辄相仇杀。……今虽设学校，而彝民顽梗，骤难教化。

［清］《古今图书集成·方舆汇编·职方典》卷1505《丽江府风俗考》

丽江府分驻阿墩子弹压委员兼办怒江事宜夏瑚，为遵饬履勘边隘，绘图贴说，并陈管见，详请衡核事。

光绪三十四年五月初四日，奉丽江府转行营洋务处局宪，四月巧电内开：白汉洛孤悬江外，去察瓦龙较近，现雪融路通，应令夏委员前往该处巡查，将应办各事，妥为料理等因。委员以去秋奉饬赴怒查看，布置事竣回墩，曾以设官、招垦、开矿、通商、练兵、兴学六事，并同布置情形，及拟查勘曲江、招抚吉匪、撤退土司、平治道途、改募防营、变通权限各节，通禀在案。……委员身历地土，目睹情形，愚见所及，尚有十端，谨再分别为我宪台详陈之：

……

五、宜筹费设学，以广教育也。怒江兴学设教一层，前已两次禀陈在案。此次赴怒，因洋务局、藩宪、营务处六月支电内，有或就该处充公庙宇寺租，先设一二学堂，以资化导等因。查怒江地方，自幽喇干以上蛮、怒杂处，以下则傈、怒杂处，欲设学堂，上江必通蛮、怒语言，下江必通傈、怒语言之士，始可充其教员。委员此次先于到怒时，亦即托人招致，逮勘曲趸怒，选得剑川童生尹佐汤、张自铭二人，晓畅国文，兼通傈语，字迹亦端楷。窃以此时兴学，只在文字语言，因即延定，遵饬设学二堂，一于慈开地方，在怒江之西，以该村有客籍汉民三户，较易开通。暂借民房设立，以尹佐汤充当教习；一于菖蒲桶充公寺庙设立，以张自铭充其教习。先以认字说话为主，示期今年正月二十二日开学，传谕沿江伙甲僧俗百姓，届期务送子弟入堂读书，只须自备伙食，一切应用书籍笔墨纸张，概由官处发给。教习每员每年，备送薪水银五十金、粮食八石，以资口食。至于学生多寡，应俟雪融路通，赴怒查考，方能具报。

惟查充公寺租，年只二十二石五斗，除管事二人口食每年二石四斗。及赏佃民酒饭外，每年两次，约需粮食五石之谱。及全数栽种纳租，所存不过十五石有零。两年间时有抛荒之户，虽饬管事随时招佃承种，不准抛荒，仍未能一律佃种。至于水田，寺僧向系与佃平分，并无一定租石，充公后，定以六成归佃、四成归官，以示体恤。年来沟水干涸，荒芜较多，所分之谷不满十石，现饬防哨督同官厅管事经理，去冬在怒清厘，据称三十三、四两年分租石，除抛荒外，均已收楚。惟修整房屋，及各项开支，已去大半，现已实存无几，容饬开具细数，再行分别造报。怒江人民所种土地，惟期自给无论何项粮食，每石定价一金，乡规如是，百姓自古遵守，委员未便加增，致贻穷民之累。故此充公寺租，每年除各项开支及岁修寺宇外，所值不过二三十金，欲以兴学，势所不能；且该处自开辟以来，不知读书识字为何物，非如内地之有他项积习，难于改移。今一创办，似须将体操及一切儿童教育同时并举，俾易开通；更须为之筹备书籍、纸张、笔墨、膏火、奖赏等项，以餍其心而坚其志，庶几向学日多，普通可及。至曲、狄各江，人民聪颖，苦无教育，地土肥沃，苦少经营，即稼穑纺织之事，均须为之提创，是则农业、工艺各学堂应先于怒江兴设，以立基础，渐及他江，以广教育。此怒江设学，必筹费方能成立之情形也。仰维宪台察核施行。

民国《永昌府文征》纪载卷23《清十二》夏瑚《怒俅边隘详情》

近么些子弟渐读书入学堂，与汉人子弟不甚悬殊。栗些、古宗、怒人，其习尚还在太古，非强迫兴学，恐无开化之时。

民国《维西县志稿》卷2《第十七·礼俗》

查上帕怒、傈，犷悍成性，言语不通，文字不识。自民国纪元，经任提调宗熙征服后，于上帕、禄马登二处各设汉语学堂一校，各聘教员一员，专授汉语，经费则由公费项下开支。无如各怒傈知识未开，视读书为畏途，尽遣奴仆子弟送校肄业。设治后，仍照旧办理，虽经历任委员随时化导，其疑忌仍不稍改。至十一年，马委员宗龙任内，添设利沙底汉语一校，并委劝学员长一员，以资劝导。因无学款，劝学员长系署内职员兼充，不支薪水。嗣至十三年，复添设姑打汉语一校，三月，始将劝学所成立。亦因款项支出，所长一职由公署科长兼任，仍不支薪。所内并无开支，学校经费照旧由公费项下支给，劝学所则仅有其名而已。至十八年，章委员佩龙任内，又设立贝汉语一校，将劝学所另行组织，所长则免去兼差，专办教育，并添设书记、杂役等人。是年因学校陆续推广，更加劝学所一切开支，款项不敷甚巨。当经召集各绅首会议，每户捐洋贰角以作教育经费，其不敷者，仍由行政公费项下补助。至二十年，保委员仲馨严行整顿，增加教育经费，复添设老马底一校，共六校，一律改为初级小学。并于上帕成立高级小学一校，每校学生额定十五名。本年学款陡然增加，仍召集地方绅首会议，别无款项可筹，照原有户捐每户再加洋叁角，共收伍角。不敷之款，仍由行政公费及临时筹补。考帕地教育不振有两大原因：一因怒民顽梗，知识闭塞，不知向学；一因怒民赤贫，无法筹款，而入校学生，一切衣服伙食书籍笔墨，均须由公供给。有此两大原因，故帕地教育

民国《纂修云南上帕沿边志》(20) 教育

学制　菖属在未设治以前，并无学制。

学官　在未设治前，并无学官，亦无庙祀乐舞。

……

菖属尽系古宗、怒子、傈僳、曲子，顽梗成性。语言隔阂，不识文字。在土司管辖时代，并无一人读书。清宣统元年，夏委员瑚兼辖怒俅两江，提倡义学，于一二三四区各设小学一校，委教员，强迫汉夷子弟入校肄业，夷童专授汉语、体操，兼授浅近文字，其一切衣服、伙食、书籍、笔墨，均由公家供给。原有教费经由喇嘛寺每年补助银十两，不足之数，由汉童及因案罚金弥补。无如各种夷人知识浅陋，视读书为畏途，尽选奴仆及孤贫子弟来应门户。设治后，历经官吏极力开导，并于每区分委一劝学员，以资督促劝勉，终未引起其向学之心。推原其权，一由于夷民顽梗，知识闭塞，不知读书之益；一由于民赤贫，生计艰窘，虽有子弟，无

款供给读书；兼之地方公款支出，各校筹设并未完备，历年聘用师资，亦因限于经费，希图廉薪就地取材，迄无良好教员。以致办学十余载，教育毫未发展。除委员应昌到任后，集绅议决整顿教育办法两项：（一）成立教育局，委刘朝忠兼充教育局长，月给津由五元，专司指导督促及计筹备之事；重资外聘教员四员，每员每年薪水一百元；增设各区小学名额，每校汉夷学生为三十名，可增不可减。夷童书籍、伙食、衣服、笔墨照旧由教育局供给，汉童学费一项豁免。年约需经费七百余元，现由各区门户项下分捐，每户每年收银三角，年共收银四百元，加以原有教育费七十元，共四百七十元。尚不敷银三百元，已连同后项教育费呈请拨补，于二十一年一月一律实行。（二）……

民国《征集菖蒲桶沿边志》第九《教育》

（四）医学科技

有名栗些者……常带药箭弓弩，猎取禽兽。

景泰《云南图经志书》卷4《北胜州风俗》

云龙州……栗粟，于诸彝中最悍。依山负谷，射猎为生，长刀毒弩，日不离身。

康熙《大理府志》卷12《风俗》

滇中无世家，其俗重财而好养女。女众年长，则以归寄客之流落者。然貌陋而才下，虑赋谷风，则密以此药投之，能变荡子之耳目，视奇丑之物美若西施，香如苏合，终身不解矣。

［清·康熙］刘崑：《南中杂说·和合》

栗粟……取山中草木为和合药，男女相悦，暗投其衣，遂奔而从，跬步不离。

［清·乾隆］余庆远：《维西见闻纪·夷人》

栗粟，维西、中甸、剑浪、云龙、腾越各边地皆有之。……取山中草木为和合药，男女相悦，暗投其衣，遂奔而从，跬步不离。

［清·光绪］杨琼：《滇中琐记·栗粟》

傈僳……以冬月初一为元旦，用栗叶为年树。削竹为矢，采毒熬膏作箭头之药。

光绪《云龙州志》卷5《秩官志·附夷地风俗人情》六库土司

丽郡诸夷错处，惟傈僳□□□□□神鬼。恒乍绷者，康普牧牛竖也，诡言通阴阳、知祸福，以符药惑人，煽动日益众。

［清·嘉庆］觉罗琅玕《平彝碑记》[1]

嘉庆七年壬戌，维西傈僳恒乍绷作乱，总督觉罗琅玕讨平之。恒乍绷，澜沧江外傈僳，幼学为端公，占卜治病，人称为沙泥华言活佛，在康普打鼓念经，夷众悦服。

道光《云南通志稿》卷105《武备志二之五·戎事五》

（嘉庆）八年癸亥，维西力些藤鲊蚌纠众作乱，总督琅公玕驻剑川，集兵制之，逾年始授首，余众悉就抚。

藤鲊蚌知医药，所治病既愈，只博酒食，却钱币，诸夷咸相亲爱。驻防某千总吓以邪教，得赂方止，已非一次。继之者大有所欲，诱而系之空室。于是夷众愤怒，持械劫之去。驻防以作乱报。……

［清·嘉庆］师范：《滇系》三之一《事略》

傈僳，又作傈苏。……俗信鬼，其巫觋名曰香通，又曰尼扒。凡人有病，不知服药，多延巫觋为之退鬼祟，与野人略同也。

民国《腾冲县志稿》卷23《第十五·种人》

黄连　帕属黄连产于碧罗、高黎两大雪山之上，为本属重要药材，行销内地。在昔概系野产，嗣因怒、傈采取者多，致令野产尽绝。因其值昂利厚，怒、傈均提倡栽种，递年推广。查此物向无籽种，栽根分苗，花系蓝色，叶似芹菜，干高尺余或数寸。栽种三年，始能采取根苗。年代愈久，则其根愈老而值愈昂。性喜寒冷，不宜向阳。每年怒、傈于碧罗、高黎两半山之上，择林木深处，辟地栽种。近日逐渐推广，愈种愈多。将来普遍种植，则怒傈之生计，翘足可以立而待也。

麝香　怒、傈性喜猎兽，每年雪封山时，即群往碧罗、高黎两山狩猎，

---

① 载方国瑜主编《云南史料丛刊》卷13，云南大学出版社2001年版，第771页。

张网守之。获獐子后，仅取麝香，其肉概行分食。近以獐子稀少，出产无多，每年所出，不过数十圆而已。

熊胆　帕地之熊有两种，曰牛熊，曰狗熊。牛熊最大，狗熊次之。怒、傈往猎者置弩于地上，箭涂以毒药，熊触之立毙，仅取其皮及胆。皮粗厚，仅能备铺垫之用。胆则分上、中、下三等：上等闪砾夺目，色有金光，名曰金胆；中等色透明似琥珀，名曰珀胆。余则有菜花胆，其色黄黑相杂；墨胆，其色深黑，均属下等。每年出产甚多，概销内地。

贝母　入药用。产于碧罗、高黎两大山寒冷之处。一茎直出，无分枝，杆尺余，花白色，开于顶茎，如胡荽，其根小者如豆。名曰雀嘴贝最佳，比如算盘子者次之。亦系草本，现在价甚昂贵。每年三四月间，怒、傈结伴往碧罗、高黎两山采取，各得数两至十余两者为多。含水甚重，需二、三斤始晒干一斤，仍销内地。

牛皮怒、傈有病，向无医药，素信祭鬼。初则用鸡猪不愈，则以牛祭之。以故帕属之牛皮出产甚多。

黄草　黄草亦系药材，产于岩石之上。细小者色甚黄如金钗，故药名为金钗石斛。粗大者名土石斛，惟细小者方佳。土石斛不堪入药。怒、傈于深山岩畔取得后零售与汉人。又复去其根及粗皮，始运销内地。

茯苓　亦系药材，产于松树之下。怒、傈采取后售与汉人。汉人则用米汁喷湿，以草盖覆四五日取出，则皮色变黑。佳者皮面有花纹，名为胡椒。皮形圆者最佳，长者次之

民国《纂修云南上帕沿边志》(4) 物产

上帕夷民，信仰祈祷，牢不可破。然无寺庙，无偶像，一有疾病，不信医药，即请巫人于郊外，择树一株，系以白纸少许而祭之。初则用鸡猪，不愈则祭之以牛羊。怒族家产，惟恃牲畜，故一人有病，所祭牲畜，几至破产，一家均受其害。且一经死亡，房产器具尽皆抛弃，另行择地徙居。其房屋构造甚易，然因赤贫已极，若死伤甚重，其后裔必至贫无立锥。现在保委员仲馨筹款设立医馆，购办药材，劝导怒、傈，信用医药，将来若能渐次扩充，医药畅行，祭鬼恶俗自能逐渐消灭也。

民国《纂修云南上帕沿边志》(8) 风俗

傈僳、曲子，信仰鬼神，迷信祈祷，牢不可破。一有疾病，不事医药，

即请尼扒（即巫人）于屋之前后，择一僻处而祭之，初则用鸡猪，不愈则用牛羊。夷人家产惟恃牲畜，一家之中，有一病人，竟将所养牲畜完全用作祭鬼，尚不愈者，用之倾家破产，阖家均受其害。且一经死亡，房屋器具尽皆抛弃，另行择地徙居，子孙因之赤贫。……现在陈委员应昌已派员往购药材，再为陆续劝导，信用医药。将来医药遍行，祭鬼之风或可销灭。

民国《征集菖蒲桶沿边志》第十七《礼俗》

黎苏，一作为力苏，为数无多，散居盐边、会理等地，……以打猎、采药为主要副业。能制药箭毒弩，无论人兽，触之即死，虽倮夷亦畏之。

民国《宁属调查报告·政俗门》

俐苏族……疾病及遭不祥，或禳以巫；巫则其种族中自相传授，汉人亦偶有请之禳灾者。

民国《西昌县志》卷12《夷族志》

六、社会生活

（一）衣食住行

巢处山林。有名栗些者，亦罗罗之别种也，居山林，无室屋，不事产业，常带药箭弓弩，猎取禽兽。其妇人则掘取草木之根，以给日食。

景泰《云南图经志书》卷4《北胜州风俗》

有蛮栗些，亦罗罗种。巢处山林，猎取禽兽以食。

正德《云南志》卷12《风俗》北胜州

力些，惟云龙州有之。男囚［首］跣足，衣麻布直撒衣，披以毡衫，以毳为带束其腰。妇女裹白麻布衣。

天启《滇志》卷30《羁縻志·种人》

力些，惟云龙州有之。男囚首跣足，衣麻布衣，被毡衫，以毳为带束其腰。妇女裹白麻布。

康熙《云南通志》卷27《土司·种人》

力些，迤西皆有之，在大理名栗粟，在姚安名傈僳。有生熟二种。男囚首跣足，衣麻布衣，披毡衫，以毳为带束其腰。妇女裹白麻布。

雍正《云南通志》卷24《土司·附种人》

《皇朝职贡图》：傈僳，相传楚庄蹻开滇时，便有此种。无部落，散居姚安、大理、永昌四府。其居六库山谷者，在诸夷中为最悍。其居赤石崖、金江边地，与永江连界者，依树木岩穴，迁徙无常。男人裹头，衣麻布，披毡衫，佩短刀，善用弩，发无虚矢。妇女短衣长裙，跣足，负竹筐出入。……

旧《云南通志》：迤西皆有之，在大理名栗粟，在姚安名傈傲，有生熟二种。男囚首跣足，衣麻布衣，披毡衫，以毳为带束其腰。妇女裹白麻布。

《武定府志》：潜居深山，板片为屋，种荞稗为食。

《永北府志》：性枭雄，能远视，崖居穴处。头束布帕，身佩刀弩，猎獐麂以为食，网鸟雀以资生。不通汉语。男女衣食相同，性情桀骜。……

《大理府志》：栗粟，于诸夷中最悍。依山负谷，射猎为生，长刀毒弩，日不离身。祭赛则张松棚然炬，剥獐鹿诸兽而已。亦事耕种，饶黍稷荞稗。……

《丽江府志》：崖居穴处，或架木为巢。囚首跣足，高鼻深眼。猎取禽兽为食，居无定所，食尽即迁。佩弩带刀，虽寝息不离。……

道光《云南通志稿》卷184《南蛮志三之三·种人三》

傈僳……其居赤石崖、金江边地与永江连界者，依树木岩穴，迁徙无常。男人裹头，衣麻布，披毡衫，佩短刀。……妇女短衣长裙，跣足，负竹筐。……性枭雄，能远视，猎獐麂、网鸟雀为食。不通汉语。男女衣食相同，不履城市。……《永北厅志》

光绪《续云南通志稿》卷160《南蛮志·种人一》

力些，惟云龙州有之。男囚首跣足，衣麻布衣，披毡衫，以毳为带束其腰。妇女裹白麻布。

[清]《古今图书集成·方舆汇编·职方典》卷1519《云南土司部汇考五》

力些，惟云龙州有之，男囚首跣足直衫，披以毡衫，以毳为带束其腰。妇女裹白麻布。

[清]顾炎武：《天下郡国利病书·云南备录》种人

栗粟，散入姚安、丽江、大理、永昌四府。……以劫杀为生，登山陟石，捷如猿猱。居处依岩树，迁徙无常。栗粟依山负谷，射猎为生，长刀毒弩日不离身。祭赛，则张松棚燃炬，剥獐鹿诸兽而食。亦事耕种，饶黍、稷、荞、稗。

圣纶按：栗粟凶悍，在宾川州赤石崖、永北金沙江边者为尤甚。余曾摄篆宾川赤石崖，栗粟杀人旧案累累……又以居处无常，捷同猿猱，极力设法捕缉，究难弋获。

［清·乾隆］谢圣纶：《滇黔志略》卷15《云南·种人》

力些，迤西皆有之，大理曰栗粟，姚安名傈僳，有生、熟二种。男囚首跣足，衣麻布，披毡衫，以毳为带束腰。妇女裹白麻布。

［清·乾隆］倪蜕：《滇小记·滇云夷种》

力些，即傈僳。衣麻披毡，岩居穴处。利刃毒矢，刻不离身。登山，捷若猿猱。以土和蜜充饥。得野兽，即生食。

［明］杨慎编辑，［清］胡蔚订正：《南诏野史》下卷《南诏各种蛮夷》

力些，一名傈苏，一名栗粟，一名傈僳，有生熟二种。囚首跣足，麻衣毡衫、毳带束腰。妇女裹白麻布。

［清·嘉庆］檀萃：《滇海虞衡志》第13《志蛮》

力些，惟云龙州有之。男囚首跣足，衣麻布直撒衣，披以毡衫，以毳为带束其腰。妇女裹白麻布衣。

［清·嘉庆］师范：《滇系》十之二《属夷系》

彝种有七：……迁徙无常居，在铁锁箐内外者为傈僳……铁锁箐之稍近白井者，渐知居处，多以树皮障风雨，刈收毕，便徙去。取鱼则垂藤，人附以入江。最贫苦，畜牛一二头，即称极富，饥亦远去劫掠。

［清］《古今图书集成·方舆汇编·职方典》卷1498《姚安府土司考·种人》

云龙州……栗粟……射猎为生，长刀毒弩，日不离身。祭赛则张松棚然炬，剥獐鹿诸兽而巳。亦事耕种，饶黍稷荞稗。

浪宋，栗粟居多……架木为楼，人畜分处。

康熙《大理府志》卷12《风俗》

盘口箐，飞崖峭壁，人亦罕至。种人倮倮，蓬首黎面，春夏临江穴处，秋冬岩居，无尺地可耕，以野药充饥。近亦有愿入内为农矣。

雍正《宾川州志》卷4《疆域山川》

倮倮，于诸夷中最悍，不栉不沐，语亦与诸彝别。处兰州界，连云龙，依山负谷，射猎为生。利刀毒矢，日夜不离身。弋兽即生食。间事耕种，惟荞稗。

雍正《云龙州志》卷5《风俗·附种人》

倮倮……依山负谷，射猎为生……虽耕种，惟有荞麦高粱。男以麻布为衣，包大头，俱饰以蚌壳。

光绪《云龙州志》卷5《秩官志·附夷地风俗人情》老窝土司

倮倮……不烧香，不着履，不洗面……男以麻布为大领衣。女人剃发，戴海贝巴小帽，大耳环，着五色衣，每人头挂五色料珠十数串。……概系刀耕火种，射猎为生。

光绪《云龙州志》卷5《秩官志·附夷地风俗人情》六库土司

倮苏，潜居深山，板片为屋，种荞稗为食，又名倮罗。

康熙《元谋县志》卷2《风俗·种人附》

倮苏，潜居深山，板片为屋，种荞稗为食。

康熙《武定府志》卷1《风俗》

倮苏，潜居深山，板片为屋，种荞稗为食。

光绪《武定直隶州志》卷2《风俗》

力些，潜居深山，板片为屋，种荞麦为食。

［清·光绪］刘慰三：《滇南志略》卷6《武定直隶州》

栗粟，近城四山，康普、弓笼、奔子栏皆有之。男挽髻戴簪，编麦草为缨络缀于发间，黄铜勒束额，耳带铜环。优人衣旧，则改削而售其富者衣之；常衣杂以麻布、绵布、织皮，色尚黑，袴及膝，衣齐袴，臁裹白布。出入常佩利刃。妇挽髻束箍，耳带大环，盘领衣，系裙曳袴。男女常跣，喜居悬岩绝顶。垦山而种，地瘠则去之，迁徙不常。刈获则多酿为酒，昼夜酖酣，数日尽之。粒食罄，遂执劲弩药矢猎，登危峰石壁，疾走如狡兔，妇从之亦然。获禽兽，或烹或炙，（山）［对］坐共食，虽猿猴亦炙食，烹俟水一沸即食，不尽无归。餍，复采草根木皮食之。

［清·乾隆］余庆远：《维西见闻纪·夷人》

力些，近城四山，康普、弓笼、奔子栏皆有之。男挽髻戴簪，编麦草为缨络缀于发间，黄铜勒束带，耳带铜环。优人衣旧，则改售其富者。常衣杂以麻棉布及织皮。色尚黑，裤及膝，衣齐胯，出入佩利刀。妇挽髻束箍，耳带大环，盘领衣，系裙曳裤。居悬岩绝顶，垦山而种，迁徙不常。喜猎，登危峰石壁，疾走如飞；获禽兽，则烹炙共食。

［清·光绪］刘慰三：《滇南志略》卷3《维西厅》

彝种有七：……迁徙无常居，在铁锁箐内外者为傈僳，好强悍，斗则交刃，技善弩，经年以射猎为事，闲常出为盗……铁锁箐之稍近白井者，渐知居处，多以树皮障风雨，刈收毕，便徙去。取鱼则垂藤，人附以入江。最贫苦，畜牛一二头，即称极富，饥亦远去劫掠。

康熙《姚州志》卷1《风俗》

所属夷人六七种：……力些，迤西皆有之，在州者名傈僳，有生、熟二种，男囚首跣足，衣麻布衣，披毡衫，以毳为带束其腰。妇女裹白麻布。

［清·光绪］刘慰三：《滇南志略》卷2《楚雄府·姚州》

丽郡中甸、维西之把僳、傈僳、模僳剽悍……然各种多食生，且有啖生蛇者。

［清·乾隆］张泓：《滇南新语·夷异》

傈僳　有生熟二种，岩居穴处，或架木为巢。囚首跣足，高鼻深眼，身着麻布披毡，猎取禽兽为食，居无定所，食尽即迁。佩弩带刀，虽寝息不离。

乾隆《丽江府志略》上卷《官师略·种人》

傈僳，《南诏野史》作力些，金沙、澜沧两江之高山有之。男女皆衣麻披毡，岩居穴处，利刀毒矢，刻不离身。登山捷若猿猱，以土和蜜充饥，今则有种杂粮者。得野兽，即生食。

光绪《丽江府志》卷1《地理志·风俗·种人附》

傈僳性强悍，披羊皮褂，左插，持弩射猎。……多嗜酒，醉辄狂荡。

乾隆《白盐井志》卷1《户口·种人》

栗粟，维西、中甸、剑浪、云龙、腾越各边地皆有之。男挽髻戴簪，编麦草为缨络缀于发间，黄铜勒束额，耳带铜环。优人衣旧，则改削而售其富者衣之，常衣杂以麻布绵布织皮。色尚黑，裤及膝，衣齐裤，臁裹白布，出入常佩利刃。妇挽发束箍，耳戴大环，盘领，衣系裙曳裤。男女常跣。喜居悬岩绝顶。垦山而种，地瘠则去之，迁徙不常。刈获则多酿为酒，昼夜沈酣，数日尽之。粒食罄，遂执劲弩药矢猎，登危峰石壁，疾走如狡兔，妇从之亦然。获禽兽，或烹或炙，对坐共食，虽猿猴亦炙烹，俟水一沸即食，不尽无归。餍，复采草根木皮食之。

［清·光绪］杨琼：《滇中琐记·栗粟》

北胜州土州同　所属夷人种类：力些一种……居处山崖箐岭之中。男子赤足包头，持弓射猎。女人短衣桶裙，挖地种荞。

北胜州土司　所属夷人种类：力些一种，性枭雄，能远视。崖居穴处，头束布帕，身佩弓弩，猎獐麂以易食，网鸟雀以资生。不通汉语。男女衣食相同，

乾隆《永北府志》卷25《土司·种人附》

北胜州知州　所属夷人种类：力些一种，性枭雄，能远视。崖居穴处，头束布帕，身佩弓弩，猎獐麂以易食，网鸟雀以资生。不通汉语。男女衣食相同。

北胜州土州同　所属夷人种类：力些一种，无姓氏。居山崖箐岭之中。男子赤足包头，持弓射猎。女人短衣桶裙，挖地种麦。

羊坪土千总　所属夷人种类：力些一种，住居高山。刀耕火种，采樵营生。……身穿麻布衣。

光绪《永北直隶厅志》卷7《人物志下·土司·种人附》

有傈僳一种，为数无几，居处江山头，打牲为食。

光绪《新修中甸志书稿本》上卷《风俗志》

傈僳，居高山极冷之地，与崩龙稍异。……种火麻以为衣，猎野兽以为食。

光绪《永昌府志》卷57《群蛮志·种人》

傈僳……其居赤石崖、金江边地，与永江连界者，依树木岩穴，迁徙无常。男人裹头，衣麻布，披毡衫，佩短刀。……妇女短衣长裙，跣足，负竹筐出入。种荞稗，随地输赋。

光绪《腾越厅志稿》卷十五《诸夷志·种人》

力些，迤西皆有之，在大理、维西名栗粟，在姚安名傈僳，有生熟二种。男囚首跣足，衣麻布衣，披毡衫，以毳为带束其腰。妇女裹白麻布。

光绪《清代滇黔民族图谱·云南种人图说》

傈僳有家野之分：家傈僳住澜沧江内，耕田住屋，各有村寨头人，能通汉语，服官管束，交纳钞粮，与民人无异。野傈僳住居江外，山硐密箐，并无村寨头人，不通汉语，亦不服官约束，惟种有青稞、苦荞，并无钞粮，每遇冬季江水浅涸之时，即过江在山后一带，打牲为食，与家傈僳认识。近年以来，野傈僳亦有潜入江内山硐密箐，搭盖草篷居住者。

嘉庆七年云贵总督觉罗琅玕奏摺①

至傈僳一种，向来不善耕作，惟以打牲糊口，间于山头土脉稍厚地方洒种青稞、苦荞，为数亦属无多，且因地瘠不能年年成熟，以致迁徙无常……

嘉庆八年十月二十三日觉罗琅玕奏摺：《查明傈僳逆党并无缘坐家属及叛产由》

其宗渡，在治东北二百里金沙江，雍正十年，通判孙光禄造渡船一只，置水手三五名。奔子栏渡，在治东北六里，旧设渡船。溜筒江渡，在治西北五百余里浪沧江，春冬设船，夏秋以篾索悬夹岸，用溜筒系人以渡。

［清·光绪］刘慰三：《滇南志略》卷3《维西厅》②

曲江，系从藏属擦瓦龙地流入，自色赖汪以上为上江，以下为下江，拉打阁以下为江尾，曲言呼为独龙汪洞。……江尾曲、傈杂处，居民较上、下江为稍密，每村有多至二三十户者。房屋系随结竹木，盖以茅草，房中烧火一塘，家人父子围炉歇宿，人多之户，有烧火二三塘者。家有粮食、布饰等

---

① 转录自《傈僳族简史》编写组、《傈僳族简史》修订本编写组《傈僳族简史》，民族出版社 2008 年版，第 19 页。

② 中央档案馆藏档案。转录自王恒杰《1801 年云南傈僳族人民反封建起义》，《历史教学》1963 年第 11 期。

件，则于附近山林密处，另结茅屋数处，分别储存，日需若干，临时始往取用。……

其装束，男女均系撒发，前垂齐眉，后披齐肩，左右盖耳，尖稍长则以刀截之；两耳均穿，或系双环，或系单环，或以竹筒贯之。男子下身着短裤，惟遮臀股前后，上身以布一方斜披背后，由左肩右掖，抄向胸前拴结，左佩利刃，右系箧箩。

上江女子，头面、鼻梁、两颧、上下唇均刺花纹，取青草汁和锅烟，揉擦入皮内成黑蓝色，洗之不去。以长布两方，自肩斜披至膝，左右包抄向前。其自左抄右者，腰际以绳紧系贴肉，遮其前后；自右抄左者，则披脱自如也。男子颈项，无不喜系车磲、烧料等珠为饰，有系至十数串者。下江一带妇女，则惟刺上下唇。江尾曲、傈杂处，妇女概不刺面，傈女且有着裙者。

……

一查脱落江自藏属松噶曲宗地流入，江头为阿独鲁，即与松噶地接壤。由该处翻山六站，即达松噶，由独鲁、日懒、松笼、党独、路堵、不喃底、母董，十四日至夹土截以下之脱落图，流入曲江，江面宽窄与曲江等。江头要隘，则为独鲁、海打。该村系古宗，共七户，前十数年由藏地迁来，村内住有喇嘛十数人，询系巴塘丁林寺僧，乙巳叛后，逃匿其地，现为村民供应。两岸地势较曲江为平。曲、傈杂处，人烟亦极稀少。……

装束，男女均著短布围裙，上身均披布幅，至佩刀、系箩、散发、穿耳、颈项挂珠，一如曲、狄。惟女子面纹，只刺下唇一二路。其砍种地土，与曲、狄各江无异。房屋仍系竹构，就地为楼以居，各自为家，不似狄人之阖族聚处。

民国《永昌府文征》纪载卷23《清十二》夏瑚：《怒俅边隘详情》

小江之茶山人，傈僳种也，妇女服饰颇有欧美遗风，未进化耳。两耳穿洞，缀大若手镯之环，环质有银有铜。蓄发长三四寸，上衣长及腹，袖长及肩，下体着裙甚长，在家时有及地者。无裤跣足，行路态度绝似欧女。官寨、上楼、派赖等地多白皙而美艳者。此次英之带兵官，对此数寨女子颇遗丑声，谁谓文明国人无奸淫之事耶？据余所闻，较野蛮人尤甚。男子特穿左耳，缀径寸许之竹筒。无论男女，均佩长刀一柄，寝息不卸。衣服与汉制之短衫同，多用麻。最畏汉人，汉兵差役尤甚。汉人至此无投宿处，赠以盐、线、糖、针等物，彼即煮酒杀鸡相款，以暖糯笋味最美。其食品以牛为贵，遇婚丧、祭祀或酬神、报赛，必杀牛，牛头悬之大门或中庭，愈多愈荣。……嗜芦子、撒眷、草烟，一日不离口。……房屋制式与内地土人不同，人尽楼居，牲畜宿其下。

［清·宣统］李根源著，［民国］李根沄录：《滇西兵要界务图注》卷2《乙线》

栗粟以滇省沧、潞两江上游为多，其居于未定界者，散住岔角江、拉打阁、恩梅开江上游沿岸，及尖高山北昌银沟、之非河一带。此类性质刚强好斗，并好渔猎。……

装束：男子衣裤，与华人差仿佛，头留发辫，以巾束之，潞江沿岸者多带小帽。妇女则御花布缀成之长衣，上身着短裤，贝巴贝、砗磲装饰满身。头以布一方，两端缀花线围绕之，称曰花栗粟。耳贯大银环一对。别有语言，多与华人来往，故晓汉语者较多。住房有如野人式，有长椽者，亦有加盖耳房如汉人屋式者，此则视其所住区域习染而定耳。

［民国］尹明德：《滇缅北段界务调查报告》

衣饰　……栗些，男挽髻戴簪，编麦草为缨络缀于发间，黄铜勒束额，耳带铜环，常衣杂以麻绵布。出入常佩利刃。妇发束箍，耳带大环，盘衣长裙曳袴。男女常跣。……近来夷人礼熏乐陶，渐学汉妆者。

饮食　……么些、古宗、傈些饮食简单，惟嗜酒。么些、傈些多食粥，古宗酥油茶、牛羊肉、糌粑外，无嗜者。

器用　汉人日用器皿，凡应用如桌椅碗盂之属，在在不可缺少。夷人则生活简单，用具简单，锅碗其他，可用可不用；即渡口也无舟，各以绳代之；陆行固山路崎岖无车，富以马，贫步行。

居处　汉人屋宇与内地相仿佛。夷人么些、栗些，覆板作屋。

习尚　汉人，一切习惯与中州不甚区别。土人则不然也，男妇老幼率喜佩刀为饰，不爱頮泽，衣至敝不浣，数日不沐，经年不浴，冬不重衣，雪亦跣足，严寒则富背以羊皮或白毛毡；卧大半无衾茵，夜则攒薪置火，各携席藁，袒裸环睡，反侧而烘其臀背。

民国《维西县志稿》卷2《第十七·礼俗》

傈僳种，系土著。……住山野，刀耕火种，迁徙靡常，以猎禽采药为生活。近城者醇朴，住山者犷悍。麻布为衣，木楞为屋。

民国《云南维西县地志全编》

力些族，衣服纯用麻布。男服不褐不衫，长仅及膝，科头跣足半剃辫发，麻布裹腿。妇女皆系麻布长裙，终身跣足，喜编连贝子为朋，缀于巾帼以为首饰。

民国《中甸县志》下卷《社会状况·生活·衣》

力些族食粮，以包谷、荞麦、燕麦为主，喜食猪羊野兽之肉。食仍用箸，并用瓷器，惟不知烹饪，食物极粗疠。

民国《中甸县志》下卷《社会状况·生活·食》

力些族住宅，均以木楞为墙、板片为瓦，湫隘狭窄。席地坐卧，无桌凳床榻。饮食俱在火塘周围，不甚清洁。

民国《中甸县志》下卷《社会状况·生活·住》

中甸山岭高峻，道路崎岖，冬春则积雪隐人，地冻如铁；夏秋则遍地出水，泥塘没膝，无论桥梁，均属不易修治。是以汉、回，藏、摩些、倮罗各族男子多能骑马，女子多系步行。其力些、苗子两族，男女均系步行，泥泞跋涉，备极艰苦，所以每日行程最短，最捷者不及百里……

民国《中甸县志》下卷《社会状况·生活·行》

傈僳，以滇省沧、潞两江上游为多。……装束，男子衣裤与汉人差仿佛，头留发辫，以巾束之。潞江沿岸者，多带小帽。妇女则御花布缀成之长衣，下身着短裤，贝巴贝、砗磲装饰满身。头上以布一方，两端缀花线围绕之，称曰花傈僳。耳贯大银环一对。……住房有如山头人式，有长椽者，亦有加盖耳房如汉人屋式者，此则视其所住区域习染而定耳。

民国《保山县志稿》卷13《土族》

傈僳，又作傈苏。……

男子辫发，包青巾或挽髻，而以草为缨络，或翻戴瓜皮小帽；麻衣短裤，胫以麻布尺许围之，膝间环漆箍为饰，持弩挂刀，以头负篮。妇人挽髻于首，以赭色或黄赤色布尺许掩之，方缀线赘，耳戴大银环，径三四寸；短衣对襟，胸缀银扣宽寸许，连络至脐；项带银环或料珠漆箍等物，腰束花围衾，后曳布如旗；裙短至骭，边缀银泡𢾿巴子，以谷铜片线赘为饰，行走之间，音锵锵然。

男女出行，不带篾帽，不穿草鞋，大雨时如落水鸡，淋漓不堪，其足荆棘泥石不惧。每日出作入息，起卧甚早。睡食住地，无桌椅床物。家居则男女共一火塘。嗜酒，醉后虽污泥中亦行睡卧。渔猎，故山巅水涯，均住居焉。其住居多以竹木构成，亦有倚山屋、就土穴以为居住者。男女好弓弩枪支，尤善射弩，箭渍有毒药，猛曾被箭，必跑回被箭处而死，谓之回堂药。食粮多用包谷、荞麦等杂粮，少米。又多食山禽野菜，以其人多居高地，适应环境然也。食肉皆用火烧，不知烹调之法。

……居处多茅屋，极简陋。

民国《腾冲县志稿》卷23《第十五·种人》

（已）险要

腊乌岩　居怒江东岸，北距帕署十里，为由罗属入境必经要道。此岩绝壁屹立，横插江际，怒、傈往来，则以竹木沿岩架桥，攀藤附葛而过，稍一不慎，则倾堕江心，身葬鱼腹。计年坠江而死者，不下数十人，尸骸无存，惨不忍闻。嗣经杨俊清委员于民国九年筹款兴修，行人始无堕江之患。然石工浩大，财力有限，未能辟为坦途，骡马往来亦难行。二十年春，保委员仲馨另行改修，加宽尺码，行人往还已称便矣。然究以岩石巨大，开凿维艰，尚须逐渐修筑，始能畅行无碍耳。

腊竹底岩　居怒江东岸，南距帕署十五里。原系通衢，行人来往，络绎不绝。顺江三十余丈，尽属危岩，峭壁屹立，横插江中，上有崇巅，无路可绕。本地怒、傈仍以竹木架桥，攀藤附葛而过，比之腊乌岩尤为陡峻，其危险因之更甚焉，每年堕江溺死者，不一而足。嗣经马宗龙委员于民国十一年募捐兴修，始化险为夷。然因石工浩大，汉人稀少，募捐匪易，必须逐渐筹款，随时开凿，斯能为平康坦途也。

民国《纂修云南上帕沿边志》（2）地势

上帕气候与内地迥别。沿江两岸为两雪山所阻，空气郁塞，蛮烟瘴雨、云雾迷朦、温度最高，潮湿尤重。每年春季，大雨滂沱，连绵数月，阴风暗霾，怵目惊心，蛟翻水泛，声闻数里。夏秋炎热，雨量减少，瘴疫传染，死伤甚众。冬季则逐日晴旱，雨水全无，惟气候寒冷，霜雪早降，瘴疫减退，尚称安适。其温度以华氏表计，在六七月间最高至九十五度，在二三月间最低至四十五度，平均月份皆在六十度至七十度之间。在昔与内地不相往来，因之商贾裹足，行人稀少。每至十月，大雪即行封山，内外隔绝，消息不通。至次年五、六月间，雪始融化，可以通行。现时怒、傈渐次开化，商旅日多，行人来往，络绎不绝。每年至十二月，雪始封山，及次年三月，即可破雪出入。将来边地进化，商业发展，行旅相续于道，或可无雪封之患也欤。

民国《纂修云南上帕沿边志》(3) 气候

上帕夷民，虽分三种，而性质则互相传变，习染成风。素性犷悍，桀骜不驯，身傍随时带有刀弩，无分稚老，专以抢劫为生。且极怠惰，不事生产，每年仅种杂粮少许，一家之计，尚不能足，青黄不接之际，尽皆乏食，概行以树皮草根充饥，形容枯槁，菜色憔悴，惨不忍观。在群相结伴，往沧江一带掠人勒赎，已成惯技。现在高官治理，严行查禁，始各迹敛销声，惟团结性最坚。各人均持大同主义，乐则同享，苦则同受；一家有粮，则任意煮酒，合村共饮，日夜欢笑，食尽则散，并无怨言。故全属虽尽赤贫，而向无乞丐依门求食，殊足钦羡。且赋性顽梗，全无欺诈。汉商来往，始则以利诱之，终则以奸计害之，尚服从信仰，而不知其诈也。近来逐渐进化，知识略开，社会变迁，直性稍减。将来交通便利，汉人繁多，风气一开，其浑朴之性，将随之而变也欤！

民国《纂修云南上帕沿边志》(7) 性质

(甲) 习惯——上帕夷民，最嗜烟酒，无论男女老幼，均用竹杆、竹根制为烟具，随身携带，吸食草烟，习以为常，莫之非笑。酒则各户自造，分烧酒、杵酒两种。烧酒系依内地普通方法，煮熬而成。杵酒煮后，即置瓶中，随时取入锅内，用水搅热澄清取水饮之。无论何家有酒，均合村同饮。醉后不择人家，任意酣眠；即道旁村畔，亦有醉卧者，醒后始归。沿江一带，相习成风，不以为异。现经官署禁酒，然数百年习惯，急时难以转移。将来严行查禁，纵不能全数尽绝，亦可望渐次减少，风俗当能改良也。

民国《纂修云南上帕沿边志》(8) 风俗

(甲) 服饰

怒、傈衣服，概用麻布。不居平原，咸于半山岩畔倾斜之地，择险而居。男子则穿衣裤，蓬头跣足，间有戴布小帽、穿一耳坠以珊瑚者；项上常挂料珠及草圈，坠于胸前；手上多带铜镯一二支，或竹草编成者，并用槿棕树叶之筋以漆染为圆圈数十圈箍于腿上。所穿之衣，长短不一，无领无扣，上下宽阔均等，腰间常以带束之。女子装束，上身用衣，下身用裙，衣最短，裙无缝，长仅及膝，两耳皆坠银环，大如手镯；头上则用骨片料珠等，制为一圈，束之如勒；两手亦带铜镯或竹草镯，赤足如男子。现在逐渐进化，汉商来往，中等人家，衣服有用棉布为之者；亦有购自汉商，由内地缝来者。将来汉夷同化，服饰自能陆续改良耳。

（乙）饮食

怒、傈生活最低，每年多种杂粮，仅江边一带稍产稻谷，亦掺杂而食。高山之地，概系杂粮，无论何种粮食，均煮为粥，其能造为饭者甚鲜。菜蔬，仅有青菜、莱服、瓜豆等菜，别无他种。油则概系漆油，间有食胡桃油者，皆中等之家。不饮茶，惟嗜酒。每当收获之季，即任煮酒，阖村共饮，不知节省，不知储蓄，一至次年二三月间，即行借粮，否则忍饥布①饿，遍寻树皮草根或果实为食。故怒傈生活，半年充足，半年饥饿。现在保委员仲馨设法增加生产，劝种春苗，提倡垦殖，严禁煮酒，各种善政，积极进行，将来怒傈生计，或可逐渐丰富也耶。

（丙）住居

怒、傈房屋，构造十分简单。建筑房屋，不用工匠，自行削木为柱，编竹为壁，柱栽地尺许，长短不一。高处用短木，低处用长木，就斜地铺平，不用榫口，概用篾缚。中则编竹篱为楼，人住其上，牲畜关于下。一房之柱，用至二三百根，距离仅四五寸而已。谚云“千柱落脚”者，此之谓也。上无砖瓦，盖以茅草或木板，门不开檐前，尽开侧面。且住居零散，不相接壤，每户房址，相距数丈数十丈不等。汉人则择平原而居。现在汉夷渐次融洽，怒傈间亦有住平地者，然为数无多也。

民国《纂修云南上帕沿边志》(9) 生活

查上帕户口，因村落零散，人户稀少，且怒、傈不居平原，喜住半山悬陡，人不常到，险要非常。其次，即由于怒、傈最喜仇杀，是以择险而居，则道路陡峻，调查困难，易于防范也。

民国《纂修云南上帕沿边志》(18) 人口

① 古按：布，疑为“耐”字之误。后文“饮食”条有“忍饥耐饿”之说。

津渡 怒江面上，并无桥梁，夏秋水涨以溜索，冬春水涸渡以小船筏。近村江边即有溜索，溜索渡口共有十五处。溜索以篾纽成，索之两端系于江之两岸，复以木制为梆，如瓦形，人缚梆上，以梆架索上而过。篾以大[①]扎成。木舟以大枝挖空，形如猪槽，名为猪槽船，全县有十三处。俅江面上并无船锋姻藤条溜索以渡，危险异常，全江面上共有二三处，已令改良。

民国《征集菖蒲桶沿边志》第十《交通》

衣饰 菖属各种夷人衣服，男子尽穿麻布衣裤，蓬头赤足，间有戴布小帽者，亦有以草圈挂于项上者，又有用董棕树叶之筋，以漆沾为圆圈数十圈箍于腿上者。所穿之衣，长短不一，头领无扣，上下宽阔均等，腰间常束以带。女子装束，上身麻布衣，下用麻布裙或用布裙，衣短裙长，无缝；两耳坠银环，大如手镯，头上用骨片料珠等制为一圈，束之如勒；两手带铜镯或竹镯，亦有带银戒指者。赤足男子。现在逐渐进化，中等人家，有改穿土布衣服者。将来汉夷同化，不难陆续改良。

饮食 菖属夷人生活最低，饮食粗粝，每年只有杂粮。江边一带略产稻爷，亦掺杂而食。高山及偏坡地，概产杂粮。无论何种杂粮均煮为粥，其能以杂粮造饭者，仅汉人耳。夷人不食菜蔬，亦无栽种之人。油则食漆油、胡桃油，食猪油者甚鲜。盐则有即食，无则不食。尽皆嗜酒，每至收获后，任意煮酒，阖村聚饮，不知节省储蓄。一至五六月，即闹饥荒，概系忍饥耐饿，或食树皮草根、山肴野味。夷人生活，饱半年，饥半年。制造饮食，不用厨灶，于室中火塘上置铁三脚一盘，架锅于上，或制粥，或造饼；熟时群聚火塘边，以手抓食者有之，用木碗竹筷盛食者有之，食后不洗碗筷。纵遇婚丧宴会，仅用肉酒，不用菜蔬，亦不用桌凳，尽皆席地而坐，殊觉太不卫生。

器用 夷人居家用器，极为简单。木器系木桶、木碗、木勺、木瓢。铁器系怒锄（即条锄）、铁刀、铁斧。竹器系竹筛、竹簸、竹箕、竹篮、竹筐。

船筏 怒江面上，渡以船筏。船系猪槽船，以大树一株，挖空其中，长一丈余，面窄底圆，不能载重，仅能载三四人。筏系大竹扎成，长在丈余尺，宽四五尺，亦不能载重。

---

① 古按：“大”后疑脱“竹”字。

居处屋宇　古宗、怒子房屋，构造十分简单，尽系住在偏坡。所建之房，系用蛮木匠，技艺极劣。剥木为柱，不用榫口。四围筑墙，尽皆面山。上盖石板或木板，中隔木板，人居于上，牛羊猪畜关于下，臭秽异常。傈僳房屋，构造尤为简单，尽住山岩倾斜之地。建筑不用工匠，自行削木为柱；柱栽地中尺许，长短不一，高处用短木，低处用长木，不用榫口，概用篾缚。上盖茅草，四面围以竹编篾笆，中亦铺以篾笆。楼上住人，楼下关牲畜，臭秽之气，较甚古、怒之房。每建一房，用料二三百根，俗谓千柱落脚。门不开于檐前，尽开在侧面。住户零散，不相接连，距离数丈、数十丈不等。

习惯　菖属各夷民，均嗜烟酒。无论男女老幼，均用竹根竹杆制成烟具，长约数寸一尺，随身携带，吸食草烟。其烟种于住屋之前后空地上，随时摘绿叶烘干吸食，习以为常。酒则各户自造，分烧酒、水酒两种。烧酒照内地普通方法，煮熬而成。水酒煮后，置于瓶中，随时取出，拌水而食饮之。无论何家有酒，概系阖村同饮，醉后到处酣眠，即路旁村畔亦有醉卧者，相习成风，不以为异。现经官署严禁，此风渐次减少。

集会傈僳、曲子，并无集会之事。惟古宗、怒子，于每一村中建一公众房，每月十日，在公众房办会。

民国《征集菖蒲桶沿边志》第十七《礼俗》

力些，亦曰离苏，形癯而性狡，居深山中，怠于种树，逐兽捕鱼。男女皆獧捷，物多生啖，有茹毛饮血之风。

光绪《盐源县志》卷11《风俗志·夷俗》

二、住地俐苏所住，不仅威龙州，凡德昌所属东西南诸山，或三五户，或十余户，山腰山麓，随地有俐苏耕牧焉。

……

六、衣食住　自制毛布，虽粗而暖。男子短服，赤足，光头，有时或缠青帕。妇女头帕，折为寸余宽，缠至尺余大，整齐紧圆，有若笠然；短衣，拖裙，赤足。暖时衣布，寒则衣自制毛布。毛布外兼纫麻为布，纫火草叶之纤维质为布。织无机，故其为布也窄。食则玉蜀黍为正粮，稍裕者或搀用米。荞子、洋芋、萝卜等品，皆自种而食，常以其余售与汉人。喜饮酒。屋皆覆茅，间有盖以板者。屋中置火塘，而炊则另有灶。用具率多粗恶。

民国《西昌县志》卷12《夷族志》

（二）宗教信仰

栗粟……不敬佛而信鬼。借贷刻木为契，负约则延巫祝，置膏于釜，烈火熬沸，对誓，置手膏内，不沃烂者为受诬。失物，令巫卜其人，亦以此法明焉。

［清·乾隆］余庆远：《维西见闻纪·夷人》

余庆远《维西闻见录》：……不敬佛而信鬼。借贷刻木为契，负约则延巫祝，置膏于釜，烈火熬沸，对誓，置手膏内，不沃烂者为受诬。失物，令巫卜其人，亦以此法明焉。

道光《云南通志稿》卷184《南蛮志三之三·种人三》

力些……不敬佛而信鬼。借贷刻木为契，负约则延巫祝，置膏于釜，对誓，置手膏内，以不沃烂者为受诬。失物，令巫卜。

光绪《续云南通志稿》卷160《南蛮志·种人一》

嘉庆七年壬戌，维西傈僳恒乍绷作乱，总督觉罗琅玕讨平之。恒乍绷，澜沧江外傈僳，幼学为端公，占卜治病，人称为沙泥华言活佛，在康普打鼓念经，夷众悦服。头人禾昆仁惧惑众，责逐。六年冬，岁歉雪大，众傈僳向康普、古刹两寨借粮不允，恒乍绷挟禾昆仁责逐之嫌，遂纠众抢劫。总督琅玕派兵往剿，江内傈僳纷纷投降，恒乍绷逃往江外，官兵分别撤留。七年冬，江内降夷复勾结恒乍绷劫掠各村寨，上命琅玕再往剿。八年九月，擒恒乍绷，正法，并掘其祖墓。傈僳平。

道光《云南通志稿》卷105《武备志二之五·戎事五》

（嘉庆）八年癸亥，维西力些藤鲊蚌纠众作乱，总督琅公玕驻剑川，集兵制之，逾年始授首，余众悉就抚。

藤鲊蚌知医药，所治病既愈，只博酒食，却钱币，诸夷咸相亲爱。驻防某千总吓以邪教，得赂方止，已非一次。继之者大有所欲，诱而系之空室。于是夷众愤怒，持械劫之去。……

［清·嘉庆］师范：《滇系》三之一《事略》

丽郡诸夷错处，惟傈僳□□□□□神鬼。恒乍绷者，康普牧牛竖也，诡言通阴阳、知祸福，以符药惑人，煽动日益众。嘉庆七年春，群傈饥，图抢掠，恒逆□□□□□□□□□通江内之挖凹亦目练及江外之别的扒□□□西诛、岩池等，聚众数千人，戕官劫民，由康普合江桥扰及维西城下。

［清·嘉庆］觉罗琅玕：《平彝碑记》①

澜沧江外傈僳恒乍绷，在康普占卜治病，人称为沙泥华言活佛。头人禾邑仁惧惑众，责逐之。六年冬，岁欠雪大，傈僳向康普、古刹两寨借粮不允，恒乍绷挟禾邑仁责逐之嫌，遂纠众劫掠。总督琅玕派兵往剿。八年九月，禽恒乍绷，伏诛。……

光绪《续云南通志稿》卷84《武备志·戎事杂记》

力些……不敬佛而信鬼……

［清·光绪］刘慰三：《滇南志略》卷3《丽江府·维西厅》

傈僳……不烧香……问卜，以蓍草三十七根作卦。

光绪《云龙州志》卷5《秩官志·附夷地风俗人情》六库土司

小江之茶山人，傈僳种也……信鬼，以鸡骨问卜。

［清］李根源著，［民国］李根沄录：《滇西兵要界务图注抄·下》乙线

力些族祭祀，在山中则祭山神，即以猎获之麂、獐、兔、鹿为祭品；在家祭祖，则仍用线香、猪羊之属，惟不立神主或任何牌位。

民国《中甸县志》下卷《社会状况·风俗·祭祀》

傈僳，又作傈苏。……俗信鬼，其巫觋名曰香通，又曰尼扒。凡人有病，不知服药，多延巫觋为之退鬼祟，与野人略同也。

民国《腾冲县志稿》卷23《第十五·种人》

傈僳种人，原无文字，有美教士翰生，用英文字母拼音法造成傈僳字，教之读书写信，傈僳便之。英教士傅能仁更推广之。乃相率入教。至今腾冲边境，凡有傈僳之村寨，无不有耶教士之足迹焉。其宗教之侵略，洵乎可畏，为政者亦希注意及之也。

僰夷素信喇嘛佛教，故耶教不能输入。傈僳、野人向无宗教，且无文

① 碑记原载《云南文物》1975年第六期，转录自方国瑜主编《云南史料丛刊》卷13，云南大学出版社2001年，第771页。

字，而中国素以野蛮鄙夷之，声教文物感化之者几等于零，故耶教士来，即从风而靡也。

民国《腾冲县志稿》卷25《第十七·宗教》

丧礼……么些则跳东八；傈僳则跳撒尼；古宗则请红、黄教僧念藏经，并装傩以逐不祥；拉玛则哭与唱并，其声哀以思，名曰“哭马龙”，相传明季随马龙来，故遇忧事则思马龙云。

民国《云南维西县地志全编》

（乙）信仰

上帕夷民，信仰祈祷，牢不可破。然无寺庙，无偶像，一有疾病，不信医药，即请巫人于郊外，择树一株，系以白纸少许而祭之。初则用鸡猪，不愈则祭之以牛羊。怒族家产，惟恃牲畜，故一人有病，所祭牲畜，儿至破产，一家均受其害。且一经死亡，房产器具尽皆抛弃，另行择地徙居。其房屋构造甚易，然因赤贫已极，若死伤甚重，其后裔必至贫无立锥。现在保委员仲馨筹款设立医馆，购办药材，劝导怒、傈，信用医药，将来若能渐次扩充，医药畅行，祭鬼恶俗自能逐渐消灭也。

民国《纂修云南上帕沿边志》（8）风俗

信仰　傈僳、曲子，信仰鬼神，迷信祈祷，牢不可破。一有疾病，不事医药，即请尼扒（即巫人）于屋之前后，择一僻处而祭之，初则用鸡猪，不愈则用牛羊。夷人家产惟恃牲畜，一家之中，有一病人，竟将所养牲畜完全用作祭鬼，尚不愈者，用之倾家破产，阖家均受其害。且一经死亡，房屋器具尽皆抛弃，另行择地徙居，子孙因之赤贫。古宗、怒子，虽家有死人，尚无弃屋弃物之事，然有病人必要祈祷，实不亚于傈僳、曲子。先请尼扒祭鬼，不愈，继请喇嘛念经；若仍不愈，惟有听之而已。现在陈委员应昌已派员往购药材，再为陆续劝导，信用医药。将来医药遍行，祭鬼之风或可销灭。

民国《征集菖蒲桶沿边志》第十七《礼俗》

菖属之天主教，系咸丰末年传自法国教士（名失考），在怒江青拉桶（今秋那桶，下同）地方，建一木楞房传教，引诱夷人入教。当时夷人畏惧外人，并无敢有入教者，兼之察瓦隆喇嘛仇视天主教，驱逐法教士过溜坠江而死。至光绪二十二年，法教士任安收复来传教。于二十八年，在白汉洛地方修建教堂十余间。三十年，于茶蓝（今查腊，下同）地方又修教堂三间。任教士四处煽惑夷人入教。一区喇嘛五儿等异常仇恨，遂于光绪三十一年七月，勾串古宗、怒子叛变，焚毁白汉洛、茶蓝两处教堂，惹起教案交涉。喇嘛寺还银三千两，清政府赔银五万两，其事乃寝。光绪三十四年，任安收重修白汉洛教堂。宣统元年，又修仲底（今重丁，下同）教堂三间。宣统三年，改修青拉桶教堂。民国十四年，教士安德肋建修捧打（今捧当）教堂。十八年，任安收添修促底教堂。统计法教堂有四，教士二人。近数年来，入教者已达二百五十余人，尽系怒子、古宗，傈僳、曲子并无入教者。朝夕念经一次，每星期礼拜一次。教规甚严。于白汉洛、促底两教堂内，各附设有小学一校，专授藏藏文。入教学生，尽系教友子女。并未设教会医药。在前清时，该教士等势力甚大，竟自受理民情。民国成立后，已不敢胡行乱为。

巫觋 菖属只有尼扒一种，亦系巫教之流，到处诱骗夷人酒肉。因各种夷人迷信鬼神，每遇疾病不求医，惟请尼扒祭鬼。病轻者祭以猪鸡，病重者祭以牛羊，甚至有因祭鬼破产者，亦不悔悟。此皆尼扒吓诈所致。现在陈委员严禁，均皆敛迹销声。此外并无其他异教。

民国《征集菖蒲桶沿边志》第十八《宗教》

（三）婚姻丧葬

滇中无世家，其俗重财而好养女。女众年长，则以归寄客之流落者。然貌陋而才下，虑赋谷风，则密以此药投之，能变荡子之耳目，视奇丑之物美若西施，香如苏合，终身不解矣。

［清·康熙］刘崑：《南中杂说·和合》

栗粟……取山中草木为和合药，男女相悦，暗投其衣，遂奔而从，跬步不离。婚以牛聘，丧则弃尸。不敬佛而信鬼。

［清·乾隆］余庆远：《维西见闻纪·夷人》

丽郡中甸、维西之把傈、傈僳、模傈剽悍，奉喇嘛，其亲死，必延喇嘛问之，名刀把或擦妈，向尸诵经咒。刀把谓死者无罪，则悬尸山树之极巅以风，曰天葬。谓有罪，则笼尸沉诸江，曰水葬；或割尸饲禽兽而火其骨，截胫骨作筒吹之，曰火葬。皆梵书舍身喂鹰虎之说也。……自设流官后，有丽守管学宣能化导，革残骸之俗，伟哉！

［清·乾隆］张泓：《滇南新语·夷异》

力些……《永北府志》：……男女衣食相同，性情桀骜。此辈老于深山，大半不履城市。婚配不论尊卑，不分同族。死后火化，抛弃骸骨。……余庆远《维西闻见录》：……取山中草木为和合药，男女相悦，暗投其衣，遂奔而从，跬步不离。婚以牛聘，丧则弃尸。不敬佛而信鬼。

道光《云南通志稿》卷184《南蛮志三之三·种人三》

力些……婚配不论尊卑同族。死后火化，抛弃骸骨。……取草木为和合药。男女相悦，暗投其衣，遂奔从。婚以牛聘，丧则弃尸。不敬佛而信鬼。

光绪《续云南通志稿》卷160《南蛮志·种人一》

栗粟，维西、中甸、剑浪、云龙、腾越各边地皆有之。……取山中草木为和合药，男女相悦，暗投其衣，遂奔而从，跬步不离。婚以牛聘，丧则弃尸，不信佛而信鬼。

［清·光绪］杨琼：《滇中琐记·栗粟》

傈僳……男女自合为婚。

光绪《云龙州志》卷5《秩官志·附夷地风俗人情》六库土司

北胜州土州同　……所属夷人种类：力些一种……婚姻不论尊卑。殁后用火焚化。

北胜州土司　……所属夷人种类：力些一种……不通汉语。……婚配不论尊卑，不分同族。死后火化，抛弃骸骨。

乾隆《永北府志》卷25《土司·种人附》

北胜州知州　……所属夷人种类：力些……不通汉语。……婚配不论尊卑，不分同族。死后火化，抛弃骸骨。

北胜州土州同　……所属夷人种类：力些一种……婚姻不论尊卑。死后火化。

羊坪土千总　……所属夷人种类：力些……婚姻必论尊卑。……稍通汉语，略知礼节。死后棺葬。

光绪《永北直隶厅志》卷7《人物志下·土司·种人附》

力些……婚以牛聘，丧则弃尸，不敬佛而信鬼。

[清·光绪] 刘慰三：《滇南志略》卷3《丽江府·维西厅》

小江之茶山人，傈僳种也……其食品以牛为贵，遇婚丧、祭祀或酬神、报赛，必杀牛，牛头悬之大门或中庭．愈多愈荣。人死火葬。男女以歌跳恋爱而成婚媾，父母不能为主。

[清·宣统] 李根源著，[民国] 李根沄录：《滇西兵要界务图注》卷2《乙线》

力些族亦有黑力些、白力些两种，但其婚姻一律平等，绝无贵贱之分。尤重血统，不能混乱。聘礼多以牛羊布匹为准。

民国《中甸县志》下卷《社会状况·风俗·婚嫁》

力些族仍用棺葬，且有一定墓地，亦有立碑墓者。最重祭扫，虽历数十百年亦能辨认。

民国《中甸县志稿》下卷《社会状况·丧葬》

丧礼……么些则跳东八；傈僳则跳撒尼；古宗则请红、黄教僧念藏经，并装傩以逐不祥；拉玛则哭与唱并，其声哀以思，名曰“哭马龙”，相传明季随马龙来，故遇忧事则思马龙云。

民国《云南维西县地志全编》

(丙) 婚嫁

怒、傈婚嫁，不用媒妁，亦无选择，婚卜定婚。最早有子之家，探见何户有女，由家长邀亲戚数人，携酒一坛、牛一头、猪半口，前往求亲。女家应允，即收物招待，面商财礼；不允者栽石于门，以示不能别嫁之意。故男家至女家提亲，无不允许者。其财礼完全用牛，内分干牛、活牛两种。干牛系以锅、瓶、三脚等物抵充，每件即抵牛一头。大致每次财礼，活牛六七头干牛十余头，布则二三件，猪酒多少不一。有余之女家，则制银耳环、珊瑚及麻毯等物为奁具。至若男家贫困，其财礼需赖亲族赞助，尚不能一次交足，及至生儿育女，尚有不清者。普通女及笄即接回同住，全系步行，向无轿马。女至男家，有自然配合者，有经父母强制，锁闭一房，仍不能配合者。怒、傈风俗，男女必配合后，男家始煮酒宰畜邀请双方亲友，群集宴会，男女数十，分班唱舞，名曰跳锅庄，欢饮一昼夜始散。客去后，男则抬木，女则割草，另造住房，与父母分居，即为成家矣。其不能配合之妇，往往同他男子相逃隐匿山中，再由三面家族，理论身价。其牛多则五六十头，少则十余头，干牛、活牛均有。必待理论清楚，牛物交付，始出面饮酒，名曰和气酒。故怒、傈婚俗，男子则以自能诱哄妇人为贵，女子则以逃婚再行理论多值身价为荣，从一之节，茫然不知。惟其所悦者，即终身生产困苦，亦忍而同受，毫不计较也。

（丁）丧葬

怒、傈习俗，丧事并无礼节，亦无服制。人死后，洁身置诸房内，通知亲族来看。来人皆携酒一筒，注尸口中少许，以表其情。而至戚密友，则亲口含注，务使饮下。停尸三日，一面选择葬地，用竹签卦为凭，卦宜者用之，不宜者另行选择。俟亲族逐一看毕，即前往开圹，以木板或竹篱镶圹中，亲族齐集抬出置尸于木板或竹篱上，用土掩埋，高与地平，上面用石板空砌如棺状。男则系以弓箭，女则系以篮筐，永悬弗去，葬毕后始回家酬客。若系传染杂症死者，无论多少家人，均走避不顾，概请尼扒（即巫人）抬埋，更无亲戚往吊者也。

（戊）酬酢

上帕怒、傈，索性朴直，团结性尤坚，全无欺诈，纯系古风。一户有事，远近亲族及合村邻众，均竭力相助；然无资财，常以布绵、牲畜、铁器、瓦瓶尽力赞助，必其事结果始罢。否则，倾家破产而不惜。所助之物，必俟当事之家，从缓陆续筹还。若一时未能偿清，继又发生事件者，戚族仍然资助。故怒、傈因资助待酬之债，甚至有数世子孙仍代先人酬报物品者，世世相传，沿以为习，至今犹然。将来边地进化，汉人繁多，此风如能久存，不为习染所变，亦属良善之风俗也。

民国《纂修云南上帕沿边志》(8) 风俗

婚嫁　莒属夷人婚嫁，并不选择卜婚，定婚早。有子之家，探见何户有女，请媒携酒前往求亲。女家不允，仍携酒回；女家允许，媒人于女之父母兄弟姊妹各敬酒一碗，即为定婚，面商财礼。傈僳风俗，不允许者，栽石于女家门前，以示不能别嫁之意。古宗、怒子聘礼，用酒一坛，黄牛一条，铁三脚一盘，布一件。曲子聘礼，用酒一瓶，黄牛一条，山羊皮一张，麂皮一张。傈僳聘礼，用酒三十碗，牛七八条；内分干牛、活牛两种，活牛每次不过三条，干牛以铁三脚、铁锅抵充。男家贫穷，由亲族赞助；如一次交不足者，可以至生育子女后陆续凑交。女家嫁奁，系银耳环、料珠、麻毯等物。俟结婚日，婿家约数十人往女家欢迎，女家亦数十人送新妇；[1] 沿途步行唱歌至婿家时，男女杂坐饮酒。黄昏后，男女老幼团聚火塘边，携手跳舞歌唱，名为跳锅庄；二三日后始散，仍携新妇归。三日后，由男家往接回，成夫妇。傈僳娶归后，即与父母分居，虽父母年老、衣食不济，亦不照拂，天性甚薄。

丧礼 傈僳丧事，亦无礼节服制。人死后，置于房内，通知亲族来看。所来亲朋皆携酒一筒，注尸口中少许，以表其情，至亲密友则亲口含注。停尸一二日，削湿木为棺，即行殡殓。以竹签卦卜地于屋之左近，挖一土穴，亲友抬出，用土掩埋。亦有不用木棺，仅用木板一块或竹篱一张，置尸于上，抬出掩埋者；上建木架如屋形，盖以石板或木板，用蔽风雨，并将死人平日所用弩弓、弩箭挂于坟屋上。如系妇女，以篮筐系之。葬毕后，回家酬客。若系传染病死者，无论老幼男女，家人父子均走避不顾，慨请尼扒（系巫人）殓埋，且亲朋往吊，亦不讲饰终之典，均无祭扫之礼。

酬酢 傈僳、曲子，性情纯朴浑厚，全无欺诈，纯系古风。一家有事，远近亲族邻众，均竭力资助。然无资财，常以牲畜、布帛、铁器、瓦器尽力赞助，必至其事结束始罢，否则倾家破产亦不惜。怒子、古宗，性情虽然朴真，知智识较为开化，遇搁财物铢必较。亲友遇事，赞助为办。婚丧礼储藏，亲友酬酢，亦不计较厚薄。较之傈僳、曲子，何啻天渊。

民国《征集菖蒲桶沿边志》第十七《礼俗》

① 古按："亦"后原有"无论"二字，当衍，今删。

下　编

傈僳族古代史料编年辑录

一、［唐］樊绰撰：《云南志》

粟、栗两姓蛮，雷蛮、梦蛮，皆在茫部，台登城东西散居，皆乌蛮、白蛮之种族。

卷4《名类第四》

二、［元］孛兰肹等著，赵万里校辑：《元一统志》

丽江路……蛮有八种，曰磨些，曰白，曰罗落，曰冬闷，曰峨昌，曰撬，曰吐蕃，曰卢，参错而居，故称一族。

卷7《丽江路军民宣抚司·风俗形势》

三、［明］陈文修：景泰《云南图经志书》

巢处山林。有名栗些者，亦罗罗之别种也，居山林，无室屋，不事产业，常带药箭弓弩，猎取禽兽。其妇人则掘取草木之根，以给日食。岁输官者，惟皮张耳。

卷4《北胜州风俗》

四、［明·景泰］陈循等撰：《寰宇通志》

风俗……巢处山林。《云南志》：有名栗些者，亦罗罗之别种，巢处山林，无室屋，猎取禽兽，以给日食。

卷113《云南等处承宣布政使司·北胜州》

五、［明·天顺］李贤等撰：《大明一统志》

风俗 ……巢处山林，同上。有蛮栗些，亦罗罗别种，巢处山林，猎取禽兽以给食。人物勇厉。旧志：人物勇厉，大概与丽江府同。

卷87《云南布政司·北胜州》

六、［明］周季凤撰：正德《云南志》

有蛮栗些，亦罗罗种。巢处山林，猎取禽兽以食。

卷 12《风俗》北胜州

七、［明·正德］木公原辑，梁之杰等增订：《木氏宦谱》

知府阿胜阿宅，官讳木青，字长生……万历二十年，云龙州力苏抢五井司提举皇盐作耗，奉总兵官征南将军太师黔国沐武靖公昌祚及两台明文，亲领兵征进，杀获八十三级，蒙奖花牌表里。

《木氏宦谱·文谱》之《玉龙山灵脚阳伯那木氏贤子孙大族宦谱》

八、［明］李元阳撰：万历《云南通志》

民役：［均徭］本州所辖人户俱系西蕃、力些、僰人、摩些，不通汉语，原无审编均徭，其额征各衙门柴薪、马夫、隶禁等项银两，于本州高、章二土官管下通把出办。

卷 6《赋役志·北胜州》

九、［明·万历］诸葛元声撰：《滇史》

弘治三年庚戌，你甸铁索箐贼反。铁索箐皆力些夷所居。力些，言摩些而有力者也，居丽江之兰州、剑州、姚安、五井等处山谷间。其民不治生，敢死而善斗，专事劫夺。凡女择婿，必问其能剽御者，方乐归之。其器利用弩，附以毒药，中之立死。成化十四年反，抚镇调兵征服。至是又反。八月，官兵追征至大罗城，出哨香摩些、母喜箐、鸡足山等处。官兵与贼战，得其甲首，贼始平。盖屡反屡征之悍夷也。

卷 12

（万历元年）冬十月，抚镇奉旨西征铁索箐、赤石崖诸村。箐在大姚县西北山阿水隈。箐，夷巢穴也。夷名力些，言摩些之有力者也，居丽江、姚安山谷间。其民不治生，敢死善斗，专事劫夺，器用毒弩。官捕之急，男子奔入深箐，发弩中人立死，妇人治弩矢以给男子。自成化来，屡征屡反，盖悍夷也。历年地方行旅被剽御，责发各土司，皆以力些为辞，贼遂大猖獗，自署王号。巡抚邹公疏上调兵选锋，亲入贼阻，大兵压境，先诱缚其渠首，擒僭王夷酋罗勒扶等，余党荡除几尽，七十二村悉平；于是添补设御，四郡乃安。……

卷 13

十、［明］刘文征撰：天启《滇志》

力些，惟云龙州有之。男囚［首］跣足，衣麻布直撒衣，披以毡衫，以毳为带束其腰。妇女裹白麻布衣。善用弩，发无虚矢，每令其妇负小木盾径三四寸者前行，自后发矢中其盾，而妇无伤，以此制服西番。

卷 30《羁縻志·种人》

十一、［明·嘉靖］杨慎编辑，［清·乾隆］胡蔚订正：《南诏野史》

力些，即傈僳。衣麻披毡，岩居穴处。利刃毒矢，刻不离身。登山，捷若猿猱。以土和蜜充饥。得野兽，即生食。尤善弩，每令其妇负小木盾前行，自后射之，中盾而不伤妇，以此制服西番。野力些，披发插羽，尤凶悍。

下卷《南诏各种蛮夷》

十二、《明实录》

宣德二年二月庚辰　……总兵官黔国公沐晟及云南三司官言："澜沧卫等处有力些贼六七百人劫杀人民，烧毁仓廒，抢夺马牛，委官追捕，贼众拒敌。缅甸宣慰司头目巴罕等贡方物赴京，被贼抢夺金银，射死其子。又顺宁府雄摩等一十五寨蒲罗夷贼，倚山恃险，出没劫掠……请于今秋发云南官军并调大侯等四长官司，鹤庆、顺宁二府土兵，委掌都司事都督同知沐昂等率领分往各处，顺服者抚绥业，梗化者相机擒剿。"上从之。

《明宣宗实录》卷 25

十三、［清］顾炎武撰：《天下郡国利病书》

力些，惟云龙州有之，男囚首跣足直衫，披以毡衫，以毳为带束其腰。妇女裹白麻布。善用弩，发无虚矢。每令其妇负小木盾径三四寸者前行，自后发弩，中其盾而妇无伤，以此制服西番。

《云南备录·种人》

十四、［清］范承勋等修纂：康熙《云南通志》

力些，惟云龙州有之。男囚首跣足，衣麻布衣，被毡衫，以毳为带束其腰。妇女裹白麻布。善用弩，发无虚矢。每令其妇负小木盾径三四寸者前行，自后发弩中其盾，而妇无伤，以此制伏西番。

卷 27《土司·种人》

十五、［清·康熙］毛奇龄撰：《蛮司合志》[①]

澜沧卫有力些贼，每聚众杀人烧庐舍。宣德初，缅甸招纲巴罕入贡，贼夺其贡物，而射死其子。同时有顺宁、雄摩一十五寨蒲罗夷贼倚山出略，杀死顺宁千夫长阿茂并土兵等。上命都督沐昂发鹤庆，顺宁土汉官兵分剿二贼，俱平之。

十六、［清］傅天祥等修、黄元治等纂：康熙《大理府志》

云龙州……栗粟，于诸彝中最悍。依山负谷，射猎为生，长刀毒弩，日不离身。祭赛则张松棚然炬，剥獐鹿诸兽而已。亦事耕种，饶黍稷荞稗。骨肉有隙，辄相仇杀，颇为行旅患，近稍向化矣。

浪宋，栗粟居多，壤据丽江兰州之石门关。旧有十二寨，缘土州段表章妻罗氏兰州酋之女，表章昵其妾，故罗氏携其子奔归兰州，割去七寨，遂久

① 载方国瑜主编《云南史料丛刊》卷 5，云南大学出版社 1998 年版，第 433－434 页。

据，今止五寨：若表村，若槽牙，若桑岔，居江之西，与汉洞为邻；若柯利、若老末，居江之东，与师井为邻。架木为楼，人畜分处。

卷 12《风俗》

十七、［清］王清贤等纂修：康熙《武定府志》

倮苏，潜居深山，板片为屋，种荞稗为食。

卷 1《风俗》

十八、［清］管棆纂修：康熙《姚州志》

彝种有七：……迁徙无常居，在铁锁箐内外者为倮倮，好强悍，斗则交刃，技善弩，经年以射猎为事，闲常出为盗，今奉法不犯者将十余年矣。益证无有不化之人，盖调制何如耳。此外则化外野彝，不听教化矣。铁锁箐之稍近白井者，渐知居处，多以树皮障风雨，刈收毕，便徙去。取鱼则垂藤，人附以入江。最贫苦，畜牛一二头，即称极富，饥亦远去劫掠。先世屡剿之，以恃地险，汉人至则避迹无影。盖因地在蜀之极边，与西番联姻戚，故习遂难遽革。……

卷 1《风俗》①

十九、［清］莫舜鼐纂修、王弘任续修：康熙《元谋县志》

倮苏，潜居深山，板片为屋，种荞稗为食，又名倮罗。

卷 2《风俗・种人附》

① 乾隆《姚州志》卷 1《风俗》、道光《姚州志》卷 1《风俗》、光绪《姚州志》卷 1《风俗》所载倮倮之文与此同。

二十、［清］陈梦雷等辑：《古今图书集成·方舆汇编·职方典》

力些，惟云龙州有之。男囚首跣足，衣麻布衣，披毡衫，以毳为带束其腰。妇女裹白麻布。善用弩，发无虚矢。每令其妇负小木盾径三四寸者前行，自后发矢中其盾，而妇无伤，以此制服西番。

卷 1519《云南土司部汇考五》

傈苏，潜居深山，板片为屋，种荞稗为食。

卷 1503《武定府土司考·种人》

地近西域……种类不一，曰么些，曰傈僳，曰古宗，语言各异。……傈僳最为枭悍，出入佩刀悬弓，辄相仇杀。……今虽设学校，而彝民顽梗，骤难教化。

卷 1505《丽江府风俗考》

彝种有七：……迁徙无常居，在铁锁箐内外者为傈僳，好强悍，斗则交刃，技善弩，经年以射猎为事，闲常出为盗，今奉法不犯者将十余年矣。益证无有不化之人，盖调制何如耳。此外则化外野彝，不听教化矣。铁锁箐之稍近白井者，渐知居处，多以树皮障风雨，刈收毕，便徙去。取鱼则垂藤，人附以入江。最贫苦，畜牛一二头，即称极富，饥亦远去劫掠。先世屡剿之，以恃地险，汉人至则避迹无影。盖因地在蜀之极边，与西番联姻戚，故习遂难遽革。

卷 1498《姚安府土司考·种人》

二十一、［清］董善庆撰，王凤文整理：《云龙记往》①

（嘉靖）三十五年，（段）文显卒，（段）耀率傈僳五百人余，抄其家，尽杀其妻子。……

① 载方国瑜主编《云南史料丛刊》卷 11，云南大学出版社 2001 年版，第 345 页。

老窝土司：自土知州段保十四世至段德寿之子段元臣，于康熙三十五年袭职……

夷人种目：倮倮。

风俗：刀耕火种。

《云龙记往·段保世职传》

二十二、［清］靖道谟等纂：雍正《云南通志》

力些，迤西皆有之，在大理名栗粟，在姚安名倮儌。有生熟二种。男囚首跣足，衣麻布衣，披毡衫，以毳为带束其腰。妇女裹白麻布。善用弩，发无虚矢。每令其妇负小木盾径三四寸者前行，自后发弩，中其盾而妇无伤，以此制服西番。

卷 24《土司·附种人》

二十三、［清］周钺纂修：雍正《宾川州志》

盘口箐，飞崖峭壁，人亦罕至。种人倮倮，蓬首黎面，春夏临江穴处，秋冬岩居，无尺地可耕，以野药充饥。近亦有愿入内为农矣。

卷 4《疆域山川》

二十四、［清］陈希芳修、胡禹谟纂：雍正《云龙州志》

倮倮，于诸夷中最悍，不栉不沐，语亦与诸彝别。处兰州界，连云龙，依山负谷，射猎为生。利刀毒矢，日夜不离身。弋兽即生食。间事耕种，惟荞稗。祭赛，则张松棚燃炬，剥獐鹿诸兽骨用。有隙辄相仇杀。散游于僰子寨、瓦窑场、马柳甸、鸡踪洞之间，不时伺隙，劫掠行旅，抢夺牛羊，大为归化、师、顺之患。康熙五十三年，知州王淯通详上宪，着落兰州土舍拿解法究后，始知法纪，近今敛迹。

卷 5《风俗·附种人》

查云龙西北一带接壤兰州倮倮，乃舍目罗维馨土民，丽江土府木兴所辖也。向来维馨纵贼抢杀，……该土府木兴，因何不加严约束，以致扰害？候移镇营并行该府通判严查拿解，审究追赃……夫兰州为丽江府所辖，土府木兴实受朝庭爵命，土舍罗维馨居住衙署，文移用钤记，非化外野人可比，……疏于防范而不恤，乃土府木兴、土舍罗维馨也。相应详请宪台转请臬宪，严饬土府不行约束之愆，治之疏纵之罪，勒令拿贼追赃。

卷12《艺文》之王澔《详究傈僳抢劫》康熙五十五年

二十五、［清］乾隆朝官编绘：《皇清职贡图》

姚安等府傈僳蛮　傈僳，相传楚庄蹻开滇时，便有此种。无部落，散居姚安、大理、永昌四府。其居六库山谷者，在诸夷中为最悍。其居赤石崖、金江边地，与永江连界者，依树木岩穴，迁徙无常。男人裹头，衣麻布，披毡衫，佩短刀，善用弩，发无虚矢。妇女短衣长裙，跣足，负竹筐出入。种荞稗，随地输赋。

卷7

二十六、［清·乾隆］谢圣纶辑：《滇黔志略》

栗粟，散入姚安、丽江、大理、永昌四府。在诸夷中性最凶悍。善用弩，发无虚矢。每令其妇负小盾径三四寸前行，自后发弩中其盾，妇无伤。以劫杀为生，登山陟石，捷如猿猱。居处依岩树，迁徙无常。栗粟依山负谷，射猎为生，长刀毒弩日不离身。祭赛，则张松棚燃炬，剥獐鹿诸兽而食。亦事耕种，饶黍、稷、荞、稗。骨肉有隙，辄相仇杀。《大理志》

圣纶按：栗粟凶悍，在宾川州赤石崖、永北金沙江边者为尤甚。余曾摄篆宾川赤石崖，栗粟杀人旧案累累，亦有毙人以弩，哑然而笑，不攫取财物而去者。盖彼固以杀人为戏，但藉是以泄其凶悍之性也。又以居处无常，捷同猿猱，极力设法捕缉，究难戈获。维西亦有栗粟，其性颇淳，能镂竹为弦，衔放齿间，弹之成声，亦颇喑咿可听，谓之口琴。

卷15《云南·种人》

二十七、[清·乾隆] 倪蜕撰：《滇小记》[①]

力些，迤西皆有之，大理曰栗粟，姚安名傈儌，有生、熟二种。男囚首跣足，衣麻布，披毡衫，以毳为带束腰。妇女裹白麻布。善用弩，令其妇负小木盾，自后发弩，中其盾而妇无伤。

二十七、[清·乾隆]《张允随奏稿》[②]

乾隆十二年四月十一日

为奏明筹剿不法顽夷以安边境事：窃照滇省鹤庆、大理、永昌三府所属之维西、云龙、腾越等厅、州边外，有蛮名力些，一名傈僳，又名赤发野人，原分生熟二种，熟者种地力作，设有头人管束，生者不知耕作，以罗雀、射猎为生，出入皆佩刀带弩，弱则散处崖谷，强则群聚剽掠，每为边境商民之害。乾隆六年十一月，维西江外傈僳阿腊瓜、鲁昧、五箭等抢劫白浪峒等处，经臣檄调土练，将为首凶夷悉行擒斩，余党分散安插，于乾隆七年二月奏报在案。该野夷经此惩创之后，数年以来，维西一带边境甚属宁静。兹于本年正月二十九日，据永昌府保山县知县顿权报称："上年十一月内，有傈僳潜至潞江安抚司所管之猎猛、养庆二寨，抢去耕牛、衣布、银钱等物。又于十二月内，据客民徐启圣等诉称：'芒市、遮放两土司地方，傈僳聚集拦路劫抢货物，商旅不敢前进'等语。当即会同护理永顺镇印务中军游击章绅，饬令潞江、遮放、芒市各土司防御擒拿。今于本年正月初三日，据施甸巡检任藻报称：'十二月二十九日，有傈僳成群结党，持刀架拿，将江外阿石寨围住，抢掠牛、猪，逼索银、布'等语。除飞饬各土司暨该巡检上紧擒捕外，合行禀报。

再查：傈僳形如猛兽，贯用强弓毒矢，人莫敢撄，惟畏鸟枪。前据潞江安抚司线朗"请给鸟枪五十杆，以资抵御，可否借给？"等情到臣，当即飞札永顺镇总兵官鄂海转饬该土司严加防堵，倘仍敢入滋扰，立即擒捕；并照乡村防御盗贼之例，准给鸟枪五十杆、火药七十五斤，以资堵御，事竣将原

① 载方国瑜主编《云南史料丛刊》卷11，云南大学出版社2001年版，第144页。

② 载方国瑜主编《云南史料丛刊》卷8，云南大学出版社2001年版，第709页、737页。

枪呈缴去后。又于三月初三日，据永顺镇中军游击章绅、保山县知县顿权报："据猛赖防弁王有义、上江蛮岗喧火头张士道等禀报：'二月初八日，有傈僳弄更扒统领野夷数十人，各执刀枪、弩箭来湾桥寨，将耕牛抢去四十八条，报经目兵段天明带兵四名前往救护，傈僳已去二十里外，即率同喧内夷民赶上，被傈僳施放药弩，将兵丁王世臣射伤，幸带有解药治好，众皆畏惧退回。查得为首之弄更扒，系云龙州边外六库土巡捕段联第管下之熟傈僳'"等情。并据永顺镇总兵官鄂海、迤西道来凤英报，同前由，各到臣。除飞饬专汛地方文武擒拿弄更扒务获外，臣查傈僳野夷，虽具人形，实同野兽，今敢连次劫掠土司地方，而边熟夷胆敢勾结野夷，抢掠内地村民牛只，若不大加惩创，必致扰害无休。但其地处险阻，且无一定巢穴，必须以夷攻夷，庶免劳师动众。

查潞江、遮放、芒市三土司，俱有捍卫边隅之责，所辖夷民于江外地势情形亦俱熟悉，臣俟秋深瘴消，夷民收获之后，行令该土司等各选精壮土练数百名，给以鸟枪火药，臣逆委干练将领一员，酌带弁兵，督同前往扑剿，务使凶渠悉就擒斩，余党共知儆惕，不敢再肆劫掠，庶边徼民生永享宁谧矣。臣因顽夷不法，必须惩创，谨将筹画擒剿缘由，会同云南提督臣潘绍周合词具奏。是否有当，伏乞皇上训示施行。谨奏。

朱批："知道，妥酌为之。"

乾隆十三年闰七月三十日

为钦遵圣训，恭摺奏复事：乾隆十三年闰七月十七日，承准大学士伯张廷玉，协办大学士尚书傅恒字寄，内开：乾隆十三年七月初九日，奉上谕："据总督张奏称：'上年秤戛贼首弄更扒纠众抢夺保山县属村寨，旋将逆犯擒斩，仍有祝老四及伙党枝花扒、黑得窝等，因鲁掌土目茶尚庆随征多所斩获，遂纠合二别啰贼首焚杀茶尚庆家口，抢掠新寨、练地一带夷寨。经臣檄调兵练，连破秤戛、阿勒挖底、喇白乌别、核桃登、二别啰等逆寨，止有祝老四、枝花扒二犯窜伏响习箐内，现今分头剿捕。札商提臣潘绍周，酌度时势，量留兵弁，驻适中之地，实力搜拿，其余分布各路官兵陆续撤回'等语。此等徼外野蛮，仇杀劫掠，自其性然，官兵随时捍御，亦易于扑灭，而衅端一开，势不容已，往往遂成大役，如蜀之瞻对、大金川，皆前鉴也。

向闻汛防兵卒，遇野蛮愚弱易欺，恣意凌虐，逼以人理之所不堪，汉奸从而勾结教诱，遂致啸聚荒箐。汛兵利其掳获，张大其词。营弁本无远识，加之喜事邀功，虚报捷音，以一作十。即如该督所奏，弁兵无不奋勇，而所擒杀，亦不过数人而已，略有劳绩，即可奏请叙功。且如所奏内，用兵仅一千五百余人，所向克捷，而至川省大金川之事，调集如许重兵，不以为崇山密箐，地险难攻，则以为暑雨雪寒，天时失利，以致经时历久，顿师不前。两者相较，何以难易悬殊若此？夫兵以制胜，若率意用之，未免为敌所轻。司士得不可不知此意，毋轻信属员，存好大喜功之见，庶可宁谧封圉，永息烽烟。此案业已将竣，嗣后宜为慎重。且滇省从前剿戮不为不严，该督所亲见，野蛮虽异类，亦有血气者，盍并生哉！可传谕该督知之。钦此。”遵旨寄信到臣。臣跪读圣训，仰见我皇上覆育为心，机衡运掌，虽八荒之大，万里之遥，无一不在睿谟之内。臣受任边疆，不能消患未形，致劳师旅，实切悚惶。

伏查滇省傈僳野夷，散处边境之外，恃其狡悍，时肆劫掠，乾隆五、六年间，焚杀丽江、维西所属夷寨，经臣奏明，遣兵征剿，将首犯按名擒斩，余党分别安插，数年以来，边境始得宁静。上年秤戞等寨傈僳野夷，复敢侵扰潞江、芒市、遮放等土司地方，并抢夺保山县属村寨，又伏弩射伤弁兵。种种凶顽，势难宽纵，是以奏请用兵擒剿。预于进剿之先，密遣兵目，将贼巢路遥险易及贼党人户多寡，逐一探明，以便攻剿；又饬令沿边土目，晓谕附近夷寨，以大兵祗擒首恶，并不滥及无辜，散其党翼。是锋刃未接而贼势已孤，故一举而秤戞阿倡、赛林、老泉等三处野贼悉就剪除。迨至撤师之后，贼党祝老四等复肆仇杀，又经奏明，遣兵清理。然臣料度野贼此番蠢动，止有祝老四等一二余孽挟仇报复，其余附和之众，易于解散。臣严饬领兵将备，剿抚兼施，凡悔罪投诚者，俱准安插故址，不得滥加杀戳。于是怒江内外数十寨头人夷目，相率投诚，情愿擒贼自效，卒将贼首祝老四擒斩解献。所以用兵无多，擒杀亦止贼首数人，而不致旷日持久者，由于先散其党，逆贼虽欲负固苟延，而无与为守也。

臣蒙皇上天恩，久膺边寄，亲见从前苗倮之变，多由兵役欺凌，汉奸教诱，遂致挺而走险，迨经兵力荡平，不免多所剿戳，虽彰遏乱之略，亦妨并生之仁，是以严禁兵役，不得滋扰苗寨。现今内地苗夷咸皆宁谧，惟此徼外野贼既多，无兵卒欺凌，又无汉奸教诱，乃屡肆不法，杀掳公行，若不示以惩创，恐野贼以为兵威所不能加，愈无顾忌，边徼夷民将无宁宇。臣不敢避难就易，藉口息事宁人，以致养痈贻患；且料野贼伎俩，断不致难于收拾，是以奏请加兵征剿。兹幸仰赖天威，凶渠授首，余众归诚，军务得以完竣，已于本年七月二十六日恭摺奏报在案。盖缘此项野夷，原非瞻对、金川可比，故得易于扑灭。然兵凶战危，自古所戒，苟非万不得已，何可轻言用兵？今蒙我皇上训谕深切，指示周详，臣敢不敬谨祗遵。现饬领兵将备会同地方官，将善后事宜尽心经理。此后唯有仰体皇仁，恪遵圣训，倍加谨慎，不敢轻信属员，稍存好大喜功之见，务期烽烟永息，疆圉辑宁，庶几上副圣主涵育群生之德意于万一耳。为此，缮摺奏复，伏乞睿鉴。臣谨奏。

朱批："览奏俱悉。若遇不得已应行征剿者，不可因此旨而有所姑息也。"

二十八、[清·乾隆）吴大勋撰：《滇南闻见录》[1]

丽夷　丽郡夷人有九种，如民家、白夷、鲁倮之类，散处各乡。山外江外，则俅人、怒子、生熟栗粟四种，已远于人类，有茹毛饮血，巢居穴处之风。……《居易录》：栗粟作栗苏，云多百余岁者，死辄化为虎、豹、熊、罴、毛人诸物；又僰夷近水居，能变牛、马、猫、犬、鹰、雀等物夜入人家。余在滇十年，未闻此说，尽信书则不如无书，信然。山外江外诸夷，皆辖于兰州土舍，姓罗氏，本木氏之属刺史也。木氏改官，罗亦仅给未入流顶带，号土舍，世为酋目，夷人信奉之，钱粮亦土舍征解。惟怒子岁有土贡山驴皮、黄蜡、麻布之类，该夷送府中，府为变价解司入奏。山：东西北皆山也，江：澜沧江、怒江。

上卷《人部·丽夷》

二十九、[清·乾隆］余庆远撰：《维西见闻纪》

栗粟，近城四山，康普、弓笼、奔子栏皆有之。男挽髻戴簪，编麦草为缨络缀于发间，黄铜勒束额，耳带铜环。优人衣旧，则改削而售其富者衣之；常衣杂以麻布、绵布、织皮，色尚黑，袴及膝，衣齐袴，臁裹白布。出入常佩利刃。妇挽髻束箍，耳带大环，盘领衣，系裙曳袴。男女常跣，喜居

① 载方国瑜主编《云南史料丛刊》卷12，云南大学出版社2001年版，第20页。

悬岩绝顶。垦山而种，地瘠则去之，迁徙不常。刈获则多酿为酒，昼夜酖酣，数日尽之。粒食罄，遂执劲弩药矢猎，登危峰石壁，疾走如狡兔，妇从之亦然。获禽兽，或烹或炙，（山）［对］坐共食，虽猿猴亦炙食，烹俟水一沸即食，不尽无归。餍，复采草根木皮食之。取山中草木为和合药，男女相悦，暗投其衣，遂奔而从，跬步不离。婚以牛聘，丧则弃尸。不敬佛而信鬼。借贷刻木为契，负约则延巫祝，置膏于釜，烈火熬沸，对誓，置手膏内，不沃烂者为受诬。失物，令巫卜其人，亦以此法明焉。触忿则弩刃俱发，著毒矢处肉，辄自执刃剜去。性刚狠嗜杀，然么些头目土官能治之。年奉头目麦黍共五升，新春必率而拜焉。栗粟种类，在滇省各夷中为最劣；维西者杂处于各夷中，而受治于么些长，犹较驯顺。

《夷人》

熊夹，熊力大而勇于自见，有木桩辄拔之，必出乃喜。栗粟因多伐巨木，劈其半，撞木桩插于开处。群熊游而见，争骑巨木力拔，桩脱，牡则夹肾囊，牝亦夹臀肉，鲜克免者。

猿栅，于麓掘龛，深五六寸，宽尺许，置果，外插木楞为栅，空容猿手。猿至，窥果，遂手探龛握果，而拳不能出，辄狂啸，人闻声从之，猿益惊惶，不忍舍果，而为人所获。

地弩，穴地置数弩，张弦控矢，缚羊弩下，线系弩机，绊于羊身。虎豹至，下爪攫羊，线动机发矢，悉中虎豹胸，行不数武皆毙。

药矢，弩所用也。矢及镞皆削竹而成，扎篾为翎，镞沾水裹药，药采乌头曝而研末者，猎中禽兽，入皮肤，飞者昏而坠，走者麻木而僵。

《器物》

三十、［清·乾隆］张泓撰：《滇南新语》

夷异　滇夷种多，而俗异性殊。摆衣柔狡，沙人刚戾，罗罗愚痴，怒子善记仇，数世犹报。各居岩穴，能陟险，或刀耕火耨，或射猎为食，皆难以礼法绳。惟丽郡中甸、维西之把傈、傈僳、模傈剽悍，奉喇嘛，其亲死，必延喇嘛问之，名刀把或擦妈，向尸诵经咒。刀把谓死者无罪，则悬尸山树之极巅以风，曰天葬。谓有罪，则笼尸沉诸江，曰水葬；或割尸饲禽兽而火其骨，截胫骨作筒吹之，曰火葬。皆梵书舍身喂鹰虎之说也。然各种多食生，且有啖生蛇者。男女皆佩刀，习镖弩，好斗轻生，服饰诡异，难以笔罄。自设流官后，有丽守管学宣能化导，革残骸之俗，伟哉！

《夷异》

黄连　自昔药品珍雅连，密刺外匝，折之出轻烟，中心作菊花状，而重逾数十星者，历未前闻。滇之维西、丽江、中甸接壤打箭炉，与川为近，傈傈夷地亦产连，枝壮刺疏，色深黄章，江贾携细布、绒线易之，杂雅产以货。闻庆公复节制云贵时得数枝，皆重斤许，车为念珠，将妆饰以充贡。余颇疑之。及丙寅，摄鹤庆守篆，有持一枝来售者，重十二两，索值颇昂。嗟呼，此连之形则伟矣，未知其功用之可与雅连并驾否？

《黄连》

秤戞野人在澜沧江、怒江之极北，墨齿绣面，以包谷为食，禾稻间有，不服王化。祝长腿者其酋也，偶野人渡江至保山县境买牛还，遇汛兵疑为盗，阻留盘诘，即杀兵遁归。县差追缉，长腿挺身拒捕，差复毙。保令会同永昌镇通详请剿，制府张允随据题拨抚标左营游击谢光宗、提标参将高钦领兵八百往，分驻三台山、二别逻以声讨倡乱者，檄余督运军粮。而剑川去二别逻四百余里，山径险恶，历少人行，且必经澜沧之溜渡；渡外俱夷人木强，作鸟语，岩栖穴处，并无村店。人负米不过三斗，日行三十余里，多迷道其间。悬峭数处，夷人升之，捷若猿猱，剑民皆仰首以号。而军食孔亟，乃因地熟筹，以剑民运至日见厂厂属丽江府，出铜，越厂即澜沧，增其脚价，觅江外夷人以接运，多派丁役执械押送。每三十里，雇带工匠，斧林芟叶，设棚十余间，为负运栖宿之所。时五月，大雨时行，余坐竹兜，二人肩之，然不时步行也。遇悬峭处，令双垂长藤，横系劲枝，以意造软梯，攀援而上，始抵二别逻。山高十余里，侧下成坡坂，再下即怒江，水声汹汹，触石处浪高丈许，官兵临江扎营坡上。余度形势，密谓鹤丽镇标守备李某曰："阻岩逼水，此绝地也。倘夷人凭岭施弩，滚放擂石，进退维谷，将何以御？速移，毋取败。"李以别无善地为虑。余强携之行，于坡板一里外觅得平壤数百丈，可作蛇蟠阵以立寨，乃急令移营。起队未百步，而擂石堕飞，幸免折伤。余复留运夫开治险峻，焚近营草木，以防潜匪。沿江一带，石壁插天，行路在岸下，岌嶫怪石，参差错落，水大即没，水退则露。履石往来，皆作惊蛙跳掷状，无咫尺可安步者，稍不戒即堕逝洪波矣。因视岸壁，古藤缨络，乃就与人身等处，更取老藤接续联贯，石尽乃止，俾夫卒得藉手以无恐。计自初夏进剿，孟秋甫奏凯，虽有斩获，而首恶祝长腿究未成擒，后用土官率土兵进，始伏诛。谢游击用二百金，购其首以献捷。初秤戛恃险负固，并未与官军一战，自祝长腿死，始渐出就戮，秤戛乃平。

《剑川运粮记》

三十一、［清］郭存庄纂修：乾隆《白盐井志》

傈僳，性强悍，披羊皮褂，左插，持弩射猎。每取山禽野兽，并松明、苫片等入市货卖。多嗜酒，醉辄狂荡。男妇携手顿足，吹芦笙，弹响篾，以为乐。

卷1《户口·种人》

三十二、［清］管学宣等纂：乾隆《丽江府志略》

丽江井相邻傈僳、巴苴、倈人、怒人等类，无附近街市，买卖不惯用钱，米粮柴薪惟盐可换，是以向来煎盐不给薪本，惟以煎获盐斤半给各灶作薪，与各夷人换易柴枝杂粮，以资煎办用度，余为官盐，入府境行销。

上卷《财用略·行盐》

傈僳　有生熟二种，岩居穴处，或架木为巢。囚首跣足，高鼻深眼，身着麻布披毡，猎取禽兽为食，居无定所，食尽即迁。佩弩带刀，虽寝息不离。性凶暴嗜酒，一语不投，即持刀相向，俗好仇杀。近惟居澜沧江边者，称为熟傈。

上卷《官师略·种人》

丽江古荒服地，汉西南夷裔也。其名分类有九：江以内者，曰么些，曰傈僳，曰倮罗，曰西番，曰巴苴，曰剌毛，又有倈人，居澜沧江西，茹毛饮血，不知王化。至吐番居金沙江北，其地东西绵亘千里，南北亦百余里，山川形势之险，诚锁钥中外要郡也。在昔夷长木氏，据其民，官其地，卷髻环耳，服饰诡异，羁縻于中国者，年世莫可考。迨我大清抚定中夏，仍准以邦伯守圉。乃季氏不臧，比匪肆虐，暴其民甚，夷众赴控。大司马制宪高公、大中丞抚宪杨公，悯边民之涂炭，题请改设流官，知府付之以兵，拊治凋敝。黎庶乃以余深识夷情，请于朝，由曲靖调守兹土。

下卷《艺文略》杨馝《建丽江府治记》

三十四、［清］陈奇典等纂修：乾隆《永北府志》

北胜州土司　……所属夷人种类：力些一种，性枭雄，能远视。崖居穴处，头束布帕，身佩弓弩，猎獐麂以易食，网鸟雀以资生。不通汉语。男女衣食相同，性情桀骜。此辈老于深山，大半不履城市。婚配不论尊卑，不分同族。死后火化，抛弃骸骨。

北胜州土州同　……所属夷人种类：力些一种，原无姓氏，居处山崖箐岭之中。男子赤足包头，持弓射猎。女人短衣桶裙，挖地种荞。婚姻不论尊卑。殁后用火焚化。

卷25《土司·种人附》

三十五、［清］觉罗琅玕撰：《平彝碑记》

《觉罗琅玕平彝碑》

碑高五尺二寸，广三尺，文二十八行，行七十字，正书。嘉庆八年十月立，在旧云南府城隍庙。《新纂云南通志》卷六《大事记》，嘉庆四年录旧志，载云贵总督觉罗琅玕平维西恒乍绷事，附按曰："藤鲜蚌（恒乍绷）平定始末，详见省城旧城隍庙壁嵌碑文，庙改碑佚。"按城隍庙旧址，清季于正殿前广场改建劝业场商店，正殿及后宫两旁辟路建铺房，辛亥革命又改后宫为黄公祠（祀黄子和），新开街道名劝业场及黄公东街、西街，又后改正殿作剧场，今为五一电影院。其觉罗琅玕平彝碑倾置于黄公东街路旁，盖原地筑墙，弃碑于此。……

（方国瑜）

《平彝碑记》觉罗琅玕撰

古之平大患成大功者，必有果断诚毅之力，而后能置其身于危险之地而不挠，措斯民于衽席之安而□感。惟我尚书督帅觉罗琅公之平傈匪也，前后几及二载，卒能擒巨魁，清余孽，边民绥□，功德巍然。方将勒彝鼎而载旗常，岂舆言所能颂扬于万一者。然其中万难之势与必不得已之衷，惟被其泽□为能窥□□□□□诸石，以志不忘。

丽郡诸夷错处，惟傈僳□□□□□神鬼。恒乍绷者，康普牧牛竖也，诡言通阴阳、知祸福，以符药惑人，煽动日益众。嘉庆七年春，群傈饥，图抢掠，恒逆□□□□□□□□通江内之挖凹亦目练及江外之别的扒□□□西诛、岩池等，聚众数千人，戕官劫民，由康普合江桥扰及维西城下。时，公方阅兵叶榆，闻警星驰，督□□□□□□□□□□□□诛之。旋克复康普，获恒逆父母□□□之□□□□剿随抚。时恒乍绷先已随别的扒等逃匿澜沧江外，余众悉服。公思佳兵不详，帝德好生，不忍因一犯逋逃，使江外悉遭兵燹。且念天子方以陕、楚、蜀大功未竣，日切焦劳，更不欲以边隅军事久烦宸廑也。因责有司悬赏为购擒计，而奏请撤师。讵逆匪见官兵惮于过江，志益肆，复构同女巫数辈，倡言恒乍绷术神福大，官莫能□□别的扒等更招爪日、黑片亥度□□□□□□□大小头目，伪设官名，肆行逼胁，以至已投者尽行反侧，而逆兄乌恒布亦由怒地归，入伙偷渡，率众焚掠，□□江□□□□□□丽江，夺取木土官房宅以报。前代傈僳之□□□□□，上复命公讨之。公因前此剿办未竟，深以自咎，此次必图万全，为一劳永逸之计，更以蠢夷之蛊于邪说而不悟也。欲破群□，必擒首逆；欲擒首逆，必事江外；欲事江外，□□□□。论者□以为难，而公独毅然。乃分兵东自石鼓，北至康普，南至吉尾、通甸，中则树苗、小川，鼓励将士，斫伐树木，觅路进攻。时，大中丞永公甫经莅滇，即驰抵剑川，察看形势，以山深箐密，粮运维艰，多方筹画，始得供支无缺。公乃得以尽力搜剿，大小百十余战，于临阵击杀外，生擒□□□□□□□赤线叭、黑片亥度及贼伙千有余人。自壬戌之冬至癸亥之春，四阅月而江内以宁。众以撤师请，公曰："未也。江外不定，首逆不获，江内之患□□也。"遂亲临江。□□□□□形势，知我兵渡□患奏入，诏曰可。随派将牧等，分率弁兵夷勇渡江而西。各寨望风来投者半，阻梗者亦半。公传令悬万金赏，购线擒首逆，命各路先剿而后抚之。夷人畏且感。陆续擒斩贼目凹特、赤始扒及大小女巫等五十余人、党伙无算，收复投顺寨落三百余里。而怒地头人亦震惧来告，原共截逆匪窜路，并缚送贼伙赤线扒来营，恒逆自此不能远飏矣！然而，公犹曰："未也，众贼目未尽，首逆不可得而获也。"益严督搜剿，遂俘怒克扒，杀西诛，而岩池亦觳觫乞命。自是恒逆势益孤，亡命奔窜高崖密箐间。兵勇昼夜裹粮追蹑，往来普陀、杂利各箐，凡数周。贼既狡诈善走，而山险林密，兵勇每为霖雨所迷，顺夷等又以别的扒、乌恒布尚存，心怀顾忌。公乃益励将士，加赏顺夷，令克日图之。人人思奋。遂于泥金菁生擒别的扒、乌恒布及逆妻、逆姊等。越十日，而恒乍绷亦于拖罗箐就缚，分别脔割枭示，人心莫不称快。班师之次，顺夷密侦贼目岩池阳顺阴违，后路贼匪谷泥曾戕官，凶犯先后缚送，皆斩之。于是首伙各犯，遂无一漏网者。

溯自四月兵勇过江以来，至九月而大功告竣，阅时初不为久，公则回计起事迄今几及两年，日夜焦思，谋益稔，计益坚，决然独断，以底于成。于□服□公之识□，益叹□□之果断诚毅非人所能及也。夫以纵横数千里之地，崇山绵亘，巨箐窃深，众木丛杂，贼人并无碉卡壁垒可以环攻夹击，惟恃穿林伏莽，强弩毒矢，如射弓含沙，人不及□□□□□□□□而师徒八千而外，练勇无多，输粮于万仞之巅，托命于一绳之渡，可不谓极天下之至难者哉！然而，公之必则有万得已者，故虽值群疑，历至险，必待擒渠息患，□□□□□□为□国为民之诚，真可□天地质鬼神而无愧者矣！迨至首逆就擒，而群凶先已净尽，虽曰大劫使然，亦由公之至诚感格，故能致斯民于久安长治之庥也。而我大中丞永□□□□□□□□□□以维西饷粮为念，督率方伯监司转漕不匮，俾我公得以尽力擒逆，功规万全。（以下三行泐损）□体……黎可信而得……丰功

大清嘉庆八年十月……丽江府……暨省城绅士等恭　记

转录自方国瑜主编《云南史料丛刊》卷13，云南大学出版社2001年版，第771—772页

三十六、［清·嘉庆］张若骕纂修：《滇云纪略》

力些　即傈僳。男子囚首跣足，衣麻布衣，披毡衫，以毳为带束其

腰。妇女裹白麻布。岩居穴处，利刃毒矢，刻不离身。登山捷若猿猴，以土和蜜充饥。得野兽，则生食之。尤善弩，每令其妇负小木盾前行，自后射之，中盾而不伤妇，以此制伏西番。又有野力些，披发插羽，尤凶悍。

卷下《彝种》

三十七、［清·嘉庆］檀萃辑：《滇海虞衡志》

力些，一名傈苏，一名栗粟，一名傈僳，有生熟二种。囚首跣足，麻衣毡衫、毳带束腰。妇女裹白麻布。善弩，发无虚矢，每令其妇负木盾径三四寸者前行，自后发弩，中其盾，而妇无伤，以此制服西番。余记："喜居绝顶，收获酿饮，数日尽之，以猎为食，刚狠好杀，夷中最劣。"现在维西跳梁者，即是此种。

第13《志蛮》

三十八、［清·嘉庆］师范辑：《滇系》

力些，惟云龙州有之。男囚首跣足，衣麻布直撒衣，披以毡衫，以毳为带束其腰。妇女裹白麻布衣。善用弩，发无虚矢。每令其妇负小木盾径三四寸者前行，自后发弩，中其盾，而妇无伤，以此制服西番。

十之二《属夷系》

（嘉庆）八年癸亥，维西力些藤鲊蚌纠众作乱，总督琅公玕驻剑川，集兵制之，逾年始授首，余众悉就抚。

藤鲊蚌知医药，所治病既愈，只博酒食，却钱币，诸夷咸相亲爱。驻防某千总吓以邪教，得赂方止，已非一次。继之者大有所欲，诱而系之空室。于是夷众愤怒，持械劫之去。驻防以作乱报。维西协副将即令千总以兵五十往，拒捕反斗，伤兵十余人，并杀千总。事遂不可已。夫朝廷设驻防，原为保民，乃以数千之生灵，数万之库帑，徒供未弁之一激，司其事者，盍亦返而自审哉！

三之一《事略》

三十九、［清］王定柱撰：《滇语备忘录》

恒乍绷者，维西傈僳种，又作力些。其人愚无所知，顾妄言祸裙辄验。有黠者，因指为佛，藉之煽诱檀施，久浸炽焰。维西副都督使把总某往谕解其党，把总不能事，复有所诛求，众哗而起，戕把总及兵数千，乃大兴师问罪。傈种善弩，其矢中人血，濡缕立死。幸十矢中七白，箭仅三傅药，云若尽傅药，则为雷所诛殛也。恒乍绷屡败，众溃匿深箐，采千穗米以食。署丽江令某，啖其降夷，以重赏约缚致之；有日矣，令谓贼在掌握，故迟迟，挟开府求为郡守，仍索犒三万金。开府意未决，参戎某公知其状，倍出金啖降夷，遂缚送参戎营，送辕鞫实，命磔之。恒乍绷曰："我不可杀。杀我天且雷震!"及剚刃，果晴空霹雳者三。后亦无他异。

恒乍绷未就缚，先擒其孥。其妹年十一，名女沙尼，能见鬼；至校场刑人所，历指所诛酋名曰："某在斯，某在斯。"果皆其所刑地，百不谬。开府召入讯之曰："安所得鬼?"对曰："公座后有二鬼，佩刀侍。"问："鬼何状?"对曰："皆征服，一冠缀兰顶，年可四五十；一冠缀顶白而光，可三十许，其鬼无鼻，可怪也。"时战死者二人，一都司六公，一守备安公，年貌皆符女言；安公先以创故，损其鼻，每战常以假鼻缀面，人不之觉也。幕下或拟私留女为婢，开府恶之，屏去女食饮，遂馁死。

恪勤公凯旋，得恽司马燮所绘前后战绩三十二帧，寮吏传观，多有跋颂。余亦曾遍系之诗，备各体；稿久失去，忆一帧，为擒腊者布事。腊者布者，恒乍绷之亲兄，伟悍骁鸷，千夫围之不能擒。侦得旁寨一傈妇，小有色，腊者布驱其夫而据之，妇弗善也。召其夫至营中，重犒之，使私告妇，至则醉之酒，驰以告；果旬日一至，遂缚致军门诛之，恒乍绷势遂熠。记余诗曰："玉碗葡萄翠袖扶，琵琶一曲夜啼乌；休夸卧榻能安睡，记否罗敷自有夫？纤纤女手挽征衣，铁弩千群夜合围；愁绝同床各自梦，鹣鹣有翼不双飞。蹋雪衔枚唤捉生，黎涡一醉动欢声；兵家妙算兼奇正，青史还传绝代名。"

四十、［清·道光］雪渔氏撰：《鸿泥杂志》

丽郡夷人有九种，曰么些，曰剌毛，曰西番，曰傈僳，曰罗罗，曰㸊人，曰怒子，曰古宗，曰俅人。其在郡贸易及工作者，惟傈僳、罗罗、古宗三种，语言不通，惟土人稍解其语，其人亦不生事。

卷一

四十一、［清］阮元、伊里布等修，王崧、李诚纂：道光《云南通志稿》

力些　《皇朝职贡图》：傈僳，相传楚庄蹻开滇时，便有此种。无部落，散居姚安、大理、［丽江］、永昌四府。其居六库山谷者，在诸夷中为最悍。其居赤石崖、金江边地，与永江连界者，依树木岩穴，迁徙无常。男人裹头，衣麻布，披毡衫，佩短刀，善用弩，发无虚矢。妇女短衣长裙，跣足，负竹筐出入。种荞稗，随地输赋。

旧《云南通志》：迤西皆有之，在大理名栗粟，在姚安名傈僳，有生熟二种。男囚首跣足，衣麻布衣，披毡衫，以毳为带束其腰。妇女裹白麻布。善用弩，发无虚矢。每令其妇负小木盾径三四寸者前行，自后发弩，中其盾而妇无伤，以此制服西番。

《武定府志》：潜居深山，板片为屋，种荞稗为食。

《永北府志》：性枭雄，能远视，崖居穴处。头束布帕，身佩刀弩，猎獐麂以为食，网鸟雀以资生。不通汉语。男女衣食相同，性情桀骜。此辈老于深山，大半不履城市。婚配不论尊卑，不分同族。死后火化，抛弃骸骨。

《大理府志》：栗粟，于诸夷中最悍。依山负谷，射猎为生，长刀毒弩，日不离身。祭赛则张松棚然炬，剥獐鹿诸兽而已。亦事耕种，饶黍稷荞稗。骨肉有隙，辄相仇杀，颇为行旅患，近稍向化矣。

《丽江府志》：崖居穴处，或架木为巢。囚首跣足，高鼻深眼。猎取禽兽为食，居无定所，食尽即迁。佩弩带刀，虽寝息不离。性凶暴嗜酒，一语不投，即持刀相向，俗好仇杀。近惟居澜沧江边者，称为熟僳。

余庆远《维西闻见录》：近城四山，康普、弓笼、奔子兰皆有之。男挽髻戴簪，编麦草为缨络缀于发间，黄铜勒束额，耳带铜环。优人衣旧，则改削而售。其富者衣之常衣，杂以麻布、绵布、织皮，色尚黑，裤及膝，衣齐裤，膁裹白布。出入常佩利刃。妇挽髻束箍，耳带大环，盘领衣，系裙曳裤。男女常跣，喜居悬崖绝顶。垦山而种，地瘠则去之，迁徙不常。刈获则多酿为酒，昼夜酖酣，数日尽之。粒食罄，遂执劲弩药矢猎，登危峰石壁，疾走如狡兔，妇从之亦然。获禽兽，或烹或炙，对坐共食，虽猿猴亦炙食，烹俟水一沸即食，不尽无归。餍，复采草根木皮食之。取山中草木为和合药，男女相悦，暗投其衣，遂奔而从，跬步不离。婚以牛聘，丧则弃尸。不敬佛而信鬼。借贷刻木为契，负约则延巫祝，置膏于釜，烈火熬沸，对誓，置手膏内，不沃烂者为受诬。失物，令巫卜其人，亦以此法明焉。触忿则弩刃俱发，著毒矢处肉，辄自执刃剜去。性刚狠嗜杀，然么些头目土官能治之。年奉头目麦黍共五升，新春必率而拜焉。栗粟种类，在滇省各夷中为最劣。维西者杂处于各夷中，而受治于么些长，犹较驯顺。

卷184《南蛮志三之三·种人三》

嘉庆七年渝：本年正月间倮匪滋事，该民夷等田亩荒芜，秋成无望，殊堪轸念。所有曾经被扰之维西、丽江两厅县，本年应征地丁钱粮，著加恩全行豁免。其地界毗连之中甸、剑川、鹤庆、云龙四厅州耕作亦多失时，著加恩将本年应征地丁钱粮减免十分之五。兵粮过境大理府属之太和、赵州、宾川、邓川、浪穹、云南，楚雄府属之楚雄、镇南、大姚、南安、定远、姚州，永昌府属之保山、永平，蒙化、永北等各厅州县，秋获亦未能全收，著加恩将本年应征地丁钱粮减免十分之三，以示朕念切民依至意。

又谕：本年丽江、维西等处厂井，因被倮匪滋扰，课项堕误。所有维西厅属之红坡吉咱厂岁解课银一百四十七两零，又回龙厂缺额铜二万一千六百八斤零及短少年额铜撤课银三千二百四十余两，又高轩井缺额盐七万一千一百斤，该课廉等银七百十两零；又维西通年抽阿墩子进口沙盐变价银五十二两零，俱著加恩，概行豁免。其高轩井尚未趱补清查案内堕煎盐三千五百三十斤著缓，俟嘉庆八年起，分作二年趱煎归补。再，维西厅、丽江县地丁钱粮，前经降旨加恩蠲免，其应征秋米若照旧完纳，民力尚形拮据，并著加恩，将维西厅本年应征税秋等米一百五十石零，丽江县应征秋米一千五百四十一石零，折征米六百九十五石零，及丽江府应征官庄租米一千三百八十五石零，一并蠲免，以示朕轸念边徼穷黎至意。

卷78《食货志九·蠲恤》

嘉庆七年壬戌，维西倮倮恒乍绷作乱，总督觉罗琅玕讨平之。恒乍绷，澜沧江外倮倮，幼学为端公，占卜治病，人称为沙泥华言活佛，在康普打鼓念经，夷众悦服。头人禾昆仁惧惑众，责逐。六年冬，岁歉雪大，众傈僳向康普、古刹两寨借粮不允，恒乍绷挟禾昆仁责逐之嫌，遂纠众抢劫。总督琅玕派兵往剿，江内傈僳纷纷投降，恒乍绷逃往江外，官兵分别撤留。七年冬，江内降夷复勾结恒乍绷劫掠各村寨，上命琅玕再往剿。八年九月，擒恒乍绷，正法，并掘其祖墓。傈僳平。《案册》

卷 105《武备志二之五·戎事五》

道光元年辛巳，永北傈僳滋事，总督庆保讨平之。永北土司高善属下傈僳，被土司、目把等将田土售与汉人，以致夷人生计日艰，又见汉人开垦成熟，忌嫉垂涎。有公寨傈僳唐贵一名唐老大，于嘉庆二十五年十二月同傅添贵谋杀逐汉人，占回地土，诱惑夷众梅依老十等，刑牲插血，奉唐贵为首，自称地王；傅添贵称治命先生，陈添培称顺添理，结集七八千人，焚劫有汉人村寨，并偷渡金沙江，扰及大姚。庆保驰赴剿办。上命成都将军呢玛善赴滇协剿，授为钦差大臣，提督以下听节制。呢玛善至滇，庆保已将永北、大姚两处次第荡平。呢玛善还成都。

卷 105《武备志二之五·戎事五》

道光七年，署腾越厅广裕详请设立河西外围香柏岭十五卡，招募傈僳三百七十五户分驻，于盐课溢余留半银支给口粮盐菜，限满听其种地守卡。嗣因山地硗确，不敷口粮，永昌府胡启荣、腾越厅周澍，详请奏明借藩库银二万两置买练田，分给各傈僳口粮；府、厅各捐银一万两，五年归款。内香柏岭立二卡，安设傈僳六十户；三级箐一卡，安设傈僳三十户；麦瓜林二卡，安设傈僳七十户；三台山一卡，安设傈僳十五户；喂羊路二卡，安设傈僳四十户；春花地、大草坡两处分扎三卡，春花地安设傈僳四十户，大草坡安设傈僳四十户，莳竹脑安设傈僳四十户。以上共设傈僳三百七十户，随带眷口一千一百十七名，分扎十五卡。又马安山一卡，捐设傈僳二十户；象脑山一卡，捐设傈僳十五户。谨按，右新建碉堡屯田为现在边防要务。《案册》

卷 106《武备志二之六·戎事六》

乾隆十二年，（云龙）州属秤戛夷人弄更扒系土巡捕段连第属下熟傈僳，谨案：云龙江外傈僳，一名力些，一名赤发野人，有生熟二种，熟者耕种，生者抢劫为生。劫掠潞江、芒市等土司地方。又腾越边外官寨夷人早可，亦系云龙土目段连第属下熟傈僳，劫掠段连第所管片马、鱼洞两寨，经官兵擒剿，议定江东之六库、渡口、……大竹罗、大竹地并归云龙州管辖，江西之姑密、……

卷106《武备志三之一·边防上》

道光七年，署腾越厅广裕详请设立河西外围香柏岭十五卡，招募傈僳三百七十户分驻，于盐课溢余留半银支给口粮盐菜，限满听其种地守卡。嗣因山地硗确，不敷口粮，永昌府胡启荣、腾越厅周澍，详请奏明借藩库银二万两置买练田，分给各傈僳口粮；府、厅各捐银一万两，五年归款。内香柏岭立二卡，安设傈僳六十户；三级箐一卡，安设傈僳三十户；麦瓜林二卡，安设傈僳七十户；平野山一卡，安设傈僳二十户；三股蠠一卡，安设傈僳十五户；三台山一卡，安设傈僳十五户；喂羊路二卡，安设傈僳四十户；春花地、大草坡两处分扎三卡，春花地安设傈僳四十户，大草坡安设傈僳四十户，莳竹脑安设傈僳四十户。以上共设傈僳三百七十户，随带眷口一千一百十七名，分扎十五卡。又马安山一卡，捐设傈僳二十户；象脑山一卡，捐设傈僳十五户。谨按，右新建碉堡屯田为现在边防要务。

卷106《武备志三之一·边防上》

四十二、［清］刘荣黼纂修：道光《大姚县志》

傈僳，即力些，性狂悍，不通汉语，男蓬头垢面，袒胸跣足，衣布直撒衣，披以毡衫，以毳为带束其腰。妇女裹白麻布衣。善用弩，矢不虚发。每令其妇负小木盾径三四寸者前行，自后发弩，中其盾而妇无伤。北界丙海、班别一带有。

卷7《种人志》

四十三、［清·光绪］杨琼撰：《滇中琐记》

栗粟，维西、中甸、剑浪、云龙、腾越各边地皆有之。男挽髻戴簪，编麦草为缨络缀于发间，黄铜勒束额，耳带铜环。优人衣旧，则改削而售其富者衣之，常衣杂以麻布绵布织皮。色尚黑，裤及膝，衣齐裤，膁裹白布，出入常佩利刃。妇挽发束箍，耳戴大环，盘领，衣系裙曳裤。男女常跣。喜居悬岩绝顶。垦山而种，地瘠则去之，迁徙不常。刈获则多酿为酒，昼夜沈酣，数日尽之。粒食罄，遂执劲弩药矢猎，登危峰石壁，疾走如狡兔，妇从之亦然。获禽兽，或烹或炙，对坐共食，虽猿猴亦炙烹，俟水一沸即食，不尽无归。餍，复采草根木皮食之。取山中草木为和合药，男女相悦，暗投其衣，遂奔而从，跬步不离。婚以牛聘，丧则弃尸，不信佛而信鬼。借贷，刻木为契。负约，则延巫祝，置膏于釜，烈火熬沸，对誓，置手膏内，不沃烂者为受诬。失物，令巫卜其人，亦以此法明焉。触忿，则弩刃俱发，著毒矢处肉，辄自执刀刳去。性刚很，嗜杀。然么些头目土官能治之。年奉头目麦黍多升，新春必率而拜焉。栗粟种类，在滇省各夷中为最劣云。

《栗粟》

四十四、［清·光绪］刘慰三撰：《滇南志略》

力些，即栗粟，于诸夷中最悍，依山负谷，射猎为生，长刀毒弩，日不离身。祭赛则张松棚、然炬，剥獐鹿诸兽而已。亦事耕种，饶黍、稷、荞、稗。骨肉有隙相仇杀，颇为行旅患。

卷 2《大理府》

所属夷人六七种：……力些，迤西皆有之，在州者名倮倮，有生、熟二种，男囚首跣足，衣麻布衣，披毡衫，以毳为带束其腰。妇女裹白麻布。善用弩，发无虚矢。每令其妇负小木盾径三四寸者前行，自后发弩，中其盾，而妇无伤，以此制服西番。

卷 2《楚雄府·姚州》

其民，有种类若僰夷、古倧、西番、力些、妙罗罗、剌毛、怒人、俅人、白人皆是。

卷 3《丽江府》

维西厅，在府西北，唐吐蕃铁桥节度使地，元为丽江路地，明为丽江府地，国朝因之。吴逆之变，以地与达赖喇嘛。雍正五年，属鹤庆府。六年，移通判驻防其地，乾隆二十一年来属，设通判一。

……

怒山水，源出西北五百里怒山西南麓，东流经怒山东南，入澜沧江。你那山水，源出西北五百余里你那山东北，西南流入澜沧江。白水河，源出西北大山，两源合流，东南右会一溪，又东南入澜沧江。其宗渡，在治东北二百里金沙江，雍正十年，通判孙光禄造渡船一只，置水手三五名。奔子栏渡，在治东北六里，旧设渡船。溜筒江渡，在治西北五百余里浪沧江，春冬设船，夏秋以篾索悬夹岸，用溜筒系人以渡。

气候则近城山环而风不烈，气候稍温，春夏多淫雨，秋冬多岚雾，冬气多，春气少，夏气则绝无矣，盖山岚气胜也。八月陨霜，四月方止，九月雨雪，十月弥盛，然十一二月之交，积雪数尺，夜结坚冰，昼则悉融。其宗喇普逼近金沙江，地卑气暖，夏暑冬和，仿佛昆明，谷、麦多丰。康普、叶枝在澜沧江岸，地势卑下，气候亦暖，三冬环山积雪，春盛难消。其宗、喇普、奔子栏亦在金沙江岸，地隘山高，夏炎而暑，峰头多雪，冬令殊寒。阿墩子逼近西藏、青海，雪山千古不消，引领可见。通属土地硗薄，惟种荞麦。

夷人则有力些、西番诸种。

力些，近城四山，康普、弓笼、奔子栏皆有之。男挽髻戴簪，编麦草为缨络缀于发间，黄铜勒束带，耳带铜环。优人衣旧，则改售其富者。常衣杂以麻棉布及织皮。色尚黑，裤及膝，衣齐胯，出入佩利刀。妇挽髻束箍，耳带大环，盘领衣，系裙曳裤。居悬岩绝顶，垦山而种，迁徙不常。喜猎，登危峰石壁，疾走如飞；获禽兽，则烹炙共食。婚以牛聘，丧则弃尸，不敬佛而信鬼，借贷刻木为契。杂处于各夷中，而受治于么些长，犹较驯顺。

卷3《丽江府·维西厅》

夷人，有白人、罗婺、蒲人、力些、喇鲁、戛喇、峨昌、缥人、缅人、莽人、遮些、妙罗罗十二种。

卷4《永昌府》

力些，潜居深山，板片为屋，种荞麦为食。

卷6《武定直隶州》

四十五、[清·光绪]《清代滇黔民族图谱·云南种人图说》

力些，迤西皆有之，在大理、维西名栗粟，在姚安名倮儌，有生熟二种。男囚首跣足，衣麻布衣，披毡衫，以毳为带束其腰。妇女裹白麻布。善用弩，发无虚矢。每令其妇负小木盾径三四寸者前行，自后发弩，中其盾而妇无伤。

四十六、［清·光绪］夏瑚：《怒俅边隘详情》[①]

丽江府分驻阿墩子弹压委员兼办怒江事宜夏瑚，为遵饬履勘边隘，绘图贴说，并陈管见，详请衡核事。

光绪三十四年五月初四日，奉丽江府转行营洋务处局宪，四月巧电内开：白汉洛孤悬江外，去察瓦龙较近，现雪融路通，应令夏委员前往该处巡查，将应办各事，妥为料理等因。委员以去秋奉饬赴怒查看，布置事竣回墩，曾以设官、招垦、开矿、通商、练兵、兴学六事，并同布置情形，及拟查勘曲江、招抚吉匪[②]、撤退土司、平治道途、改募防营、变通权限各节，通禀在案。

……

一查曲江，系从藏属擦瓦龙地流入，自色赖汪以上为上江，以下为下江，拉打阁以下为江尾，曲言呼为独龙汪洞。……江尾……两岸地势险峻，出产麝香、黄连、皮革、毛货等物。……

江尾曲、傈杂处，居民较上、下江为稍密，每村有多至二三十户者。房屋系随结竹木，盖以茅草，房中烧火一堂，家人父子围炉歇宿，人多之户，有烧火二三堂者。家有粮食、布饰等件，则于附近山林密处，另结茅屋数处，分别储存，日需若干，临时始往取用。六畜惟鸡、犬、豕三项，马、牛、羊则无之矣。江尾虽间有曲牛，并不以之耕田，只供口腹。农器亦无犁锄，所种之地，惟以刀伐木，纵火焚烧，用竹锥地成眼，点种苞谷。若种荞、麦、稗、黍等类，则只撒种于地，用竹帚扫匀，听其自生自实，名为刀耕火种，无不成熟。今年种此，明年种彼，将住房之左右前后地土分年种

① 载［民国］李根源纂辑《永昌府文征》《纪载》卷23《清十二》，杨文虎、陆卫先主编校注，云南美术出版社2001年版。

② 吉匪—维西县澜沧江边有有吉尾村。过去，怒江及澜沧江的许多傈僳族蓄奴主常到维西的吉尾一带抢劫奴隶和买卖奴隶，因此清代统治阶级称吉尾的傈僳族为“吉匪”。（见《傈僳族简史》，云南人民出版社1983年版，第70页注③。）

完，则将房屋弃之，他另结庐居，另砍地种；其已种之地，须荒十年八年，必俟其草木畅茂，方行复砍复种。

其装束，男女均系撒发，前垂齐眉，后披齐肩，左右盖耳，尖稍长则以刀截之；两耳均穿，或系双环，或系单环，或以竹筒贯之。男子下身着短裤，惟遮臀股前后，上身以布一方斜披背后，由左肩右腋，抄向胸前拴结，左佩利刃，右系篾箩。

上江女子，头面、鼻梁、两颧、上下唇均刺花纹，取青草汁和锅烟，揉擦入皮内成黑蓝色，洗之不去。以长布两方，自肩斜披至膝，左右包抄向前。其自左抄右者，腰际以绳紧系贴肉，遮其前后；自右抄左者，则披脱自如也。男子颈项，无不喜系车磲、烧料等珠为饰，有系至十数串者。下江一带妇女，则惟刺上下唇。江尾曲、傈杂处，妇女概不刺面，傈女且有着裙者。

……

下江曲民，则又苦江尾傈傈，勾结怒江吉匪，出没无常，横行抢杀，恒有旦夕难安之势。上下江与江尾，又均有所谓骨尸钱粮者傈言为俄普骨牙。缘傈傈到处抢劫，亦到处贸易，然无不凶横霸道，倘被人殴死，或即病死，傈又集众往其所死之一带地方抢劫烧杀，累月连年，迄无休息，不得已与之讲和，愿上骨尸钱粮；于是议定某项若干，村村寨寨、家家户户，每年照上一份。傈人往收此分钱粮，尤必好为供应。地方出一傈傈命件，则此骨尸钱粮，曲人必世代上纳，傈傈亦世代收受。各村上此钱粮，有多至五六起、七八起者。

……

一查脱落江自藏属松噶曲宗地流入，江头为阿独鲁，即与松噶地接壤。由该处翻山六站，即达松噶，由独鲁、日懒、松笼、党独、路堵、不喃底、母董，十四日至夹土截以下之脱落图，流入曲江，江面宽窄与曲江等。江头要隘，则为独鲁、海打。该村系古宗，共七户，前十数年由藏地迁来，村内住有喇嘛十数人，询系巴塘丁林寺僧，乙巳叛后，逃匿其地，现为村民供应。两岸地势较曲江为平。曲、傈杂处，人烟亦极稀少。松笼以上，只产小麦、青稞各类杂粮，以下则产旱谷，黄莲、皮革、镰铁、矿砂，所在皆产。

装束，男女均著短布围裙，上身均披布幅，至佩刀、系箩、散发、穿耳、颈项挂珠，一如曲、狄。惟女子面纹，只刺下唇一二路。其砍种地土，与曲、狄各江无异。房屋仍系竹构，就地为楼以居，各自为家，不似狄人之阖族聚处。有无人管束不上钱粮者，有上归木王者，有上归土目所派曲管者。如永岩、黑合、岩阳等处居民，系由狄满江迁来，原为木王百姓，木王因遣人到彼收受钱粮。每户上纳五六两重镰条十根，二三斤重黄腊二饼，皮革一张，叶烟、辣子、生姜等项各一小箩。如夹土截、木喃敢、不喃底、看拐等处居民，系由曲江迁往，曲管仍往照收钱粮。此则脱落江原委、要隘、风土人情之情形也。

……

委员身历地土，目睹情形，愚见所及，尚有十端，谨再分别为我宪台详陈之：

一、宜建设官长，以资分治也。

查怒江上自藏属擦瓦龙、松笼、喇卡起，下至耳目止，二十余站，系维西属；又自耳目起二十余站，至云龙州属之六库、老窝地，中间有归丽江县属者，有归剑川州属者，有归永昌府之保山县属者。维属自腊早以上，虽有土司，不过每年遣人收受钱粮一次，并未驻扎管理，不惟无益，反多滋扰；腊早以下，原有土司管理，曩因收粮之人过于需索，傈民聚众逐杀之，嗣后即无人敢往收粮，不服管束，不安耕凿，相率以抢劫为生，为患丽、维各属，不可胜言。即丽江、保山各属，亦多不上钱粮，不服管束，逍遥化外，历有年所。盖怒江钱粮，并未按亩升科归入正供项下，虽由土司按村收受，闻每年所解怒贡计不过十余金，即未收之处与正供仍无妨碍，惟于私款微有所损，故该土司亦均缄默无言。至于曲江，本系维属百姓，上有土司钱粮，以土司从未一至其地，主治无人，致该曲众上受擦蛮、下受吉匪之害，几不聊生。若狄子、狄不勒两江，向处化外，此次委员查勘到境，亦已收复，自今年始，愿上钱粮。脱落、狄满两江地土尤为宽阔，其居民有自木王地迁来者，有自怒、曲两江迁往者，故其钱粮亦互相收受。自怒江至狄满，纵横上下，计数千里。以数千里膏腴之地任其荒芜，数千里纯朴之民任其顽梗，殊非慎重边疆，固我邦本之道。……

二、宜添兵驻防，以资保卫也。

怒江百姓，最苦吉匪抢杀为患，虽有防营一哨，以保护教堂为专务，不能远驻各隘，以此上、下江居民，时虞抢劫；曲江亦上受擦蛮盘剥，下受傈匪滋扰。两江百姓之受害，有甚于水火之为灾者。委员目睹情形，不忍膜视，已诸转禀上宪，拨兵保卫。窃以民为邦本，本固邦宁，若此边地之民，尤不能不加意抚辑。为固本宁邦之计，拟请先设巡防一营，分驻怒江之菖蒲桶、腊早，以及曲江之喇卡塌、满当、拉打阁等处各要隘，暂资保卫，以安民心，俾勤生业。此次委员查勘过境，曲江上下均经遴派伙甲约束夷众，擦蛮闻之，颇较往时收敛；傈匪有数十成群者数起到境，闻委员至，亦即潜踪。倘不赶紧拨兵驻护，该匪等侦知官家仍旧放弃，则吾怒、曲之民之害，势必如水益深，如火益热，行将靡有孑遗矣！此委员之先请添营驻防，为民请命之苦衷也。至于脱落江头为西藏松噶、曲宗要隘，狄满江上连西藏，中界木王，下接普猛，均为边界极要隘口，应候各官建定，再行添练精兵，设关把隘，以固边隅。

……

四、宜剿抚吉匪，以除民害也。

怒江自腊早以下傈僳较多，原有土司管理，曩因收粮之人过于苛扰，傈民聚众逐杀之，自此不服管束，不安耕凿，相率以抢劫为生。雪未封山以前，则在鹤、丽、剑、维等处山林要隘，结党野处，拦劫行人；封山而后，则在上江一带抢劫确索，估拉人口，勒索重赎，否则卖入藏属为奴。即内地有犯重罪者，率多逃匿其处，实为永、丽各属逋逃渊薮。上江百姓呼下江为吉尾子，言之无不栗栗。委员于光绪三十二三年内，先后两次奉檄入怒，曾将此情两次禀陈有案。三十三年内，因该吉匪在康普、岩瓦、因多等处抢劫多起并拉多人，事主报经维西厅，委一年幼无知之袁桂林，发给枪枝，饬带团勇数十名，于是年冬前往查办。因需索太甚，吉匪用弩箭将袁射伤，并杀其从人郭玉贤及伙头、背夫三人，外伤数人，夺去枪枝数杆，集众数百，驱之去境，地方为之惊惶。幸防哨将上江要隘堵住，始无滋蔓之虞。袁子归报，维厅置之未究，以此益加猖獗。去岁常来上江抢人、拉人，虽有防哨，兵力太单，不敢深入追击，莫可如何。委员此次到怒，各事主纷纷哭诉，惨状难名。及至曲江，又据曲众禀称，此项吉匪，常为江尾傈僳勾结入境为患，恒有旦夕难安之势。委员不历其地，不知其惨，既已目睹耳闻，则此民瘼，何敢玩视？窃以该匪居住江边沃土，以无官长为治，不愿安于耕凿，相率以抢劫为生，从无一案破获照例惩办以昭儆戒者，故该匪居之不疑，视为执业。若不设法收服，则养痈为患，伊于胡底。倘亲历其境，推诚布公，剀切开导，遴派头目，厚以赏需，抚之当较易易。否则，江边道路虽则骑岖，而其隘口要不过如中甸三村之险。剿之亦自不难……

五、宜筹费设学，以广教育也。

怒江兴学设教一层，前已两次禀陈在案。此次赴怒，因洋务局、藩宪、营务处六月支电内，有或就该处充公庙宇寺租，先设一二学堂，以资化导等因。查怒江地方，自幽喇干以上蛮、怒杂处，以下则傈、怒杂处，欲设学堂，上江必通蛮、怒语言，下江必通傈、怒语言之士，始可充其教员。委员此次先于到怒时，亦即托人招致，逮勘曲趸怒，选得剑川童生尹佐汤、张自铭二人，晓畅国文，兼通傈语，字迹亦端楷。窃以此时兴学，只在文字语言，因即延定，遵饬设学二堂，一于慈开地方，在怒江之西，以该村有客籍汉民三户，较易开通。暂借民房设立，以尹佐汤充当教习；一于菖蒲桶充公寺庙设立，以张自铭充其教习。先以认字说话为主，示期今年正月二十二日开学，传谕沿江伙甲僧俗百姓，届期务送子弟入堂读书，只须自备伙食，一切应用书籍笔墨纸张，概由官处发给。教习每员每年，备送薪水银五十金、粮食八石，以资口食。至于学生多寡，应俟雪融路通，赴怒查考，方能具报。

惟查充公寺租，年只二十二石五斗，除管事二人口食每年二石四斗。及赏佃民酒饭外，每年两次，约需粮食五石之谱。及全数栽种纳租，所存不过十五石有零。两年间时有抛荒之户，虽饬管事随时招佃承种，不准抛荒，仍未能一律佃种。至于水田，寺僧向系与佃平分，并无一定租石，充公后，定以六成归佃、四成归官，以示体恤。年来沟水干涸，荒芜较多，所分之谷不满十石，现饬防哨督同官厅管事经理，去冬在怒清厘，据称三十三、四两年分租石，除抛荒外，均已收楚。惟修整房屋，及各项开支，已去大半，现已实存无几，容饬开具细数，再行分别造报。怒江人民所种土地，惟期自给，无论何项粮食，每石定价一金，乡规如是，百姓自古遵守，委员未便加增，致贻穷民之累。故此充公寺租，每年除各项开支及岁修寺宇外，所值不过二三十金，欲以兴学，势所不能；且该处自开辟以来，不知读书识字为何物，非如内地之有他项积习，难于改移。今一创办，似须将体操及一切儿童教育同时并举，俾易开通；更须为之筹备书籍、纸张、笔墨、膏火、奖赏等项，以餍其心而坚其志，庶几向学日多，普通可及。至曲、狄各江，人民聪颖，苦无教育，地土肥沃，苦少经营，即稼穑、纺织之事，均须为之提创，是则农业、工艺各学堂应先于怒江兴设，以立基础，渐及他江，以广教育。此怒江设学，必筹费方能成立之情形也。仰维宪台察核施行。

……

九、宜改征赋税，以裕经费也。

曲、怒各江虽归土司管理，而所收钱粮，概系竹筒、篾簸、茵布之类，间有上黄蜡、黄莲者，亦复不可多得也。所值无几，故未归入正供，即该土司亦得之不喜，失之不忧。百姓之苦，在于押派货物、勒索夫马供应耳。今既拟撤土司、建官长、改土归流，二三年后，自可按村按户，改征粮银。在尔时，百姓即幸押派勒索之弊革除，复睹银货交易之利兴，宜无不乐从命令，输将恐后也。至于招垦之民，无论安置何处，三年后，即可计亩升科，倘得各土地一律垦种，则应征之赋，诚有不可以数计者。各江生意利厚，尽人皆知，向只傈人敢于出入，只在脱落江止，若狄满江，即傈人亦少踪迹。此次闻委员欲晋木王，随同前往各江负贩贸易者已有六人，闻均获有利益。今岁当有续往者，待至道途平荡，则是边之商务，尤宜逐渐发达。一切货物出入，当可酌收税课，尤宜妥定章程，及早开办，十年八年后，此款当大有可观。将来以所收各江之赋税，支所设各官之俸廉与所办各事之经费，预为决之，或当有盈无绌。委员为筹备经费起见，是否有当，仰维宪台察核施行。

四十七、［清］王文韶等修，唐炯等纂：光绪《续云南通志稿》

力些　傈僳，相传楚庄蹻开滇时，便有此种。无部落，散居姚安、大理、［丽江］、永昌四府。其居六库山谷者，在诸夷中为最悍。其居赤石崖、金江边地与永江连界者，依树木岩穴，迁徙无常。男人裹头，衣麻布，披毡衫，佩短刀，善用弩，矢无虚发。妇女短衣长裙，跣足，负竹筐。种荞稗，随地输赋。《皇朝职贡图》在大理名栗粟，在姚安名傈儌，有生熟二种。每令其妇负小木盾径三四寸者前行，自后发弩，中其盾而妇无伤，以此制服西番。旧《志》性枭雄，能远视，猎獐麂、网鸟雀为食。不通汉语。男女衣食相同，不履城市。婚配不论尊卑同族。死后火化，抛弃骸骨。《永北厅志》近城四山，康普、弓笼、奔子兰皆有之。男挽髻戴簪，编麦草为缨络缀于发间，黄铜勒束额，耳带铜环。常衣杂以麻布、绵布、织皮，色尚黑，裤及膝，衣齐裤，臁裹白布。妇挽髻束箍，耳带大环，盘领衣，系裙曳裤。

男女常跣。刈获多酿为酒，昼夜沈酣。粒食罄，执劲弩药矢猎，登危峰石壁，疾走如狡兔，妇从之亦然。获禽兽，或烹或炙，对坐共食，不尽无归。餍复采草根、木皮食之。取草木为和合药。男女相悦，暗投其衣，遂奔从。婚以牛聘，丧则弃尸。不敬佛而信鬼。借贷刻木为契，负约则延巫祝，置膏于釜，对誓，置手膏内，以不沃烂者为受诬。失物，令巫卜。触忿则弩刃俱发。毒矢中肉处，辄自执刃剜去。性刚很嗜杀，然么些头目、土官能治之。年奉头目麦、黍共五升，新春必率而拜焉。栗粟种类，在滇省各夷中为最劣；在维西者杂处于各夷中，而受治于么些长，犹较驯顺。《维西闻见录》

卷 160《南蛮志·种人一》

澜沧江外傈僳恒乍绷，在康普占卜治病，人称为沙泥华言活佛。头人禾昆仁惧惑众，责逐之。六年冬，岁欠雪大，傈僳向康普、古刹两寨借粮不允，恒乍绷挟禾昆仁责逐之嫌，遂纠众劫掠。总督琅玕派兵往剿。八年九月，禽恒乍绷，伏诛。……

永北土司高善、目把等以所属傈僳田土售与汉人，致夷人生计日艰。道光元年，公寨傈僳唐贵、傅添贵谋逐汉人夺回地土，纠夷众数千焚劫汉人村寨，渡金沙江，扰及大姚。总督庆保调兵驰剿。上授成都将军呢玛善为钦差大臣，来滇协办。呢玛善至滇，永北、大姚已次第平定。呢玛善还成都。

腾越镇三面通夷，界连缅甸，沿边外卡别有各种野夷，向无管辖，自立头目，每为边患。道光初，以地面辽阔，未设营汛、建置碉卡、屯练驻防，而山径丛杂，野匪辄乘间肆扰。二十八年秋冬以来，古勇、盏西边外之老草坡、熊家山野匪叠纠夷众至古勇河西、栗子园、绷麻各汉寨，抢掠人畜财物。总督林则徐檄明光隘土守备左大雄，带练五百名出卡。二月，至老草坡，野匪倾巢出拒。大雄奋击，歼匪二十余，纵火焚其巢。各匪分窜大竹篷等寨，大雄以次攻剿。各寨野夷惧，诣营乞降。夷俗遇事，齐心禁戒，必抱大石，发誓以表真诚。各寨惟六顶之大野贯头目别称、习董之大头目颇知信义，大雄要以任，保各寨誓石投诚，并献所虏人畜；悉如约，乃受其降，移营攻熊家山。野匪所居，皆悬岩陡壁，且恃有怕洒等五寨为羽翼，负嵎不出。总兵拴住虑大雄深入寡弱失利，调屯练五百名助剿。大雄遂逼营要口，五路进攻，斩红巾首匪二、匪党数十。各匪败退，夜出劫营。六品顶戴练总董大文指麾发铳轰击，复自掷石中首匪脑仆地，匪夥亦发铳击中大文额殒命。众练齐出兜击，各匪乃退。月之晦日，始将熊家山匪巢焚毁，立营其间，以断怕洒等寨往来要路。是时，寨中匪首及小头目等已先后歼毙，余匪逃散，各寨惧官军剿灭，遂献寨匪所掳男女十八丁口、牛十七头，并缚献所藏汉奸马六、张小老，而六顶野贯、刁董头目十人亦为乞恩，更愿出具刀标木刻，誓石投诚。大雄遂令传集各野山头目与汉民，至汉夷交界之三官殿宣谕威德，所具刀标木刻，于边隘立石示众。夏四月，撤练归厅城。马六、张小老审明正法，董大文以土千总例赐恤，并恤伤亡练丁花翎宣拊使衔，土守备左大雄赏义勇巴图鲁名号。林则徐政书

（光绪十七年）永北厅力些丁洪贵等假名活佛降世，煽惑愚夷，纛集于水头山鱼洞坡，戕北胜土知州高履坤及土目高可久、黄之凤、李如兰，总督王文韶、巡抚谭钧培檄参将梁士伟、苏伦元分别剿抚，永北略定。

卷84《武备志·戎事杂记》

四十八、［清］刘毓珂等纂修：光绪《永昌府志》

傈僳，居高山极冷之地，与崩龙稍异。善使弩，发无虚矢。其箭有毒，中之即死。种火麻以为衣，猎野兽以为食。有夷话，无夷字。凡江外深山之间皆有。

卷57《群蛮志·种人》

四十九、［清］陈宗海修、赵瑞礼纂：光绪《腾越厅志稿》

傈僳，《通志》：傈僳，相传楚庄蹻开滇时，便有此种。无部落，散居姚安、大理、［丽江］、永昌四府。其居六库山谷者，在诸夷中为最悍。其居赤石崖、金江边地，与永江连界者，依树木岩穴，迁徙无常。男人裹头，衣麻布，披毡衫，佩短刀，善用弩，发无虚矢。妇女短衣长裙，跣足，负竹筐出入。种荞稗，随地输赋。

卷15《诸夷志·种人》

茨竹寨土弁　左文伟，漕涧人。九夷为患，官招文伟率弩手五十三名，驻防明光。传至正邦，以秤戛军务，奏准世袭土把总。传时望，望传华国至

大雄。道光二十一年，平滇滩倮倮乱，擒贼首余小老；续征上江黑倮倮，获首犯。……

卷8《秩官志下·土官》

五十、［清］吴自修修、张翼夔纂：光绪《新修中甸志书稿本》[1]

中甸地分五境，大小中甸、格咱、泥西、江边。人属蛮夷，一名古宗，一名么些，一名龙巴，一名倮倮，名为四种。而江边虽属么些，自归化以来，间有汉籍杂处其中，语言、服饰俱与丽江县民相同，现在设立学校，期以文风丕振。有倮倮一种，为数无几，居处沿江山头，打牲为食。

上卷《风俗志》

五十一、［清］辜培源、曹永贤等修纂：光绪《盐源县志》

力些，亦曰离苏，形癯而性狡，居深山中，怠于种树，逐兽捕鱼。男女皆猨捷，物多生啖，有茹毛饮血之风。

卷12《风俗志·夷俗》

五十二、［清］张德霈修、杨文奎纂：光绪《云龙州志》

倮倮，以拉等为字。……语与诸夷别。依山负谷，射猎为生，……虽耕种，惟有荞麦高粱。男以麻布为衣，包大头，俱饰以蚌壳。不通汉语。

卷5《秩官志·附夷地风俗人情》老窝土司

倮倮，性悍顽不驯。因子取名。不烧香，不着履，不洗面，不通汉语。男女自合为婚。男以麻布为大领衣。女人剃发，戴海贝巴小帽，大耳环，着五色衣，每人头挂五色料珠十数串。以冬月初一为元旦，用栗叶为年树。削竹为矢，采毒熬膏作箭头之药。利刀强弩不离其身。骨肉有隙，即仇杀不

---

① 载徐丽华主编《中国少数民族古籍集成》第88册，四川民族出版社2002年影印本。

休。概系刀耕火种，射猎为生。吹口弦，足跳跃为乐。以木刻为券，通信亦然。问卜，以蓍草三十七根作卦。

卷5《秩官志·附夷地风俗人情》六库土司

五十三、[清] 杨德恩、吴集贤等纂：光绪《元谋乡土志》

倮倮，亦名倮苏，本末世系无考。现在户口十余家，散居近山村落。其风俗，挟刀好斗，遇仇相屠。

《人类》

五十四、[清] 郭怀礼、孙泽春纂修：光绪《武定直隶州志》

倮苏　潜居深山，板片为屋，种荞稗为食。

卷2《风俗》

五十五、[清] 陈宗海修、李星瑞等纂：光绪《丽江府志稿》

倮倮，《南诏野史》作力些，金沙、澜沧两江之高山有之。男女皆衣麻披毡，岩居穴处，利刀毒矢，刻不离身。登山捷若猿猱，以土和蜜充饥，今则有种杂粮者。得野兽，即生食。尤善弩，每令其妇负小木盾前行，自后射之，中盾而不伤妇，以此制服西番。

卷1《地理志·风俗·种人附》

嘉庆七年上谕：本年正月，间倮匪滋事，该民夷等田亩荒芜，秋成无望，殊堪轸念。所有曾经被扰之维西、丽江两厅县，本年应征地丁钱粮，著加恩全行豁免。其地界毗连之中甸、剑川、鹤庆、云龙四厅州，耕作亦多失时，著加恩将本年应征地丁钱粮减免十分之五。兵粮过境大理府属之太和、赵州、宾川、邓川、浪穹、云南，楚雄府属之楚雄、镇南、大姚、南安、定远、姚州，永昌府属之保山、永平，及蒙化、永北等各厅州县，秋获亦未能全收，著加恩将本年应征地方钱粮减免十分之三，以示朕念切民依至意。

又奉上谕：本年丽江、维西等处厂井，因被倮匪滋扰，课项堕误。所有维西厅属之红坡吉咱厂岁解课银，又回龙厂缺额铜斤及短少年额铜撤课银，又高轩井缺额盐课廉等银，又维西通年抽阿墩子进沙盐变价银两，俱着加恩，概行豁免。其高轩井尚未趱补请查案内堕煎盐斤著缓，俟嘉庆八年起，分作二年趱煎归补；再，维西、丽江县地丁钱粮，前经降旨加恩蠲免，其应征秋米若照旧完纳，民力尚形拮据，并著加恩，将维西厅本年应征税秋等米一百五十石零，丽江县应征秋米一千五百四十一石零、折征米六百九十五石零，及丽江府应征官庄租米一千三百八十五石零，一并蠲免，以示朕轸念边徼穷黎至意。

又道光元年七月初五日，钦奉上谕：本年滇省永北、大姚一带，夷匪滋事，将差役较重之丽江、鹤庆、维西等厅州县经征嘉庆二十五年条公、耗羡银两减免十分之五，差役较减之剑川、中甸等厅州减免十分之三。

卷3《食货志·蠲恤》

五十六、［清］叶如桐修、刘必苏等纂：光绪《永北直隶厅志》

北胜州知州　……所属夷人种类：力些一种，性枭雄，能远视。崖居穴处，头束布帕，身佩弓弩，猎獐麂以易食，网鸟雀以资生。不通汉语。男女衣食相同。此辈老于深山，大半不履城市。婚配不论尊卑，不分同族。死后火化，抛弃骸骨。

北胜州土州同　……所属夷人种类：力些一种，无姓氏。居山崖箐岭之中。男子赤足包头，持弓射猎。女人短衣桶裙，挖地种麦。婚姻不论尊卑。死后火化。

羊坪土千总　……所属夷人种类：力些一种，住居高山。刀耕火种，采樵营生。婚姻必论尊卑。身穿麻布衣。稍通汉语，略知礼节。死后棺葬。

卷7《人物志下·土司·种人附》

道光元年辛巳，夷目傅添贵等为乱，总督庆保、史致光率兵平之。初，北胜高土知州、章土州同地方，自乾隆三十年以后，即陆续典卖与黔、粤、川、楚客民垦种。嘉庆初年，川楚军兴，各省人民避移来滇，日聚日多，旧衙坪各地聚集成市。嘉庆七年奏准，将右军守备移驻弹压。二十五年，有高氏土目傅添贵、陈添培、毕得秀妖言煽惑，纠合夷众千余人为乱。同知张壼田迁延不以实报，夷匪遂偷渡金江，勾结大姚县夷匪陶显贵，伙聚数千，妄称王号，其妻傅谷氏妄称治水娘娘，烧杀无忌。汉民半踞菩萨山，半逃四川之会理、盐源县。该州县等会禀，四川总督奏闻。当时上命调任闽浙总督庆保留办永北军务，会同新任云贵总督史致光、四川驻防成都将军呢玛善、云南提督张凤，檄总兵高适并永北营将兵分道进剿。是年春，大获全胜，擒贼首陶显贵等，六十余人伏诛，永、姚一律肃清。派总兵高适带兵一千五百，在旧衙坪暂留防范。委邓川州知州陈键招抚汉民，并奏永、姚善后事宜十四条。奉旨：勒令土司五年三限，将典出夷民田地备价取赎，使汉民回藉，夷民复业；永北存城经历移驻旧衙坪，分防城中，新设司狱一员；同知张悫田、参将李胜林被议革职；土知州高善解省正法。……

光绪十五年己丑，永北直隶同知姜瑞鸿以土州同章天锡仇杀羊坪土千总李凤文，禀请各大宪调兵剿办。冬十一月，瑞鸿亲临旧衙坪征调各约团练，并令摊派经费，又密谕崔玉祥招集死党前往图之，又移会永北营左军守备董义率兵进剿。天锡仍不知情，安住华荣庄，倏见官军旗号，始只身逃匿庄外土住人家。

十六年春正月，瑞鸿诱获天锡及土目王德茂，杀之。土目丁洪贵潜逃远方，瑞鸿详请改土归流。……

十九年癸巳冬十月，瑞鸿揭称土目丁洪贵与癫巫谷老四为乱，请官兵讨平之。初，谷老四父子以猎兽世其业。自谓一日，忽见一美丽少妇立山脚，相与语。少妇言：某月某日，天出七日，晒死下民，惟鱼硐坡有一硐可避，中有金银食物，取之不绝，此天设以活我夷众。汉当灭，夷当兴也。旋引谷老四至硐口，以竹竿睆视，果如其言。遂轰传远近，数日间夷民相聚数百，谷老四父子自号金主、银主。适丁洪贵因章天锡余波，被瑞鸿屡派兵差访拏，逃匿无所，适闻鱼硐坡事，遂邀同被牵连之吴管事窜入其中，占据水头山，藉报复为名，抢掠山前后村寨，其时人仅数十也。姜鸿瑞以反叛闻，飞书大理，电省告急。参将梁士伟遣鱼乍江汛外委张镇元率兵至牛窝子防堵，日见夷民络绎往来，遂领兵截杀其运米者三人。夷人率众攻围，镇元遇害，同时死者军功秦书泰等十余人。报闻，郡城戒严，合永震动，各村筑堡自卫。参将梁士伟领兵出扎阿比里，鹤丽镇亦遣镇北营哨官彭永寿助防。云南提督蔡标遣建威右营会带参将马秉云驰赴鱼硐坡防堵，又派大理城守营都司李桂芳赴永，访查所报军情虚实。李桂芳由苗力一带绕至水头山等处，绘阿比里暨老东山各地舆图以归，蔡标指陈大略，告省垣大府，电请就近调军进剿。十二月，贼攻破羸（荣）将村，旋攻旧衙坪，左军千总马万兴力战却之，遂移据皮喇山；逾日，复陷苗力街。瑞鸿檄北胜州土州牧高履坤前往招抚，至皮喇山被贼围攻遇害，军功高可及土目李如兰等十余人同时死之。旧衙坪经历萧仰德首先通禀，瑞鸿惧，复飞禀各大宪请兵，又发土勇百余人，饬勇目崔玉祥前往防堵。提督蔡标加派建成左营会带总兵马柱、副将李福兴领兵驰剿，鹤丽镇总兵岑有富随统兵临南路。总督王文韶、巡抚谭钧培奏委存记道翁寿钱为营务处督办军务，带绥靖营管带参将刘锐恒、苏抡元并随员广西直隶州知州刘云章、建水县知县林济勋领兵，由武定、大姚至旧衙坪剿抚。复奏派迤西道张廷燎到永查办酿祸原由。又札后补道翁寿钱到永剿抚。

二十年春二月，官兵擒获丁洪贵、吴管事，就地正法。夷匪溃散，归顺者半，其半走入高土司地下七甲、羊士厂等处，抗据不服。提督蔡标飞檄马柱、李福兴，由期纳、清驿（清水）首先入山攻剿，继又加派建威右营会带总兵黄河洲、参将马秉云由期纳、六德分路上山助剿。本郡留滇补用副将李自新亦带土勇同往。逾月，翁道始派刘锐恒等由维沙进兵入山。五月中，擒获首要王阿路子谷千长，就地正法，乱始平。六月班师，翁寿钱回省，留黄河洲在永弹压。奏入，奉朱批：永北直隶同知姜瑞鸿、参将梁士伟不能先事预防，使妖人聚众数百，几致酿成巨祸，应宜参革。姑念尚能协同大军扑灭，功过相抵，著无庸议。其余在事人员，自两道以至武绅，随摺叙功获奖，保十余人。土知州高履坤阵亡，赏加道衔，给予云骑尉世职。后姜瑞鸿以贪婪无厌，激变边民，贻害地方，被劾革职。

卷3《武备志·戎事》

五十七、[清·宣统] 李根源撰著，[民国] 李根沄录：《滇西兵要界务图注》[①]

宣统二年冬，英人犯我片马，伯兄印泉先生奉云贵总督李公命往勘其地，乔装傈僳，身历穷荒，得茶山、浪宋、怒、俅各地属我行省之左证甚具，著有略图，附注百二十有六幅，图目一卷。根沄为摘抄图之批注，编成

① 载李根源辑《曲石丛书》，苏州曲石精庐1931年。另民国《永昌府文征》纪载卷26《清十五》有载，格式稍有不同。

三卷，名曰《滇西兵要界务图注抄》云。民国十九年十月，李根沄谨识。

卷一

乙十二号 茨竹地、火草地 ……

又自把仰沿滚马河东岸南上，辛地［此地对于把仰方面可作防御阵地］、茨竹地［距他戛约百里，距茨竹哑口约七十里。两寨共四十户，均茶山人，左抚夷管辖，能驻军队二百人，饮水便，给养难。门户钱被英人逼收。左大雄住宅旧址在寨之北端，其寨之对面茨竹河西岸高地，左氏建碉二座，遗址尚存。英人曾到此宿营两夜。……］、小石山［……小江流域，气候温和，冬不极冷，夏不酷热。下通茨竹丫口。小江之茶山人，傈僳种也，妇女服饰颇有欧美遗风，未进化耳。两耳穿洞，缀大若手镯之环，环质有银有铜。蓄发长三四寸，上衣长及腹，袖长及肩，下体着裙甚长，在家时有及地者。无裤跣足，行路态度绝似欧女。官寨、上楼、派赖等地多白皙而美艳者。此次英之带兵官，对此数寨女子颇遗丑声，谁谓文明国人无奸淫之事耶？据余所闻，较野蛮人尤甚。男子特穿左耳，缀径寸许之竹筒。无论男女，均佩长刀一柄，寝息不卸。衣服与汉制之短衫同，多用麻。最畏汉人，汉兵差役尤甚。汉人至此无投宿处，赠以盐、线、糖、针等物，彼即煮酒杀鸡相款，以暖糯笋味最美。其食品以牛为贵，遇婚丧、祭祀或酬神、报赛，必杀牛，牛头悬之大门或中庭.愈多愈荣。人死火葬。男女以歌跳恋爱而成婚媾，父母不能为主。吹芦笙、打铜鼓为乐。信鬼，以鸡骨问卜。房屋制式与内地土人不同，人尽楼居，牲畜宿其下。语言声音极轻细。无文字，用木刻记事。男子多通汉语，且讲汉礼者。漆齿文身。嗜芦子、撒赉、草烟，一日不离口。性情犷悍，臂力强劲，多以猎鸟兽为业，药弩鸟铳，百发百中。倘临之以组织，化之以仁政，施之以教育，以之捍卫边疆，未始非国之武士道也。《滇志》载：“茶山、里麻栗粟，名曰野蛮，居无屋庐，夜宿于树巅。赤发黄睛。以树皮、毛巾为衣，掩其脐下。手戴圈，插鸡毛，缠红藤，执钩刀大刃。采捕禽兽，茹毛饮血，食蛇鼠。性至凶悍，登高涉险如飞，逢人即杀。在茶山、里麻之外，去腾越千余里。无约束，二长官为所戕贼，避之滇滩关内。”言之何其凶怪如是耶？并附录于此。］

乙十三号 定蛮关上接茨竹地、火草地。分三路：东为大竹坝路，中为茨竹哑口路，西为甘稗地路。

东路 ……大竹坝……二户，一为傈僳，一为沙板商人吴姓之转运店，屋宇宽大，可宿百人。……小干河在大竹坝河西岸，二户，傈僳。……下分两路：

一、渡过空树桥木桥……空树河寨在大竹坝河东岸，二户，汉人，尚殷实，蓄牛羊甚多，房舍可容二百人住宿。沙腊树七户，傈僳。大水沟二户，傈僳。下河克二户，傈僳。大岔河二户，傈僳，西北方射界广阔，展望自如，可作阵地。下通大尖山至大塘。

二、沿空树河桥西岸南下石板塘在明光河西岸，三户，傈僳。……

乙十六号　卯照秤戞此幅系由鲁掌北上至卯照秤戞，以下历怒夷地，逾高黎贡山入俅夷地，至恩梅开江仰高山，图凡二十一幅。

自鲁掌、干吗整沿潞江西岸向西北上，过听命河……双米哩在半山上，西去听命桥十五里，七八户，傈僳。自鲁掌至此，山势倾斜急峻，自四十度乃至七十度，道路窄狭，只容单人步队行进。悲督三户，傈僳，距双米哩西三里。天寨八户，傈僳，在悲督西二里。鲁吗五户，傈僳。在天寨西二里。自别挖几在半山东，有南哈罗河，距双米哩十二里，五户，傈僳。里五拔十户，傈僳。卯照土司署距双米哩二十五里，距登埂百二十五里，距鲁掌七十里。土司段姓，其祖段联甲，乾隆十二年从征秤戞有功，授卯照世袭土把总，管地东至老窝，南联鲁掌、登埂，西至雪山顶外傈僳野人地。北至秤戞老窝地，居民二十七户，傈僳。全司属民六百十余户。两边山势雄大，较鲁掌尤高二百五十余米突。物产有苞谷、棉花、芦子、油漆等，山货则有鹿茸、麝香、豹皮，不产米菽。山泉最佳，气候高寒，无烟瘴，可驻兵二百名。西南有路可通七里密、少枯里。凹迫挖的五户，傈僳，在卯照西半里。……斯培乃多距卯照二十五里，八户，傈僳。阿米挖的七户，傈僳。基顶五户，傈僳，西距阿米挖的二里。下至潞江边，过巴朱底河有桥，河水在此入潞江。拉马里渡距巴朱底河五里，距卯照五十里，由此溜绳渡过潞江，东岸可通兰州土司，直至营盘街等处。由巴朱底河至此，道路颇平。自此分为二路：一、过江，东岸行，一、不过江，西行登山。秤戞在潞江西岸山半，老窝土司管，东距拉马里渡十里，古为傈僳最强盛之地。乾隆之初，有弄更扒者，凶悍异常，上至丽江、永北，下至古永、盏西，千余里间之傈僳皆奉之为首领，号称傈僳皇帝，凡今傈僳言之，其余威犹有存者。考阮《志》：乾隆十二年，云龙州属秤戞夷人弄更扒，系土巡捕段连第属下熟傈僳，（按：云龙江外傈僳，一名力些，一名赤发野人，有生熟二种，熟者耕地，生者抢劫为生。）劫掠潞江、芒市等土司地方。又，腾越边外官寨夷人早可，劫掠段连第所管片马、鱼洞二寨，经官兵剿平，议定以江东之孙足、栗柴坝、蒙古，江西之鲁掌、把卡、胧腮、登弄、听命、登埂、坝竹、蛮蚌、松坡、排楼、卯照、阿勒、挖底、排巴、坝竹、河巴、中罗各寨归保山县管辖；官寨、上楼、痴戞、把仰、大塘、明光、派赖、茨竹、习降、古勇、滇滩各寨，归腾越州管辖；将永顺镇江内之猛赖汛移居旧乃，其十五喧新关原设之兵，亦归旧乃与保山之康浪渡，腾越之马面关犄角声援。昔有二百余户，今存二十余户。其地低于卯照二百余米突，中有耕种地二里余，每年产谷可供五六百人之食，惟水量少，故多种棉花、苞谷，杂粮等类。气候冬春平和，秋夏有瘴。自拉马里渡至此，道路崎岖。西北有歧路可通排扒以至七里密。根源躬亲至此，以上则派王秉钧、潘万成、景绍武三生往勘。里依岩河四户，傈僳，下通少枯里。

潞江西岸歧路：自卯照东下，至照卡近潞江边，烟瘴仍烈，距卯照二十五里，有土司守卡者数人，无住户。自卯照至此，皆下坡路，道路狭隘，可容步兵一列纵队通过。过大戞河　江岩距卯照卡七八里，巨石壁立，耸峭玲珑，高十余丈，无路可通，傈僳用横木数根，以藤絙拴于岩头树上，涉险通过。

自潞江东岸碧罗山西麓北上，过爷柯罗河 大奎在山上，五户，傈僳。箕嘴六户，傈僳。你多在山半，四户，傈僳。距爷柯罗河约三十里。过阿锡底河河水在此入潞江。大粗鲁在高山上，三户，傈僳。过怒拉河河水在此入潞江，江之西岸即江岩。阿尼铺在高山上，十户，傈僳，距你多约三四十里。狗顿罗五户，傈僳。近潞江边。距拉马里渡二里，距阿尼罗十里。坪子寨傈僳，近江边，距狗顿罗一里，过江至秤戛十一里。抱璞子都八户，傈僳。在坪予寨之西高山上。距拉马里渡约五里。

乙十七号 少枯里上接秤戛、卯照。分三路：西样作洛路，中艳丽卡路，东潞江东岸洛马奶路。

一、西路 样作洛路：自秤戛西北上山，此路所有野寨均在高黎贡山。培把十户，傈僳。在山半，距秤戛五里。七里密十余户，傈僳。西距培把二十里，在高黎贡山最高处。西南歧路通板厂山、茶山、片马，西北歧路可通审鬼、布等、妥郎。四迫多低三户，傈僳。赤奈奶三户，傈僳。姆基登十余户，傈僳。东距七里密十五里。得来海子在最高山，二户，傈僳。日古错 沙米里六户，傈僳。距姆基登十五里。样作洛八户，傈僳。距沙米里三里。崖作洛二户，傈僳。米勿三户，傈僳。在高山，距样作洛十里。泥几一户，傈僳。陀里二户，傈僳，在高山。少枯里距阿盖是罗河十五里，距样作洛二十五里，十户，傈僳。有一大丛头家，颇殷实。全寨饮水，由山下汲运，颇困难。耕种地尽在江边山上，多苞谷、棉花等，其地势比秤戛高百余米突，路东有打握的河。下通瓦培。

二、中路 艳丽卡路：自秤戛北上，多沿潞江西岸行……那本妾一户，傈僳。夜化三户，傈僳。……是赤的上山西行，寨在山上，距艳丽河十五里。八户，傈僳，贫，寨无谷米可食，亦无油盐，仅食苞谷杂粮而已。此去西北傈僳，大都如此。……

三、东路 潞江东岸洛马奶路：沿碧罗山东野寨，多居山半。潞江东岸北上四皮奢三户，傈僳。容孟堵三户，傈僳。衣拉及的三户，傈僳。约衣五户，傈僳。奔堵底二户，傈僳。此间潞江两岸稍阔，可种稻百余亩。洛马奶 勒美哈都五户，傈僳。勒的卡二户，傈僳。勒的一户，傈僳。若耶四户，傈僳。双米的四户，傈僳。龙潭在潞江东岸，距阿尼大的卡渡十里，龙潭长五十余米突，宽四十余米，水色澄绿清澈见底，每年三月至九月时，出瘴气，在此受瘴，重者必死，轻者患疟，其水行人万不可饮。月前，潭中有巨蛇两条，为傈僳用弩射死。江西岸有田数十亩，可耕。下通瓦培。

乙十八号 瓦培上接少枯里。分二路：西秋卡培路，东潞江东岸哀夺的路。

一、西路 秋卡培路：山行，沿高黎贡山自少枯里北上……桃坞里距弩子洛河二里，傈僳，二十余户。自少枯里至此，道路颇平，惟狭窄异常。智拔距桃坞里五里，七八户，傈僳，房屋用木板，高搭丈余，修室舍于上，如楼房然，底屋中设有火坑，炊饭即在此处，凡傈僳人家大都如是。……夜口距智拔十五里，十余户，傈僳，少殷实，不知伦常，不剃发，不洗面，父母、子妇相集而卧，绝无隔别。自桃坞里至此，道路狭窄崎岖，单行步队亦难通过。……夜口哇里距夜口十里，十余户，傈僳，贫寒。路西有娃子多茂　黑石娃排　……马蒲乃里距秋培卡三里，六户，傈僳，少殷实，产棉花、漆树、漆油、苞谷等物。自秋培卡至此，道路尚平，然甚狭窄，可容一列步队通过，地势较少枯里高四百余米突。以上所见，皆傈僳、怒子，绝不见一汉人也。……

路之西北有黑山挖里　打着洛河此河距达卓里三里，宽二十余米突，藤桥，单人徒手过之亦属困难，水流涌猛，不能徒涉。板拉古渡此寨距打着洛河四里，六七户，傈僳，贫寒。瓦培距板拉古渡六皇，十余户，傈僳，在倾斜六十度之山腰上居住，甚贫苦。比马蒲乃里低百余米突，由此再向北行进，属兰州土司管辖，实与化外无异。

二、东路　潞江东岸哀夺的路：沿碧罗山西麓北上，纳可石二户，傈僳。哀夺的五户，傈僳。期米铺的八户，傈僳，近江边。石龙河可徒涉。阿夺洛五户，傈僳。吃吃的八户，傈僳。洛甫奶三户，傈僳。

乙十九号　蛇打着上接瓦培

一、西路　自瓦培北上在潞江西岸，自此沿潞江两岸而上，统称曰怒夷地。恶马里二十户，傈僳。四招里二十户，傈僳。距瓦培二十里，道路崎岖，行进困难。康主瓦培五户，傈僳。蛇打着六十余户，傈僳，皆苪姓。有一头人，名杂马日折，弟兄七人，子七人，极狡猾强悍，自称“大清国百姓”，归兰州土司管辖，惟兰州土司赏以银牌，又不受，谓：“受此花红，是投降土司也。”一带野夷甚蛮，常以抢掠为生，若剑川、丽江有兵来时，各持枪、弩匿于深箐中，官兵退去，又照常抢劫。打崩三户，傈僳。

二、东路　沿潞江东岸碧罗山北上　挖勒石四户，傈僳。卡本掇五二十余户，丁口百余，傈僳。洛干吃二十余户，傈僳，近潞江边。双买卡瓦基五户，丁口二十余，欧勒种。石米瓦基在半山顶，五户，怒子。拉比安三户，怒子。佤珀九户，丁口三十余，傈僳。白吃二十五户，丁口九十余，傈僳。兰州土司置，有头目名碟卜扒，前面部及周身刺有花文，有七子，因其人强霸，常与附近村寨斗殴，已被杀死四子，只存三子，凶暴气犹未销减。马跨的三户，傈僳。过牙壳河河在此入江，此处潞江极窄。牙壳四户，傈僳。……拉打阁十三户，傈僳，有头人名化文扒，尚知王化，略识汉语。……

乙二十号　鸡鸣大耶

自蛇打着沿潞江西岸高黎贡山东麓北上　拿笔鲁近江边，十余户，傈僳。凳喇近江边，二户，傈僳。鸡鸣大耶住地稍平，二百六十余户，傈僳。咸丰元年，夷民有少爷凹者出首，聚诸山野众，掳掠兰州、老窝、六库、登埂、鲁掌、卯照等地，经官兵进讨，历时一年不能平，调明光左大雄率兵来，始征服之。……纳币卢近潞江边，五户，傈僳。路西二里有驮驮，二户，傈僳。期子簸三户，傈僳。约得十户，傈僳。……

乙二十一号　拉拇上接鸡鸣大耶

自鸡鸣大耶沿潞江西岸高黎贡山东麓北上……仲竉近江边，二十余户，傈僳，较殷实，放有头目。此地盐井质佳且旺，前经该地夷民煎熬，后因病疫，以为煎盐触鬼之怒，将井封闭。嗣丽江商人来集资开煎，该地夷民不许，且不时抢杀，故仍封闭。光绪三十一年腊月，有英国测量生羊一嬉者，沿途测量至此，为大雪所阻，趸由浪傈回缅，所带铁丝行军床尚寄存于此。……腊甲里二十余户，傈僳，放有头目。料绳近江边，三户，傈僳。……

东路　沿潞江东岸碧罗山西麓北上，那米的二十户，傈僳，相貌恶怪，性质野蛮，生食蛇鼠。块乃的三十余户，欧勒种，新放头目名呵约呆扒。卜拉距鸡鸣大耶约六十里。三十余户，傈僳。戈壳四十余户，傈僳，新放头目名银朱子，兼管卜拉、恶拉、未拉、的呵、卡的各寨，夷民亦颇悦服。西渡潞江与腊甲里接通。仍由潞江东岸再北上，革甲得五户，傈僳。义拉十三户，傈僳。竭里抵七户，傈僳。……

乙二十三号　嘉钗上接落木登

落木登沿潞江东岸北上，鸦角十余户，欧勒种，新放头目名麦哈土扒，少通汉语，秉性正直，管理加倩、拉呵、铺板、蛾课、讼界、五库等寨，寨人均乐从。过鸦角渡可至瓦瓦寨。五库八户，傈僳。嘉钗距落木登约百里，距瓦瓦寨约三十五里。五户，傈僳。上通鹅错。

……

乙三十四号　审鬼上接占博

自占博、步果沿恩梅开江东岸南下……审鬼十户，俅人。距占博七十里，道路崎巇，地占险要。西南有沧抹河，在此西北流，入恩梅开江。由此，恩梅开江向西南流。俅夷、浪傈以此沧沫河为分界。该寨高地，对于浪傈央高寨方面，适于阵地之用。又东端歧路通片马、七里密，南端歧路通浪傈江心坡。至密支那，又可通他戛、片马，北端歧路可通怒夷及丽、维等处。两江为天然障碍，而交通又便利，若驻兵于此，诚俅地之重镇焉。……渡宠安河藤桥，名王渡，不可徒涉。河水在此入沧抹河。宠安寨在沧抹河东岸，距审鬼四十里。三十户。地极险要，有歧路过沧抹河。宠安河南有灭撒寨，寨人云：去年二月，有洋兵二三十人来此，住三日即去。下通仰高山。莪窝在沧抹河东岸。三户，傈僳。下通石虎山。

自车敢、踵摸沿恩梅开江西岸南下，展育十户，浪傈，与腊康隔江相望。傈僳阿追云："占博、审鬼各寨，本汉官柴家管地。"其为滇滩隘柴抚夷所辖耶？待考。常母三户，浪傈，与审鬼隔江相望。那总特五户，浪傈。

恩梅开江、沧抹河之间，有莪冲河其河自南而北流入恩梅开江，河水甚大。

恩、我两水中间，有有安寨在莪冲河西岸，与芒居、沧抹寨对河相望。五户，浪僳。其山为德果山，甚雄大。

沧抹河、莪冲河之间，有安所在沧抹河西岸。六户，浪僳。与沧抹河隔河相望。沧抹寨在沧抹河西岸。五户，浪僳。央高寨三户，浪僳。芒居在莪冲河东岸。六户，浪僳。与有安寨隔江相望。土人云："向东南翻山去，约数十里，有志觉、志射、那才等浪僳寨。"下通仰高山。

乙三十五号　恩梅开江上接审鬼

恩梅开江大势：江西为百甲山，江东为德果山，德果之东为莪冲河，河之东为仰高山，山心有花寨三户，傈僳。此段道路尽走山巅，两侧均混合老林，至山顶时，寒度如深冬。……

乙三十六号　仰高山上接恩梅开江

仰高山大势：仰高山之西南为莪冲河河水自西南流向东北。莪冲河之东为仰高山，雄杰嵯峨，人烟几无，独有一野寨，名仰高山寨。一户，浪僳。在沧抹河东岸，寨北有藤桥，可渡沧抹河。仰高之东为沧沫河，河水自西南流向东北。自妥郎上至宠等，下至仰高山，气候稍热，渐有瘴毒，猛兽颇多，豹熊之类，途间见不一见。俅人较潞江两岸之怒子、傈僳性稍纯良，从不见汉人，见之亦不以为怪，反多亲爱。将来抚之得法，不难治理。又俗传其人长有尾，余等仅见数人，非人人皆有。其尾长一二寸，无毛，甚细，亦生理上之奇事。特记之于此。又《腾州志》载：今腊撒后山野人有生尾者。未知近如何耳？

……

万成等自秤戛与总办师分手，受命侦察俅江流域，横通恩梅开江，下至小江入口，再渡恩梅开江而西，出温冬、整冬我旧里麻司地，赴密支那，从八募回腾越。限期八十日，今历时五十余日，为三月二十八日也。秉钧病不能兴，绍武腰际生一疮，通译傈僳毛阿扒亦病，小牛凹则左足为竹签刺穿，脓肿不能行。同行五人已病其四，只达任务之半，无力竟此全功，负罪深矣。仍取旧道，扶病归至落木登。

……

根源尝谓：腾中夷人，别之为两大种，曰：临水好洁，信佛不嗜杀，性良有文字、耕水田者，僰夷种也；山居不洁，信鬼嗜杀，性恶，刀耕火种，无文字，用木刻记事者，傈僳种也。又曰：凡居潞、龙、槟榔、大盈、大金沙各江下游平衍之地者，僰夷种也；凡居碧罗、高黎贡诸山及各土司之穹山深谷者，傈僳种也。其间僰夷虽有大、小之别，猛卯以下木邦等地，属大僰夷种，言语亦有同、不同之点，实皆僰夷种也。而野人、浪僳、怒子、俅人，虽其名称不同，实皆傈僳种也。野人、浪僳、傈僳，史志不见其名。从行诸生曰："傈僳诸种人言语，多有不可通之处。”余曰：“有一部分可通乎？”曰：“可通。”余曰：“广东之广州话与客话，客话之与琼州话，琼州话之与广州话，皆不能全部可通，而有一部分可通，不能不谓之为广东人；且其风俗习惯、嗜好、性情不同者十之二三，同者十之七八。余故曰：野人、浪傈、怒、俅，皆与傈僳同种者也。”记之以备世之研求人种学者考焉。

喀喇、崩龙、阿昌之语言、习惯、性质，与傈僳纯乎不同，当为例外。

古宗、倮罗、苗子则为滇、川、黔边之极大种族，腾边所无，不纪及。

伯总督麟《种人图说》考究不精，分种亦揉杂重出，只能作美术上之图画观。

卷2《乙线》

五十八、[清]《盐源县志》

傈僌，即栗粟，居于雅砻江之峻岭，为爨蛮之种族，刀耕火种，迁徙不常……

[清]《盐源县志·种人》①

五十九、《清实录》

乾隆十三年三月……庚寅　云南总督张允随，云南巡抚图尔炳阿、提督潘绍周等奏：“滇省云龙、腾越两州境外，傈僳野夷肆行不法。贼首弄更扒住秤戛寨，与排把、幸党等寨野贼密老五、欧傈僳等纠结为匪。兵练往拿，被伏努射伤。经土巡捕等将弄更扒诱离伊寨擒缚，舁至波定，贼竟于两旁岩上施放擂石，抬夫被伤奔避，弄更扒亦即跌毙。而党恶众多，未便养痈贻患。又该州境外凶夷早可系阿倡种类，我朝平滇，各土酋皆纳土输诚，惟该逆酋恃系野夷，自弁化外，于乾隆十一年，竟敢攻围渔洞、片马等寨，杀掳多人。贼巢距秤戛等处六站，若不一并清理，日后另费筹画。臣等酌调出征防堵官兵共五百七十四员名，及兰州、浪沧江、鲁掌、六库、漕涧、登弄、大塘、明光等处土目、土练共千三百三十九名，委署腾越协副将谢光宗为总统，楚姚镇标中军游击岳从美为之副，于十月间进抵幸党贼巢。先遣土目招降，讵贼抗违如故。督令攻寨密老五、欧傈僳并其子欧福等畏威就擒。进围秤戛寨，该寨夷贼恃险施放滚木、擂石、标弩，打伤兵练。我兵奋勇直入，擒获多名。余贼奔后山固守，复追入擒杀。江外散处傈僳四十余寨，男、妇

① 转录自西南民族学院图书馆：《云南傈僳族及贡山福贡社会调查报告》第4页，1986年。

二千余名，闻风畏惧，各檄械归化。所有秤戛、猛哦、幸党等处不法野贼，业已擒斩，遂移兵办理早可。因其地广势众，恐闻信豫防，于初低蛮冈喧之日，即借擒剿弄更扒余党为名，檄调早可带练赴营听遣。乃早可只遣子侄早姜、早登等带领土人二十五名前来投见窥探，暗结浪速、蒲蛮等处野夷为党翼。又经檄示祸福，终负固不出。因即将早姜等羁禁，调兵征进。先遣土目刘尔立往浪速、蒲蛮地方，晓谕解散，俱各听从。我兵分作三路，一由片马渔洞，一由大塘、明光，一进驻马面关。于十一月二十六目直抵贼巢，斩早可，并生擒贼属。又潞江安抚司属之赛林、老泉二寨野贼老乌睹、业欺、各一扒等纠众抗拒，即派兵往剿。于界头地方斩四贼，并擒贼属。官兵、土练，俱经凯旋。查滇省南接交、挝，西通缅、莽，虽俱系外域，而夷民均受该管夷目约束。惟云龙、腾越二州境外，沿边千余里野夷，种类繁多，无所隶属，内傈僳、阿倡二种，最为凶悍，前代特置三宣、六慰土司。近因土司微弱不振，以致弄更扒、早可等滋事。今赖天威，师不淹时，凶渠授首，边境肃清。此次在事官弁，及染瘴病故之游击岳从美等，可否仰邀议叙、赏恤?”得旨：“此次擒剿野贼在事官弁，俱照例议叙。游击岳从美等，亦著分别赏恤。”

《清高宗实录》卷310

乾隆十三年七月……辛卯　又谕：“据总督张允随奏称：‘上年秤戛贼首弄更扒等纠众抢夺保山县属村寨，旋将逆犯擒斩。乃有祝老四及伙党枝花扒、黑得窝等，因鲁掌土目茶尚庆随征多所斩获，遂纠合二别罗贼首，焚烧茶尚庆家口，抢掠新寨、练地一带夷寨。经臣檄调兵练，连破秤戛、阿勒挖底、喇白乌别、核桃登、二别罗等逆寨，止有祝老四、枝花扒二犯窜伏响习箐内，现今分头剿捕。札商提臣潘绍周，酌度形势，量留兵弁，驻适中之地，实力搜拿。其余分布各路官兵，陆续撤回。’等语。此等徼外野蛮，仇杀劫掠，自其性然，官兵随时捍御，亦易于扑灭，而衅端一开，势不容已，往往遂成大役。如蜀之瞻对、大金川，皆前鉴也。向闻汛防兵卒，遇野蛮愚弱易欺，恣意凌虐，逼以人理，之所不堪，汉奸从而勾结教诱，遂致啸聚荒箐。汛兵利其掳获，张大其词；营弁本无远识，加之喜事邀功，虚报捷音，以一作十。即如该督所奏弁兵无不奋勇，而所擒杀亦不过数人而已。略有劳迹，即可奏请叙功。且如所奏内，用兵仅一千五百余人，所向克捷；而至川省大金川之事，调集如许重兵，不以为崇山密箐，地险难攻，则以为暑雨雪寒，天时失利。以至经时历久，顿师不前。两者相较，何以难易悬殊若此？夫兵以制胜，若率意用之，未免为敌所轻。司土者，不可不知此意。毋轻信属员，存好大喜功之见，庶可宁谧封圉，永息烽烟。此案业已将竣，嗣后宜为慎重。且滇省从前剿戮，不为不严，该督所亲见。野蛮虽异类，亦有血气者，盍并生哉？可传谕该督知之。”寻奏：“滇省傈僳野夷侵扰潞江、芒市、遮放等土司地方，并抢夺保山县属村寨，又伏弩射伤弁兵，势难宽纵，是以奏请用兵。豫将路径险易、人户多寡探明；又饬沿边土目，晓谕附近夷寨，只擒首恶，并不滥及无辜，一举而秤戛、阿倡、赛林老泉等三处野贼悉除。迨撤师后，贼党祝老四等复肆仇杀，又经奏明，遣兵剿抚兼施。于是，怒江内外数十寨头人、夷目相率投诚，擒斩贼首祝老四以献。所以用兵无多，擒杀亦止数人，而不致旷日持久者。由于先散其党，逆贼虽欲负固苟延，而无与为守也。此等徼外野贼，既无兵卒欺凌，又无汉奸教诱，乃屡肆不法，杀掳公行，若不示以惩创，恐野贼以为兵威所不能加，边徼将无宁宇。臣不敢避难就易，借口息事宁人，以致养痈贻患。此后唯有恪遵圣谕，不敢轻信属员，稍存好大喜功之见。”得旨：“览奏俱悉。若遇不得已应行征剿者，不可因此旨而有所姑息也。”

《清高宗实录》卷318

（乾隆十三年闰七月）丁丑　谕军机大臣等：“总督张允随奏称：‘秤戛傈僳族余孽祝老四等勾结怒江内外野夷肆行不法一案，业将贼首祝老四、黑坎、黑夺扒、祝长脚等先后斩杀。凡怒江内外各寨夷目，皆震慑投诚，取具互保甘结，永无携贰，地方可期宁谧。该游击谢光宗深入险阻，尽心筹画。’等语。此案原因游击谢光宗将秤戛、蛮冈两处土练一概撤回，又将野夷所遗田土办理未妥，以致夷情疑畏，酿成后衅，虽擒杀贼首，不足赎其前愆。即所称斩杀之祝老四等，仅据夷目人等认明解验，夷目人等之言，何足为信？若稍加根究，其情节必不如此。今军务已竣，姑免深究。不得以深入险阻，尽心筹画，预为议叙之地。从来远徼夷情，反复无定，地方文武官弁，平日于其情性狡狠、地形险阻之处，皆未能深悉要领，并无制驭之方，而抚绥又不得其道。及小有衅端，动辄领兵进剿。弱者则为所擒灭，张大邀功，若遇敌寇强悍负固，势不能已，若非苟且了局，不得不征调大兵。而所称斩获贼魁，究亦并无确据。边地情形，大率类此。今现有大金川军务，此案姑准完结，不必置问。但封疆大臣，应具知此意，在在留心抚御，不得一任所属将弁，轻举妄动，率意邀功，以致酿成大役。况大金川军务未竣，滇黔野蛮种类繁夥，彼此消息传闻，倘有乘间窃发之处，未免又多一番筹画，尤不可不时时慎重。可传谕张允随，令其加意体察，镇静周密，宁固边疆。”

《清高宗实录》卷 321

嘉庆七年二月丙寅　谕军机大臣等：“据琅玕奏，维西厅属傈僳夷人纠众滋扰，亲往查办一折。维西地方，向来夷、民杂处。今恒乍绷胆敢执持器械，纠众生事，并声称欲烧抢古刹、康普二寨，方可甘心，似系挟有宿嫌，近于仇杀。但该匪夷等既敢抗拒官兵，四处焚劫，则是有意滋扰，非仅止与古刹、康普挟仇，已可概见，自应严加惩办。此等虽不过乌合夷匪，然业已聚至三、四千人，若仅空言晓谕，令其献出首逆，恐未必即行擒献，且亦不足示惩。应即加以兵威，使之震慑。现据该督奏称：提、镇等闻报后，业已带兵七八百名，前往堵剿；琅玕亦派拨藤牌兵二百名，即驰赴该处查办。但所带兵力，似尚不敷。倘贼多兵少，未能即时得手，转恐贼势渐张。琅玕当于附近营汛内，再行添调兵丁，督率将弁，奋力剿杀。俟该匪畏惧穷蹙，再谕令将首犯缚献，余党畏罪投诚，自更易于完结。惟在该督相机妥办，以速为要。琅玕到边后，著查明实在起衅缘由，并将近日杀贼得胜情形，迅即驰奏。将此谕令知之。”

《清仁宗实录》卷 94

嘉庆七年三月辛卯……又谕：“琅玕奏筹办傈匪情形并节次打仗各折，览奏俱悉。傈匪本徼外野夷，抢掠滋扰，不过乌合之众，无难速为办理。今据琅玕分饬文武员弁，在各要隘处所巡查防御，布置皆尚妥协。惟现因兵力不敷，业经飞调兵练到彼协剿。琅玕一俟兵练到齐，即当督率员弁，迅速进剿。或设法分抄后路，一鼓擒渠，务将恒乍绷、瓦怒、念谷诸首逆拿获办理；或该匪能将首逆等缚献投诚，亦可酌量完结。总在克期速办，使野夷知所畏惧，庶可永靖边隅。再：家傈僳及二教喇嘛本与傈匪接壤，素相往来。今恒乍绷等打鼓念经，乘机勾结，难保其不与附合。琅玕当多张告示，谕以：‘现在野傈僳滋事，尔等惟当各守寨落，安分守法，慎勿听信其言，为所淆惑。设有附和勾结之事，即日官兵痛剿，玉石俱焚，彼时悔之无及。’如此明白晓谕，庶不致为其煽诱，办理较易完结。但一切情形，总当据实直陈，不得蹈欺诳积习，致干咎戾。将此传谕知之。”

《清仁宗实录》卷 96

嘉庆七年四月壬寅 ……谕军机大臣等：“琅玕奏节次打仗并筹办后路各事宜一折。傈匪闻知官兵进剿，于各山隘多设檑木、滚石抵拒，并敢设计扑城，邀截粮路，以图分官兵之势，其情节甚为可恶。看来必须大加惩创，方能使其震慑。琅玕现在广为晓谕，散其勾结，并安设营卡，遏其旁窜之路，一俟兵练调齐，即督率镇将，相机攻剿，自可迅速蒇事。贼目中如恒乍绷、腊者布二逆，情罪重大，必应于擒获后凌迟处死。即或此时夷人已将该二逆缚献，而贼党内有主使之汉奸逆匪从中播弄者，仍应严拿重惩。总须趁此兵练齐集之时，实力剿办，使附近各山寨傈僳深知畏惧，不敢再滋事端，方能宁辑边隅，为一劳永逸之计，不可草率了事。琅玕于何日进兵？即将剿办情形，迅速驰奏，以慰廑注。滇省距京较远，一切军营奏报，惟当据实直陈，不可稍有粉饰为要。将此谕令知之。”

……丙辰 ……谕军机大臣等：“琅玕奏派兵各处搜剿傈匪，肃清后路伙党，以备进剿一折。此次琅玕探得维西附近剿散之贼，一半由山后潜赴康普，与恒乍绷、腊者布二逆助恶拒守；一半折回树苗、吉尾一路，乘空烧抢。当经饬令永明、宋鉫等带领兵勇，击杀多人。其山内藏匿之贼，亦经日逐搜捕，后路可渐肃清，所办尚好。惟恒乍绷、腊者布二人盘踞康普，恃险负隅，并勾结江内外傈僳，蔓延滋扰，情罪重大，必当上紧剿办。此时该二逆随从不过二千余人，琅玕一俟续调之兵齐集后，即当分路进攻，务将恒乍绷、腊者布二人擒戮，以快人心而靖边圉。至其余附和夷人及各寨中伏而未动者，据折内称：‘近因屡被官兵剿杀，已知恒乍绷从前不怕枪炮之言尽属虚诳，大半逃散，且有曾经顺贼之傈僳、么些各寨，潜出投营，情愿助力杀贼。’等语。琅玕正当趁此机会，设法解散，并广为晓谕以：‘恒乍绷、腊者布二人纠众肆扰，罪在不赦。尔等俱系边境夷民，自应各安生业，何苦听从该逆煽诱，自取灭亡？现在维西附从夷人，经官兵节次剿杀甚多，是恒乍绷不怕枪炮之言，虚诳已见。将来大兵进剿，指日殄除，尔等玉石不分，噬脐何及？不如急早悔悟，保全身家。如能助力杀贼，或擒献首逆，必当奏明重加恩赏。’似此剀切晓谕，不但现在从逆之人可以解散，并附近夷寨有伏而未动者，亦可自消反侧。至所称估宗夷人喃珠将家存米面、牛羊呈送军营谢劳，被贼匪抢去，并将喃珠捆缚，经官兵救出，赏给银牌，以示鼓励等语。夷人喃珠因官兵在彼驻防，心存感激，将食物谢劳兵丁，致被贼匪抢扰，其忱悃实属可嘉。琅玕仅赏给银牌，不足以示鼓励。喃珠著赏给金顶蓝翎。又：贼匪头目念谷带同家施、腊泥兴、黑苴三人前往拖顶夷寨，纠约入伙。经该处夷人假意顺从，款留酒饭，密报官兵，将念谷等拿获，殊属可嘉，亦应优加奖赏。著琅玕查明出力夷人一二名，赏给顶带蓝翎。总之，此等夷人见利易动，如能自行解散，或竟有杀贼立功者，该督即当一面奏闻，一面赏给翎顶，俾知踊跃。倘仍怙恶不悛，则当痛加剿杀，使之知所畏惧。如此恩威并济，庶可易于集事。至另片奏维西现办军务，请自石鼓站作为出口，即照出口之例办理一节。向来军需则例，口内、口外各有一定章程。若实系内地地方，仅以村寨稀少、山路崎岖、难于供运为词，即欲照出口之例办理。此端一开，外省偶有用兵之处，皆将援以为例。此时若交部议，部臣必照例指驳。况该省跬步皆山，又何以分别口内、口外乎？所奏不可行。琅玕惟当将傈僳夷匪赶紧剿竣，俟将来报销时据实声明，候朕揆度情形，再行核办可也。将此谕令知之。”

《清仁宗实录》卷 97

嘉庆七年五月……辛巳　琅玕奏报擒获首逆腊者布。得旨：“嘉奖，赏还花翎。”

……己丑　……琅玕奏报攻克康普贼寨，将北路傈匪剿净。得旨：“嘉奖，赏还一品顶带。”

《清仁宗实录》卷 98

嘉庆七年六月……癸卯　……琅玕奏报兜剿康普、叶枝夷匪，维西北路全境疏通。赏道员萨荣安、参将成文、游击永明花翎，都司善朋等蓝翎。

……甲子　……又谕：“琅玕奏驰抵剑川，分兵进剿吉尾、树苗贼匪各缘由一折。树苗一路余匪，尚在该处山内藏匿，经琅玕派令成文、永明等带兵搜剿，焚烧贼寨，沿途均有斩获，并将投顺夷民分别安插，自不难以次廓清。其吉尾贼匪，据称最为强横，且山路处处可通，虑其逃入沿江一带，再有勾结。琅玕现在驻扎剑川适中之地，督率将弁，上紧进攻，绝其后路，自应如此办理。此时傈匪叠经官兵紧剿，虽间有弃械来投之人，但夷性反复靡常，总须慑以兵威，使该夷等真心畏惧，乞命投诚，方可就事完结。至恒乍绷一犯，勾结各处夷匪，滋生事端，尤为凶顽可恶，必须严拿惩办，断不可任其漏网。该逆现既逃至江外，距琅玕驻兵处所不甚辽远，务当设法擒获；或晓谕夷众，将恒乍绷早行缚献，以净根株。再：折内称此次进兵，带同所集乡勇相机攻剿一节。该处陆续调派兵数，尽已足敷剿办，何必又藉乡勇之力，纷纷团集，转多烦扰？著琅玕察看情形，如现在军营，实无需该乡勇等在彼帮同出力，即速行撤回。将此传谕知之。”

《清仁宗实录》卷99

嘉庆七年七月……丁丑……又谕：“琅玕奏：树苗、通甸、小川各路官兵连获胜仗，现在合兵进剿吉尾。览奏俱悉。倮儸夷匪经此惩创，自必畏惧，惟恒乍绷一犯逃匿江外。伊系起事首逆，必当擒拿务获，勿令漏网。至折内称：‘秋深瘴退，如有仍须剿办之处，再行奏办。’该匪等现已逃出江外，若秋深后竟敢渡江滋扰，自应剿办；倘畏惧不出，即可不烦师旅。该夷人赋性凶顽，劫掠是其长技，遇有滋事之时，自当随案惩创。至既经慑伏之后，即兵力有余，亦断无将此种夷人诛戮务尽之理。穷兵黩武非善政，亦何忍残害无知之夷人邀功见好耶？琅玕当查明为首之杨金、罗小二实在下落，慑以兵威，勒令该夷人速将二犯缚献，即可完事。无庸过江搜剿，务欲邀功，至不可罢兵之时，转成蛇足矣。将此谕令知之。”

《清仁宗实录》卷100

嘉庆七年八月……壬寅云贵总督琅玕奏剿办倮匪出力员弁。赏游击富谦、六十四，同知恽燮花翎，都司王雄等蓝翎，知县孙暹等升擢有差。

《清仁宗实录》卷102

嘉庆七年九月……丙申……谕军机大臣等：“琅玕奏：‘江内倮匪俱经驯服，现在购觅顺夷，过江擒拿首逆。’览奏俱悉。此次杵卜可、吉利湾等处倮儸，既经悔过出投，十分畏惧，江内地方实已肃清。琅玕将各寨安抚，出示晓谕，所办尚是。恒乍绷潜逃江外，自不值重烦兵力。兹责令头人过江，设法擒拿。该处有提督乌大经、总兵张玉龙督办，琅玕自不必在彼驻扎。该督现往威远查办倮黑滋事一案，其首逆杨金等亦已窜至江外，须饬令镇、道严密购线，查拿首犯，加意防堵。琅玕即遵旨回省办事。将此谕令知之。”……免云南倮匪滋扰及兵差经过之维西、丽江、中甸、剑川、鹤庆、云龙、太和、赵、宾川，邓川、浪穹、云南、楚雄、镇南、大姚、南安、定远、姚州、保山、永平、蒙化、永北二十二厅、州、县本年额赋有差。

《清仁宗实录》卷103

嘉庆七年十一月……甲戌　……谕军机大臣等："本日乌大经奏江外野傈复行渡江滋扰一折。维西一带傈匪，前据琅玕奏称，经官兵屡次痛剿后，业已畏惧乞降，其首逆恒乍绷逃匿江外，亦不难设法弋擒；并留兵二千名，分派将弁，沿江防堵。自应布置周密，何至又有渡江滋扰之事？该匪等偷渡之处，系何江岸？何人汛地？著琅玕即查明参奏。傈匪系边外野夷，似此反复无常，愍不畏死，若不大加惩创，何所忌惮？著琅玕等即将前此奏撤各兵截回，迅速剿办，俾知畏慑。至此次渡江贼匪，自仍系恒乍绷往来勾结，正可乘其过江，设法搜擒。若将该首逆擒获，余匪望风奔溃，自不难迅就蒇事矣。"

《清仁宗实录》卷105

嘉庆七年十二月……戊申　……免云南傈匪滋扰之丽江府属本年矿厂、盐井、额课铜斤及税秋官庄租米。

《清仁宗实录》卷106

嘉庆八年四月……壬申　……谕军机大臣等："琅玕奏江外夷人围拿首逆，擒戮贼党各情形一折。据称：'陇戛一带夷人，携家乞投，共二百数十名口，愿将家口留营作质，男丁仍回江外截拿首逆。当经琅玕派拨夷勇带同前往兜围，连次毙贼数十人，擒获恒乍绷妻母及妻弟二名，并有老幼男妇百余人哀吁乞投，亦经量给口粮，全行放回。现据恒乍绷妻母供称，愿将二子留质，伊单身过江找寻伊女，密为商酌，设法办理等语。所办甚好。且据称：该逆携带多人，向不裹积粮食，惟仗各寨随时供应；今经琅玕密谕各寨，令于该逆就食时，乘机缚献。看来该逆势极穷蹙，自可即就俘擒，琅玕当迅速妥办。俟恒乍绷就擒后，即将该逆凌迟处死，在彼枭示，俾江内江外夷人共知儆惧，即可完案。其擒获该逆之夷人，自当从重奖赏，或奏请赏给顶带，以示鼓励。至恒乍绷之妻及妻母、妻弟等，本例应缘坐之犯。但既据该夷妇供称，本系江内傈僳，被恒乍绷硬将伊女夺占为妻，以致弃家失业。倘该夷妇母女果能将恒乍绷设法献出，或别经擒获后，讯明该逆妻室实系夺占，即当将夷妇及子女等一并释回，俾免株累。其江外夷人等，琅玕仍当出示晓谕，以：'尔等本系向化夷人，特因恒乍绷蛊惑滋事，为所愚弄。今官兵已将首逆擒获正法，其余概不株连。前此逃出乞投之百余人，均经量给口食，加恩释回。尔等嗣后，当各安生业，勉为善良，以承天朝恩泽。'如此明白开导，并一面加以抚恤，该夷众等自必心知感激，安分守法，则边陲可以永靖。”

《清仁宗实录》卷111

嘉庆八年四月……己丑　……谕军机大臣等：“琅玕奏官兵击毙偷渡贼党，并设法擒拿首逆各情形一折。览奏俱悉。恒乍绷在江外北路勾结多人，到处抢夺，自连次围拿之后，贼党均由山沟小路窜至江边，思欲扎筏偷渡。经官兵兜围击杀，余匪纷纷望南败窜，仍未将恒乍绷弋获。琅玕现饬顺夷、练勇等暂行撤回，故示疏慢，仍在各隘口密为堵截，以便乘机缉获，并遣人设法购线擒拿，只可如此办理。此时恒乍绷既经南窜，琅玕惟当饬令沿江营卡留心堵御，并饬丽江及卯照土司一带加意严防，以杜该犯窜入吉尾之路；一面仍令顺夷等设法购拿，或将该犯随身伙匪开导解散，则贼势既孤，自不难将首逆擒获，克期蒇功。将此传谕知之。”

《清仁宗实录》卷112

嘉庆八年五月……辛亥　谕军机大臣等：“据琅玕奏酌派官兵过江，得获胜仗，并各处顺夷拿送勾结贼目，及后路防范严密各情形一折。恒乍绷一犯，在江外逃窜日久，尚未弋获。琅玕既经酌派将弁，于各营抽拨壮练官兵，并带顺夷，分三路过江，看来势难中止，亦只可如此办理。恒乍绷煽惑滋事，全赖江内江外傈僳附合为奸。今官兵渡江之后，随有从贼各寨畏惧来投，不独江内顺夷不肯听从勾结，即江外夷人亦有帮同拿获伙匪之事。是该逆党与日见解散，业已力蹙势孤，无难一鼓集事。琅玕惟应谕派顺夷等，踹探贼踪，许以重赏官职，令其将首逆恒乍绷及早设法擒缚，严加惩创，俾夷众咸知震慑，彼时即可就案完结。总之，首逆既得，切勿再有株连。惟在琅玕妥速办理，以期早靖边隅为要。将此谕令知之。”

《清仁宗实录》卷113

嘉庆八年七月癸巳朔　……又谕：“琅玕奏侦探逆匪踪迹一折。恒乍绷一犯遁入怒地，刻下固不便带兵穷追。若遽行撤兵，则夷众益无所畏惧。即江外不宜久驻，亦应将兵练撤至江内驻扎，慑以声威，各顺夷自必帮同搜捕。仍一面设法传谕怒子等，如能将恒乍绷缚献，必当从重加赏。首逆一获，即可撤兵蒇事。琅玕当妥速办理，不可再有迟误。将此传谕知之。”

《清仁宗实录》卷116

嘉庆八年七月……甲寅　谕军机大臣等："琅玕奏连日将著名贼目尽数擒戮，并设法搜捕首逆一折，览奏俱悉。恒乍绷逃往怒地，怒子等不特不肯依附，并欲齐心协拿，先将恒乍绷之表妹擒献，可见其出于真心。琅玕即当劝谕怒子等，如能将恒乍绷设法擒缚，必当立加重赏，或给予顶带，俾共知鼓励，奋勉图功。至夷众等因恒乍绷编造邪说，有吃他符水能避枪炮之语，甘心从逆，迷而不悟。琅玕更当剀切晓谕，以破愚蒙。只须将恒乍绷一犯及助恶之别的扒克日就擒，即行正法，即可撤兵蒇事。再：游击六十四接护粮运，行至含子塼地方，突有贼匪前来焚抢。该游击即带兵追捕，猝被弩伤致毙，著咨部照阵亡例赐恤。其烧抢各贼，掠食滋扰，固当急为剿办，但不可过事株连。惟将戕害六十四之贼严拿务获，即可完案。其关外无关紧要各卡，未便久驻兵练。琅玕自应将原驻之兵撤换至江内地方，防堵缉拿，务期克日办竣，永靖边圉。将此传谕知之。"

《清仁宗实录》卷117

嘉庆八年八月戊寅　……谕军机大臣等："琅玕奏连日将贼栅攻克，跟踪搜拿首逆一折。傈匪滋事以来，剿办已及二载，首逆恒乍绷总未成擒。此次官兵虽将罗吗洛贼巢攻破，而恒乍绷与助恶之别的扒仍冒雨逃脱。琅玕办理此事，耽延时日，虚糜兵饷，实属无耻无能。现在恒乍绷因粮食俱尽，携带家口、余剩麦面二三斗，同身受枪伤之别的扒及剿剩残匪四五十人翻山逃走，自应趁其势极穷蹙之时，跟踪务获。该匪等既能于无路处攀越而行，我兵亦带有顺夷、怒子前引，独不能踹探路径，紧蹑逼追乎？计此旨到时，恒乍绷自已就擒诛。设该逆等或饿毙深山，或滚崖身死，亦必须获有尸身，呈验明确，方足为凭。总之，恒乍绷及别的扒二犯既得，即可出示安抚，撤兵蒇事。此时如有应撤卡兵，著即先行撤回。将此谕令知之。"

《清仁宗实录》卷119

嘉庆八年九月……乙巳　……谕军机大臣等："琅玕奏恒乍绷贼党搜获殆尽，首逆穷极南窜，现有顺夷截拿，留兵接应一折。恒乍绷穷蹙奔逃，此次又将恒乍绷助恶之女沙泥刷先并所生幼孩及别的扒之胞兄黑苏扒等十数名概行拿获。恒乍绷不敢逃往怒地，仅带同二三十人往南奔窜，已如釜底游魂，万分穷蹙。此时只将首犯恒乍绷拿获，其别的扒一犯想亦无可奔逃，即当撤兵了事。但必须实在歼擒，即或饿毙深山，或滚崖身死，亦须得有确据。现在差往诱擒之岩池既纠集五寨夷人齐心截拿，兼有夷勇四百名在交界防堵，琅玕此时惟当悬立重赏，俾该顺夷等踊跃跟寻，争先缚献，此案即可完结。试思首逆等一日不擒，则大兵一日不撤，其所糜粮饷，岂不更甚于此？又何如重赏之下，立时办竣，大兵早撤，其所省不较多乎？至此时南路正在搜拿之时，其紧要卡隘自应暂留兵勇防堵，其北路兵卡，即照琅玕所奏，先行陆续撤回，一俟首逆就擒后，即当全撤竣事。琅玕当遵照谕旨，迅速妥办，切勿稍有延缓，以致天气寒冷，大雪封山，贼踪又难寻觅，再稽时日。将此传谕知之。”

《清仁宗实录》卷 120

嘉庆八年十月……己巳。云贵总督琅玕奏生擒贼目别的扒并首逆恒乍绷家属出力人员，参将成文等升叙有差。

《清仁宗实录》卷 122

嘉庆八年十月……壬申……云贵总督琅玕奏报，生擒首逆恒乍绷。得旨："嘉奖，下部议叙。”赏道员丰绅、知州史绍登花翎，乡勇禾君相千总衔并蓝翎，余加衔议叙有差。

《清仁宗实录》卷 122

嘉庆八年十二月……乙亥。以云南夷疆戡定，于维西、丽江四路各设头人二名，给把总、外委顶带，约束夷众。从总督琅玕请也。以云南江内、江外肃清，赏知府存柱、游击国申、都司善朋、守备张国宝花翎，守备沈洲等蓝翎，余升叙有差。并赏兵丁一月钱粮。

《清仁宗实录》卷 124

嘉庆八年十二月……庚辰……免云南被贼滋扰之维西、丽江两厅县本年地丁税秋银米及丽江府官庄租米。并免集勇防堵之中甸、剑川、鹤庆、云龙四厅州及兵差粮运经由之大理、云南、永昌三府，及太和、赵、云南、浪穹、邓川、楚雄、镇南、姚州、大姚、广通、南安、定远、昆明、昆阳、富民、安宁、禄丰、易门、罗次、宜良、呈贡、晋宁、腾越、保山、新兴、河阳、江川、蒙化、永北二十九厅州县条公银有差。

《清仁宗实录》卷 124

道光元年二月……辛卯 又谕："庆保奏永北厅属夷匪聚众滋事，派兵堵缉，驰往督办一折。云南招喇阿、止得一带，力些、摆夷、倮罗聚集千余人之多，焚烧村寨，杀伤汉民，亟应查拿究办。庆保接据禀报后，知提督张凤、总兵高适已调派官兵前往堵缉，即兼程驰往督办。此事应先饬知沿边营汛，周密堵御，勿令该夷匪扰及内地，一面责成土司子文俊、高善自带土练，擒拿首犯，毋令蔓延。办理边外野夷，总须先将滋事渠魁及煽惑汉奸按名捕获，明正刑诛，其附和胁从者分别惩办，断不可纵令带兵将弁张大其事，贪功妄杀。滇南天气早热，若至瘴疠一生，诸多棘手。该督尤当督率镇将等迅速办理，是为至要。现已谕知蒋攸铦檄派官兵，于川省边界协同堵截，该夷匪等谅可不至远窜。至该处土目，既将地土典给汉民，被其盘剥，何以不行控理，辄即聚众滋事？而梅依老十，以四川夷人，何致因滇省夷产之事，从中煽惑？滇省夷人，何以即听其纠约，群相附和，肆行焚劫？其中或另有别情。庆保于到彼后．逐一根究明白，据实奏闻，不可稍存隐饰。将此由五百里谕令知之。"

又谕："据庆保奏：'云南永北厅属夷人，因与寄居夷地之汉民典地起衅。有四川会理夷人梅依老十即谷朝得从中煽惑，以致招喇阿、止得一带地方力些、摆夷、倮罗聚集千余人，将阿喇山旧衙坪并附近村寨焚烧，杀伤种山汉民甚多。已派兵驰往堵缉，并飞咨川省派兵协同堵截。'等语。永北地方与四川会理州接壤，逼近雷波，恐该夷匪被剿情急，窜入川境，潜相勾结。蒋攸铦计已将抵川省，接奉此旨，著即于途次札调川省得力将弁，酌带兵丁，迅速驰赴会理州一带，督同沿边营汛，悉力堵御。一有滇省夷匪窜入，即行协力擒捕，勿令扰及川境为要。将此由五百里谕知之。"

《清宣宗实录》卷13

道光元年二月……甲辰　谕军机大臣等："据庆保奏：'永北厅属夷匪，复遣人潜赴接壤之大姚县勾结，该督于回滇后，即驰往督办。'等语。永北厅边外野夷滋事，前尚在金沙江外，兹复遣人潜赴大姚县勾结拉古、鱼所两处力些，肆行抢杀，则已扰至金沙江内。该夷匪既已过江，与内地州、县境壤毗连。庆保驰抵该处，既会同张凤等相机剿办，其所调官兵已有三千七百余名，并有募集土练，足敷派拨。务择扼要之区，严密堵缉，不可任其奔突，致滋蔓延。一面探明首逆所在，鼓励兵练奋勇进剿，上紧扑灭，以靖边圉。至金沙江内，先派有官兵堵御，匪徒等何以竟能偷越过江，勾结滋扰？该督业已饬查，著将疏防员弁查明据实严参，勿稍徇纵。其雇募练勇及支给兵练银米，玉辂前已拨解银四万两交迤西道谢凝道动支筹办；如有不敷，再行奏明接济，毋误要需。将此由五百里谕令知之。”

《清宣宗实录》卷13

道光元年二月……庚戌谕军机大臣等：“德英阿奏滇省永北厅夷匪滋事，派拨官兵前往抚恤防堵缘由一折。云南永北厅属力些、傈夷、摆夷聚众滋事，前据庆保奏到后，已降旨令蒋攸铦派调将弁驰赴会理州一带，督同沿边营汛防堵。兹据德英阿奏盐源县、会理州地方有难民纷纷逃至境内，已饬调官弁一面抚恤难民，一面拨兵前往边境堵御。此时蒋攸铦计已旋省，著即会同督率，相机办理。会理、盐源在与永北接壤，难民既可逃避前来，即贼夷亦难保不越境滋扰。现在滇省兵势已集，该省兵练进剿之时，川省尤防范周密，不可使逆夷一名窜入，以便就地扑灭。其逃至川境难民，妥为安抚，勿令失所。至梅依老十一犯系川省夷人，在滇煽惑夷众，即将该家属一并查拿究办，毋任漏网。德英阿接奉谕旨，著在川省暂住，帮同督办，俟此事完竣后，再行起程来京陛见可也。将此由四百里谕令知之。”

《清宣宗实录》卷13

道光元年三月……乙卯　谕军机大臣等：“德英阿等奏滇省永北厅夷匪滋事，添兵协堵并抚恤难民一折。云南永北厅属野夷滋事地方与四川会理、盐源两处境壤毗连，德英阿等前已饬派镇、道酌带兵弁，前往堵御。现在蒋攸铦回省，复酌调官兵驰往防守。该省所派文武官员均各得力，已将金沙江打冲河渡船撤去，派兵于盐源边界梭织巡查；并谕令沿边民夷聚团筑寨，严密堵截。所办俱妥，览奏稍释廑念。第滇省兵练正当进剿之时，恐该匪等被剿情急四散奔逃，或杂匿难民之中阑入川境，尤当加意防范。德英阿昨已有旨谕令暂留川省，蒋攸铦等务督饬该镇、道将弁等实力防堵，一有夷逆窜入，即就地擒捕，勿任窜逸。其难民逃至者，当妥为抚恤安插。至官兵盐菜、口粮，并酌给难民银两，均准其动支给发。该督当督率撙节办理，事竣核实，报销可也。将此由五百里谕令期之。”

《清宣宗实录》卷14

道光元年三月……癸亥　……谕军机大臣等：庆保奏：驰抵大姚，与提臣札商分别剿办永北、大姚两处夷匪情形一摺。此案永北逆夷傅添贵等哄动愚夷，假托妖言，勾结滋事，现在已有七八千人，其偷渡过江在大姚焚劫滋扰者，亦有三四千人。虽其中多有裹胁乌合之众，然贼数已为不少，先因各处派调官兵未集，自不便轻率进剿。该督等续调官兵，合计先后已有八千余名，更加以土练四千，兵势亦不为不厚。该督当知会提督张凤，相度机宜，分路进剿。仍一面防护完善地方，安抚夷民，勿使再有裹胁。总须一鼓作气，痛加剿办，使贼匪震慑兵威，则胁从者自必闻风解散。首逆势孤，易于成擒。断不可迁延时日，致令滋蔓难图。至滇省每有军务，多得土练之力，朕所深知。该土司素来贫乏，自应给予盐菜口粮，俾各踊跃从事，惟当核实办理，毋任冒滥。其楚雄协副将清泰，于夷匪偷渡过江，不能先事防范，本应革职治罪，惟此时正在进剿，著先行摘去顶带，令其带兵剿贼，以观后效。又据另片奏，现已购获梅依老十并要犯沙季得，著即确切研讯。此次为首之犯，是否只系傅添贵及伊妻父陈添培，抑或更有同谋倡逆之犯？永北大姚两处共有首逆几名？附逆者实有若干人？究系因何起衅，敢作不靖？讯悉各供，即行附报具奏。将此由五百里谕令知之。

《清宣宗实录》卷14

（道光元年三月）乙丑　……又谕：朕闻云南提督张凤，恇怯巧诈。此次永北厅夷匪滋事，张凤并未遣兵攻捕，任其肆行烧抢，永北境内荼毒殆遍，而大姚夷人又闻风而起。现已将李锦麟补放云南提督，著庆保、史致光确切查明，该夷匪初起时情形若何？如系张凤迟延不办，以致滋蔓肆扰，贻误地方，即行据实严参，勿稍徇庇。又闻永北夷人，苦于土司之苛派、汉民之占耕，上年十月间即有蠢动之意，经土司免其派累而息。署同知张壸田不为清理，谓土司不能约束子弟，欲行详革，经土司央求得免；复向各夷寨需索银钱，以致正月初蜂起滋扰。并著庆保等确查，如张壸田实系办理不善，亦即严参究办。史致光此时计已距滇不远，接奉谕旨，著即迅速驰驿前往，会同查办。将此由五百里谕令知之。……

又谕：蒋攸铦奏委署各总兵印务一摺。滇省永北厅及大姚县匪徒滋事，与川省境壤毗连，堵御最关紧要。蒋攸铦因张志林患病，请将各总兵分别署理，已均照所请行矣。该督此时惟当督率该镇等严密防守边界，勿稍疏虞；俟军务完竣后，再令该提镇等陆续来京陛见。又另片所奏：张凤等贻误情形，实属不分畛域，可嘉之至。现已有旨将李锦麟补放云南提督，并饬查办矣。将此谕令知之。

《清宣宗实录》卷14

道光元年三月……丁卯　……谕军机大臣等：云南永北夷匪滋事，并偷越过江，扰及大姚。前命庆保督兵剿办，惟庆保向未经历戎行。呢玛善屡次出兵，于军务情形较为熟悉，著即由川取道，驰赴云南军营，帮同庆保统率官兵，办理剿捕事宜，以期迅速蒇功。其成都将军印务，著德英阿署理，俟军务完竣，呢玛善回任后，德英阿再行交卸来京可也。将此谕知呢玛善并谕德英阿知之。

……庚辰。谕军机大臣等：据庆保等奏永北、大姚两处剿捕情形并讯问梅依老十供词一摺。永北、大姚一带野夷滋事，业已两月有余。该逆等裹胁煽惑，日益增多，不但蔓延滋患，且恐扰及腹内完善之区。现在天气渐已炎热，永北地方虽无瘴疠，转瞬雨水盛行，山路险峻，军行诸多不便。该督等因前调官兵不敷分派，现已派调督标及临元等镇协官兵二千名，并饬调土练六百余名，雇募练勇九百余名，合之前此陆续调集官兵土练，已有一万数千人，兵势亦不为不厚。该督等固须慎重图功，亦不可怯懦畏葸迁延时日，使贼志益张。此时大股贼匪在阿喇山后之公母二寨、竹林坡一带屯聚，分股之贼在吉苴、芝麻庄等处游奕。该督等请先将芝麻庄一路肃清，再行攻剿公母二寨大股贼匪。滇南距京万里，该督等相机办理，朕亦不为遥制。庆保惟当督率将备，鼓励兵练，奋勇剿捕，务期一战成功，迅埽贼氛，勿致边地生民横被荼毒，是为至要。至守备郭荣先派令扎卡防堵，虽因贼匪猝至，众寡不敌，乃锅帐粮石全被抢劫，伤亡兵丁至五十余名之多，实属庸懦无能，著即革职，在军前枷号示众，俟蒇事后，再行定拟具奏。其官兵盐菜口粮及练勇粮台等一切军需，准其于前此调拨银七万两外，再续提银五万两，交局支用。饬知局员等撙节办理，勿稍浮滥，事竣核实报销。将此由五百里谕令知之。

《清宣宗实录》卷15

道光元年夏四月。……庚寅　……谕军机大臣等：前有旨令呢玛善驰赴滇省，帮同庆保办理军务。该将军接奉后，自早已兼程前往。永北、大姚夷匪滋事，为时已及三月，剿办尚无端绪。现在逆夷裹胁，众已逾万，办理不可再缓。庆保本未娴军旅，已令其来京陛见。兹特授呢玛善为钦差大臣，发去关防一颗。该将军祗领，即专办军务，以重事权。军营中自提督李锦麟、罗思举以下，悉听节制调派。呢玛善久历戎行，此次膺兹重寄，当督率师干，申明赏罚，鼓励将士，迅速蒇功。前据庆保先后奏调滇省官兵一万余名、土练五千余名，现又有旨令罗思举再调贵州兵五千名，兵力已不为不厚；并令蒋攸铦在川省筹拨饷银二三十万两，解滇备用。呢玛善惟当尽心督办，以副委任。再该将军会同蒋攸铦所奏，访闻同知张壼田办理夷田不公，并捏禀梅依老十为四川夷人，推诿卸过；提督张凤带兵畏葸不前，并会同镇道出示禁止汉民妄杀夷人，种种办理乖方。并著呢玛善确实访查，如果属实，先将张凤、张壼田革职拿问，再行据实具奏，朕必执法严惩，不可稍有徇饰。其金沙江、白水江一带渡口船只，应行撤去之处，该将军即檄行各地方官一体遵办，以慎巡防。将此由六百里谕令知之。

又谕：滇省永北、大姚夷匪滋事已逾三月，贼众逾万。前有旨令罗思举驰赴滇省军营，帮同剿办，本日已降旨令庆保来京。特授呢玛善为钦差大臣，督办军务。恐滇省兵力不敷，著罗思举于贵州通省官兵内酌派五千名，遴选副将以下曾经出兵打仗勇往者派出数员，令其分起带兵，速赴滇省。该提督到军营后，即随同呢玛善督兵进剿，务将夷匪一鼓扑灭，迅速蒇功。将此附本日六百里报便，谕令知之。

又谕：据蒋攸铦奏滇省夷匪滋事情形一摺，已降旨令庆保进京，特授呢玛善为总统专办军务，并饬罗思举添带黔兵赴滇进剿矣。该督惟当饬知边境文武官弁慎守疆圉，以防窜逸，不可稍有疏虞。再滇省库贮银两素少，该督所闻派往兵丁发给盐粮不足，或系经费支绌之故，此时若由他省拨往，恐缓不济急。惟川省道途较近，著蒋攸铦于本省银款，无论现征封贮，酌筹银二三十万两，派员迅速解往滇省，以应急需。该督一面奏闻，朕即降旨于四川邻省就近如数拨还归款。将此由六百里谕令知之。

又谕：云南永北夷匪滋事，扰及大姚，已及三月，官兵尚未进剿得手。已授呢玛善为钦差大臣，督办军务。庆保本系闽浙总督，于军旅素未谙习，著即来京陛见，再赴新任。史致光现已抵滇，伊系现任云贵总督，一切筹备军火粮饷及抚恤难民皆其专责，著即尽心经理，随宜筹办，以期迅速蒇功。至滇省藩库，向来储备无多，已有旨谕知蒋攸铦，令其于川省库贮先行筹拨解滇，以资接济。该督即董率藩司玉辂妥慎出纳，不可贻误要需，亦不可冒滥开支，事竣核实报销。将此附本日六百里报便，谕令知之。

《清宣宗实录》卷 16

（道光元年夏四月）癸巳　……谕军机大臣等：前因永北、大姚夷匪滋事，已阅三月，剿办尚无端绪，逆夷裹胁日众。特授呢玛善为钦差大臣，总办军务。兹据庆保奏：大姚一路夷匪，业经分路进剿，大获胜仗，将首逆陈添培并紧要贼目刁周等均已按名擒获，旬日之内，即可将贼巢搜洗净尽；其芝麻庄一路夷匪，亦经张凤督率将弁分投攻剿。生擒活贼多名，并将贼寨烧毁。此时惟有永北一路首逆瞎眼唐老大等屯聚公母二寨，负嵎抗拒。庆保等即日将大姚余匪剿尽，即会合兵练，齐赴永北进剿。呢玛善现已奏报起程，途次接奉此旨，无庸前往大姚，著取路径赴永北军营。彼时庆保如尚未将公母二寨大股贼众悉数歼除，该将军即会同庆保商筹办理，迅速蒇功；若到彼后，庆保等已将逆夷扑灭，亦尚有搜剿余匪、安抚难民各事宜，并前旨饬查之件，该将军即在彼驻扎查办。至呢玛善所奏指调贵州营精兵一节，滇省先后奏调官兵一万余名、土练五千余名，刻下均会集永北，以之攻剿公母寨贼匪，谅已足敷剿办。昨所调贵州兵五千名，现已降旨停止。呢玛善到彼，察看情形，如兵力实有不敷，无庸先行具奏，即就近知会罗思举，将贵西兵或调派千余名，或数百名，令罗思举管带前往协剿；如可不需，即无庸饬调，该将军酌筹妥办。统俟军务全竣，再奏明回成都本任可也。将此由六百里谕令知之。

又谕：庆保等奏剿捕大姚贼匪，即日蒇事，兵力齐赴永北会剿，并覆奏起衅缘由各折。前因大姚、永北两处贼匪滋扰，已及三月，尚未剿办得手，特授呢玛善为钦差大臣驰往督办。兹据该督奏报，大姚一路逆夷业已生擒贼首，旬日之间即可扫除净尽；惟有永北大股夷匪尚屯聚公母二寨负嵎抗拒，现亦屡获胜仗，官兵勇气倍增。该督请将大姚得胜之兵移赴永北会办，并自请前往督办。该督现已办理得手，著即鼓励将士，齐赴永北，扫穴擒渠，迅速蒇功。呢玛善已自川起程，即日到滇。如庆保已将公母寨全股逆夷剿尽，即会同该将军筹办一切善后事宜；若尚未办竣，亦即会同督办，俟该处军务全行告蒇，该督再行来京陛见。其前此饬令川省筹拨饷银，此时军务将竣，自可无须接济。现已降旨停止，该督仍知会史致光，于该省筹款备用，无误要需。至大姚、永北两路，前此共获匪犯一百余名，及此后续获之犯，应如何分别正法留质之处，史致光现已驰抵军营，该督即与会商办理可也。将此由六百里谕令知之。

又谕：前有旨，令罗思举于贵州通省官兵内酌拨五千名带赴滇省，随同呢玛善进剿。兹据庆保奏报，大姚贼匪业经剿除净尽，其芝麻庄盘踞之贼并已焚毁贼巢，此时仅有公母二寨逆夷负嵎抗拒，庆保已将大姚胜兵移赴永北会合进攻，兵力足敷剿办，所有前调贵州官兵五千名著即停止派往。罗思举计已行抵贵州，可酌带得力将弁速赴军营。现据呢玛善奏，贵西镇营精兵登山蹻捷，可期得力。已有旨谕知呢玛善，如兵力已敷，无庸饬调；若尚须调派，此项兵丁本系罗思举所辖，该提督即带领协同进剿可也。将此附本日六百里报便谕令知之。

谕四川总督蒋攸铦：据庆保奏，剿办大姚一路夷匪，业经大获胜仗，将首逆陈添培并紧要贼目按名擒获，旬日之内，即可将贼巢搜洗净尽；其芝麻庄一路夷匪，亦经张凤督率将弁分投攻剿，生擒贼匪多名，并将贼寨烧毁；此时惟永北一路首逆瞎眼唐老大等屯聚公母二寨，负嵎抗拒，庆保即日带领大姚得胜之兵齐赴永北，会合进剿。与该督等本日所奏探得大姚一路连得胜仗之语相符。永北逼近川境，恐公母寨贼匪被剿情急，四出奔逸。该督当饬知川省防边将弁严密堵截，毋令贼匪一名阑入，以便滇省就地扫荡，迅速蒇功。至滇省军务，计日可以竣事，军需支发无多，已令本省自行筹办；所有前次饬令川省筹拨饷银二三十万两之处，著即停止办理可也。将此由六百里谕令知之。

《清宣宗实录》卷16

道光元年四月……甲辰　……谕军机大臣等：庆保等奏剿洗大姚拉古贼巢，全境肃清，并会查张凤、张惪田大概情形各一摺。大姚贼匪会合于拉古窝巢负嵎坚守，经庆保督率官兵相机进剿，伤毙贼匪一百余名，生擒贼目陶显贵等六十余名，并派员分查村寨。大姚境内贼匪均已歼擒净尽，其迁徙流离之众，亦俱安集复业。现已酌留官兵一千名，分派将弁，搜捕余孽，扎卡巡防；其余官兵俱已凯撤回营，土练撤令回农，所办甚好。此时大姚既已肃清，永北一处贼匪，并经张凤连获胜仗，将首逆瞎眼唐老大擒获，亦不难克期竣事。著庆保等即驰赴永北军营，督同该提镇等，将余孽迅速扫除，以靖地方。其被难汉夷民人，除盘剥夷地之汉民不准赈恤外，其余汉民及不肯从逆之夷民，均著查明，一体赈恤。伤亡员弁兵练，均著查明造册咨部，照例赐恤。副将清泰，前因匪徒偷越过江失于防堵，摘去顶带，兹屡获胜仗兼获巨匪多名，著加恩赏还顶带。已革守备郭荣先，因兵力无多，致被贼匪抢劫，尚非畏葸，著免其科罪，仍释枷棍责，以示惩儆。在事文武各员，除镇道外，著庆保等择其尤为出力者，秉公保奏，俟奏到时再降恩旨。至审拟各犯罪名，除首逆陈添培等业已分别凌迟斩枭外，其被逼从贼并未抗拒官兵之卜焕留等八十一名，均著照所拟发遣新疆等处，分给兵丁为奴。永北未获之首犯傅添贵，著即查询窜匿何处，迅速擒捕，与已获之唐老大、陈秀等一并归案审明，按律办理。其永北夷匪焚抢先后日期，并土司发票免派、张惪田

徇纵不为清理各情节，该督等抵永后，务确切查明，秉公据实具奏，毋稍徇隐。将此由五百里谕令知之

《清宣宗实录》卷17

道光元年五月……辛亥　……谕军机大臣等：蒋攸铦奏川省边境安静情形一摺。滇省夷匪滋事，逼近川省，该督等饬委文武员弁防守隘口，俾川境沿边一带民夷得以照常耕作，所办俱属妥协。昨据庆保等奏，大姚一路业已肃清，永北一路拿获首逆唐老大，尚有余匪未净，庆保、史致光俱已前往督办。恐剿散逆夷四出逃窜，该督仍当饬知川省防边将弁加意巡防，不可稍有疏懈。将此谕令知之。

又谕：蒋攸铦奏：滇省大姚夷匪，业经攻剿，继以安抚，后患可以无虑。永北未经大加惩创，撤兵后难保不生反侧。汉民在夷地垦种，所在多有，其将熟地典卖，系土司土目所为，非汉民白占。今屠戮者不可胜纪，存活者家业荡然。现在永北文武会衔告示，谓高土司所属客民，酌给地价，各回原籍，不得复行盘踞。章土司地方，素安本分者，仍准各安生业，编入夷甲，听土司管辖；如不情愿，即各归故里。如此，则肇衅之土司转为得计，滋事之夷匪更获便宜，殊不足以伸国法而服人心。闻地价止给二成，现尚无人肯领，并恐他处夷人闻风效尤，不可不虑，请饬查办等语。永北夷匪滋事，其衅端由于典卖地亩，此时剿办安抚，事竣后必须剖断公平，俾汉夷永远相安。如蒋攸铦所奏，永北文武所出告示，仍系调停将就，不中肯綮。史致光现已驰赴永北，著悉心体察情形，乘此惩创之后，遴派隔属明白公正之员，妥为清理，酌定章程，务令汉民夷人俱各心服，庶可杜绝争端，为一劳永逸之计。设办理不善，日后再有事端，惟该督是问。将此谕令知之。

《清宣宗实录》卷18

（道光元年五月）……辛酉　……谕军机大臣等：呢玛善奏永北军务完竣无须再添兵力一摺，正在降旨间，适又递到该将军前一日奏报，途次察看村寨夷人已照常耕作，只须搜捕余匪情形。呢玛善现已行抵永北，其所奏该处地方军务情形，均经目击，览奏堪释廑怀。该将军摺内所称，不敢存草率了事之心，亦不敢因奉有谕旨，稍事贪功见长，具见悃忱，深得大臣之体。其停调黔兵，所办亦合机宜。现在贼巢已破，首逆已获，惟傅添贵及其妻谷氏并贼目黄腾、杨老五四犯窜匿未获，该将军已派委川省将弁，协同滇省镇

将入山搜捕，务即按名擒获，早正刑诛，以净余孽。至饬查张悫田之事，呢玛善以庆保前此未至永北，史致光甫经接任，均无所用其回护，请会同查办。著即公同察访，务须一秉大公，确切查明，据实具奏，不可稍有偏畸。至安抚难民及善后各事宜，已饬庆保、史致光会筹妥办。该将军俟搜捕事竣，察看地方安静，实可放心，即奏明回成都本任可也。将此由五百里谕令知之。

又谕：据庆保等奏，永北军务已竣，无须调兵拨饷，飞咨停止并筹办安抚事宜。正在降旨间，适又递到前一日奏报，攻克永北贼巢，擒拿首逆，搜捕零匪并讯取首逆唐老大供词各摺。大姚一股夷匪前已剿办肃清，现在永北一股亦已攻破贼巢，捕获渠魁。庆保等因无须多兵进剿，本省军饷敷用，将前拨川省饷银、黔省官兵俱飞咨停止，所办甚合机宜。惟要犯傅添贵及其妻谷氏并贼目黄腾、杨老五四犯尚窜匿稽诛，其零星余匪仍恐搜捕未净。庆保等当督饬将弁，带领兵练，上紧侦探，于各处山谷峒寨搜查，务将傅添贵等四犯逐一拿获，速正刑诛，不可稍留余孽。至抚恤难民及一切善后事宜，均关紧要，史致光系本省总督，责无旁贷。庆保此次办理军务，诸凡妥协，并著将善后事宜，会同史致光悉心清理，务令汉夷悦服，永远相安，不致再生后患，方为不负委任。其首逆唐老大，罪大恶极，如已讯明，无须留质，即行凌迟处死，宣示夷众，以昭国法而靖人心。庆保俟诸务筹办妥竣，再行来京陛见可也。将此由五百里谕令知之。

《清宣宗实录》卷 18

（道光元年五月）癸酉　……又谕：呢玛善等奏，永北军营节次拿获首夥匪犯，分别办理，地方安谧，并大姚搜获余匪，究出紧要贼目各一摺。云南永北厅土司所属野夷，因该土司目把将地土典卖与汉民耕种，生计艰难，各怀怨恨。首逆唐老大即唐贵纠同逆目陈添培等，以驱逐汉民为辞，煽惑夷众，于本年正月起事，焚抢村寨，劫杀汉夷，裹胁至七八千人，渡江扰及大姚，分股恃险抗拒。庆保自黔省审案回滇，途次接据禀报，即驰往调兵督办，行将大姚一股夷匪剿洗净尽，擒获贼目陈添培等；其永北贼匪，亦檄饬官兵，攻破贼巢，生擒首逆唐老大及贼目逆夷数百余名，扫荡贼氛。两处地方，悉臻安谧。庆保调度有方，蒇功迅速，著加恩赏，加太子少保衔，并赏给玉翎管一个，玉搬指一个，黄辫大荷包一对、小荷包四个，以示嘉奖。呢玛善遵旨赴滇，比到军营，虽已扫穴擒渠，尚有零匪窜匿山谷。该将军不事贪功，分派员弁入山搜捕，深合机宜，著加恩交部议叙，并赏给玉搬指一个，黄辫大荷包一对、小荷包四个。史致光由京回任，即驰赴军营帮同办理安抚事宜，著加恩赏给玉搬指一个，黄辫大荷包一对、小荷包四个。其在事各员，镇道中有奋勉出力者，并著秉公保奏，候朕施恩。其余文武员弁，择其尤为出力者，应如何量加鼓励之处，分别开单具奏，不可冒滥。伤亡兵练，咨部照例恤赏。所获各犯，除业经正法外，余著照所议，分别发遣。其善后一切事宜，仍著会同妥协办理。永靖边圉。

《清宣宗实录》卷18

（道光元年五月）癸酉　……又谕：呢玛善等奏，会筹善后事宜，先清理汉夷典卖地土，酌拟章程一摺。汉民典卖夷地，原属违禁。今据查明，永北厅属北胜土司所辖夷地典卖、折准与汉民者，自乾隆二十年后以至于今，有典出十之七八者，有十之三四者。夷人无田可耕，因与汉民为仇。但此事先由该土司等图得价银，非汉民强占。此次夷人仇杀汉民，甚为惨恶，若令汉民退地他徙，将更恃为得计。自应持平区断，以服其心。著照所议，除汉民现居夷地者自愿退地归籍外，余俱暂令照原典买之地耕种糊口，饬令土司等将历年典卖折准土地，分晰清查，造册呈送到官，遴派公正明干之员，会同该厅，按寨确勘，分别等差，责令依所定初限、二限、三限，设法取赎，以便汉民陆续归籍。如过期不能取赎，则将原地断归汉民执业，该厅另造纳粮汉户，清册报查。其无业汉民溷迹生事者，概行递籍管束。至山箐地土，严禁砍卖树木，先俾夷人生计有资，俟陆续赎回田土，渐复旧业。其顺州、蒗蕖各土司地土，亦著一体查办，务令汉夷两得其平，不可互相欺压，各安生理，永息争端，用副并育帡幪之化。

《清宣宗实录》卷18

（道光元年六月）……丁亥　谕军机大臣等：前据呢玛善等会奏："汉民典买夷地，定以初二三限，令夷人收赎，如逾期不赎，将原地断归汉民执业。"兹据御史张圣愉奏："原议固属持平，但汉民重利盘剥夷民，折准田地，夷民穷苦，设不能依限取赎，夷地竟成汉业，必又积怨成仇。请将不能依限取赎之地亩，或割半均分，或给还十分之三，仍严禁嗣后汉典夷地，如违加等治罪"等语。汉人夷人，同系编氓，此次田土构衅惩创之后，总当秉公定议，使之两得其平。著交史致光、韩克均详查核办。如该御史所奏，事属可行，即酌议章程，奏明饬遵；如有窒碍难行之处，亦不可迁就其说，务使汉夷俱各心服，不启争端，方为久安之策。又该御史另片所奏，云南迤西之永昌界连缅甸，迤南之开化、广南等处界连交阯，均有流民盘剥局赌情事，并著该督抚实力稽查，防患未然，以期永靖边圉。该御史原奏摺片，俱著发交阅看。将此谕令知之。

《清宣宗实录》卷19

道光元年六月甲午　谕内阁：呢玛善等奏，查明办理永北夷务迟缓乖舛各员分别定拟一摺。云南提督张凤，于永北夷匪滋扰，虽经统兵进剿，连获胜仗，生擒首逆唐老大，犁洗贼巢，但先因调兵未齐，在永北厅城驻扎三十余日；迨定期进兵；又惑于投诚之信，稽延六日。迟缓之咎，实无可辞。张凤著即革职，饬令回籍。署永北同知中甸同知张懿田，始闻夷匪蠢动之信，并不认真根究，迨后夷匪纠众歃血，又复怯懦，不即亲身查拿，办理实属舛谬。张懿田著革职，发往新疆效力赎罪。土知州高善，于所属夷人抚绥失宜，致令滋事，著即斥革，照例迁徙，另选应袭之人承袭。永北营参将李胜林、于逆夷蠢动毫无觉察，著交部严加议处。鹤丽镇总兵高适、迤西道谢凝道，因夷匪为田土仇杀，先执招安之见，办理不合机宜，著一并交部议处。至庆保到滇未久，此次督办军务，均为妥速，其自请议处之处，著加恩宽免。

谕军机大臣等：呢玛善奏，滇省军务完竣将官兵分别留撤一摺。据称大姚一路，业经逐一搜查，实已全境肃清，并无余匪藏匿。永北一路，余匪亦俱已就获，惟傅添贵、黄腾二名，尚须密缉。滇省军务已竣，所有前此檄调各处官兵土练，自应全行凯撤。逸犯傅添贵、黄腾二名，孑身逃窜，只须设法访缉，无庸仍留多兵，虚糜粮饷。其另片所称，该处夷人经此番惩创，实已畏惧，不致再有反侧；惟寄居汉民内有刁悍之徒，造作浮言。现将无业者递籍，有业者招徕，仍须留兵弹压。著即照所议，于旧衙坪驻兵八百名，各要隘分布兵七百名，俟秋收后再行奏撤。其应需盐粮银两，准其照例支领，事竣核实报销。将此谕令知之。

《清宣宗实录》卷20

（道光元年六月）庚子　谕内阁：庆保等奏筹办永北、大姚善后事宜条款一摺，朕详加披阅。内被难汉民分别安插抚恤一条：永北、大姚夷匪滋事，被难汉民居多；其夷人未经从贼者，亦间被焚抢。除大姚难民已逐一查明抚恤外，永北难民被贼蹂躏。流离失所。著将现在查明本省及川省招回难民丁口实数，准其照临安猛缅抚恤成案，被焚庐屋给与修费，大小丁口酌给两月口粮，俾资生计。其大姚汉夷典卖田土分别查办一条：大姚地方久经归流，夷田即在民田之内，该夷人不知食力谋生，将田准折典卖，汉民多不过户纳粮，致夷人无田有赋。著即查明汉民承买夷田，除已过户纳粮者仍听执业外，如汉民未经过户纳粮，悉按漏税律办理。此外有典质夷田利过于本者，即令夷民照原借之数赎还田亩，不准计利。该督等务遴委贤员，会同地方官妥实查办，不得藉端滋扰。其禁革土司苛派一条：夷人本无恒产，该土司等既纳其租，又复苛派差徭，殊滋苦累。嗣后著严行饬禁，租息而外，不准额外诛求。倘有不遵，将该土司等查参惩办，厅官徇庇者一并参处。其裁革土司冗役一条：永北土司属下，有行捕、目把、总管等项人员，向皆倚官为害。该夷寨既有目把，又有伙头、甲长，足资应役办公，其余各项冗役，均著永远裁革，以省烦苛。其民夷争控事件应令地方官督饬土司查办一条：汉夷民人争角之案，地方官原应速为剖断，并随时稽察奸宄以靖边圉。嗣后饬令各土司认真查察，如有田土命盗及奸徒煽惑之事，立即申报地方官查办，不得自行颟顸了结。如土司迟延讳饰，或已禀报地方官不即查办，立予严参究惩。其土司定期会哨一条：夷地会哨，本有旧章。著责令该土司等各带土练，遵照酌定章程，每年按四季仲月，在阿喇山前后周历会哨一次，申报该管道厅就近稽核。其金沙江一带，亦令随时督率练役梭织巡查，并饬顺州、蒗蕖各土司一体巡哨，毋稍疏懈。其土司地方分编保甲一条。汉夷良莠不齐。无业游民易致生端构衅。著责令编排保甲。土司管下夷人。著落伙头。寄居汉民。著落客长庄头。各查造户口清册。夷人由土司核给门牌。汉民由永北同知给发门牌。各随时抽查。取具连环保结呈报。仍严禁胥役需索。不可有名无实。致被扰累。其严禁客民扣留牲畜一条：大姚汉夷杂处，往往夷人牧放牛马误践田塍，被客民扣留滋事。嗣后著责令保甲人等随时查报地方官，严拿扣留牲畜之人，按律治罪，以杜衅端。其宣广教化一条：夷俗素信神鬼，狡谲之徒，往往藉以惑众。该督等已刊发简明告示，遍行晓谕。著地方官留心化导，以革陋习。其投诚夷民酌惩再犯一条：此次夷匪滋事，随同附和者准其投诚免罪，已属法外施仁。著将永北、大姚两处投诚夷民，造册另存档案。嗣后如有被人控告及犯命盗等案者，按律从重加等治罪，俾知儆惕。其永北旧衙坪移设文员、大姚苴却地方添设巡检、永北阿喇山前后扼要处所增拨兵丁添改塘汛、大姚猛连渡口安设汛弁四条，著交吏、兵二部核议具奏。寻议，准其移永北厅经历驻旧衙坪，添设永北厅司狱一员、大姚苴却巡检一员，并于各属佐杂中裁汰一缺，以符定额。拨楚雄协把总一员，带兵三十名，驻扎猛连渡口。余俟勘明详议咨部，再行核办。从之。

……辛丑　……兵部会奏：遵旨严议云南永北营参将李胜林革职，鹤丽镇总兵高适、迤西道谢凝道降三级调用。得旨："参将李胜林，于境内逆匪滋事毫无觉察，本应照部议革职，念其随同打仗，协拿贼匪，保护村庄，尚有微劳。著赏给把总，留于云南差委。总兵高适、道员谢凝道，俱著从宽，改为降二级调用，无庸查级议抵。"

《清宣宗实录》卷 20

道光十一年正月……癸亥　谕内阁："阮元等奏腾越边界原驻傈僳夷练，应行置田裕食，请借款筹办一折。滇省腾越边界，向设傈僳夷练三百七十户，分驻香柏岭等处，以防野匪，较为得力。据该督等查明，该夷练垦种山地，不敷食用，每年另给盐粮，常川筹发，不免糜费。请借款置田，以裕口食。著照所请，准其于司库备边项下先行借动银二万两，饬发该府、厅购置田亩，分别拨种招佃. 俟田亩置齐，即行停止盐粮。所借之银，即由本省捐廉分限归补完款，毋许悬宕。此项既归捐补，并著免其造销。该部知道。"

《清宣宗实录》卷 183

据永北同知张懿田禀报：该厅所属之北胜州土司属下夷人，因先年将地土私自卖给汉奸，各夷民失业，怀怨成仇，以致聚匪焚杀等情。奴才接据禀报，一面即派员酌带兵丁驰往堵缉，一面兼程回滇，亲赴永北督办。因该处山路崎岖，非雇募练勇不足以防堵缉拿。先后饬司在藩库内动支银四万两，解交迤西道谢凝道妥为筹办在案。又据报：该夷匪等复遣人前赴大姚县勾结拉古、鱼所两处力些，聚集抢杀汉夷人等。现在人数究有若干，亦未明白。奴才即经飞札饬查。如果疏于防范，以致各匪窜越，另当据实参办，不敢妄为徇纵，至该处汉夷杂处，奴才恐其四出扰害，以至滋蔓难图，不得不重藉兵威并厚集土练，迅速办理。现复飞饬滇西道谢凝道、永北同知张懿田，速即雇募劲练，以资分派堵缉。其所需官兵，经提臣张凤、鹤丽镇总兵高适并奴才先后派调提镇及督抚两标，楚雄、维西、大理等协营官兵共三千七百九十名，尚足以资分配。惟该处界连川省，又与滇省楚雄、丽江二府所属州县多有毗连，必须踩勘道路，在于扼要之区分别堵缉，方不致东逐西逃，任其奔突。奴才即携带总督关防，星夜启程，驰赴永北，在于藩库酌拨银四万两外，倘有不敷，再行奏请动支，以备应用。并令附近永北各州县碾运米石，均交滇西道谢凝道遵照。

《清宣宗成皇帝实录》卷15

查永北一厅，管辖北胜、顺州、蒗蕖等土司。而北胜则有知州、州同两土司，分管力些、傈僳、摆夷等村寨；其地土尚听土司分给夷人耕种，土司收租纳粮。该土司等自乾隆二十余年至今将土地陆续典卖与黔、粤、川、楚客民及永北本地民人。有土司自行典卖者，有夷人转手典卖者，有被汉人盘剥准折者，事非一年，情非一辄。从前各汉民将地土仍给夷民耕种；嗣外来汉民日众，各出押金银两向原佃买之汉民佃耕，几使夷民无田可耕。而汉民复多恃势欺凌夷民，怨恨已极。又力些一种，不善耕作，多在山箐撒种包谷和放牧为业。近因江浙客民复向目把私典山箐地土，砍伐林木，种畜麻姑、香菌等物，力些亦无所资生……欲夺回土地。

兹查土州目把将地土典卖与汉民者已有十之七八，土知州地土亦典卖十之三四。近年以来，民夷争讼到厅，该地方官虽知汉民私买夷产有干禁例；因人数众多，积重难返，只能断令土司等一时不能取赎，多阳奉阴违，此地土所以愈滋轇轕也。现汉民约一、二万人，出有价银，多系安土，若令迁，便流离失所。现查土司典卖价值已有七、八万两，以一年半为初限，三年为二限，五年为三限。

一、土司自行典卖，价值较少，年份较近，以及汉民盘剥准折之田，照原价之数回赎，不准计利者，勒令初限内回赎。

一、目把人等，私行典卖，应令目把取赎，目把内有已被匪杀害并逃亡产绝者，责令土司代为赔交，令二限内回赎。

一、夷人转向典卖，年份久远，价值较多，一时难于交割，及汉民于典卖后续有垦辟，应酌给工本者，令三限内回赎。

《清宣宗成皇帝实录》卷18[①]

---

① 转录自《傈僳族简史》编写组、《傈僳族简史》修订本编写组《傈僳族简史》“钦差大臣尼玛善、总督史致光、卸任总督庆保于六月二十三日向道光皇帝上《永北善后事宜》奏折”，民族出版社2008年版，第46－48页。修订者按：此段材料未能找到，仅据［日］武内房司《开发与封禁：道光时期清朝对西南民族政策的浅析》引用的庆保奏折（片断）予以校对。

六十、［民国］赵尔巽等撰：《清史稿》

（嘉庆）七年，维西夷恒乍绷与其党腊者布作乱，秃树、出亨附之。琅玕率总兵张玉龙入山剿捕，克阿喃多贼寨，进攻诸别古山，获秃树。玉龙克小维西夷人，缚腊者布献军前磔之。进攻康普，恒乍绷遁澜沧江外，获其孥。分兵攻吉尾、树苗，琅玕驻剑川，断贼后路，败之于通甸、小川，克回龙厂。寻围剿上江山箐贼，歼其渠，余众乞降。琅玕以恒乍绷势蹙，疏请撤兵，提督乌大经率兵二千驻防。贼诇官军已退，乘水涸潜渡，纠江内降傈，复肆劫掠。琅玕驰抵剑川，恒乍绷遁走。八年，上以首逆未获，命永保接办军务。琅玕已擒斩汉奸张有斌，临江扎筏，声言渡兵江外，傈傈震悚，诣军门乞降，琅玕令诱导诸寨擒贼自效。九月，恒乍绷潜匿山箐，官军搜获之，余党尽歼。事平，予议叙。

琅玕以维西僻处边隅，各夷杂居江内外，稽察难周，疏请于维西、丽江等五路设头人，给顶带，约束夷众。又以维西南北路及鹤丽镇、剑川诸汛皆要地，请裁马为步，添兵八百，分布要隘，边境遂安。

卷358《觉罗琅玕列传》

六十一、［民国］尹明德：《滇缅北段界务调查报告》[1]

三、人种

北段未定界区域人种，大别之，可分为蒲蛮、浪速、茶山、小山、摆夷、栗粟、球夷七种，蒲蛮、浪速、茶山、小山四种通称曰野人。兹将各种风土人情分述如下：

……

（己）栗粟　栗粟以滇省沧、潞两江上游为多，其居于未定界者，散住岔角江、拉打阁、恩梅开江上游沿岸，及尖高山北昌银沟、之非河一带。此类性质刚强好斗，并好渔猎。男子出入佩刀外，兼负弓弩，百步内百发百

① 载［民国］李根源纂辑《永昌府文征》《纪载》卷30《民四》，杨文虎、陆卫先主编校注本，云南美术出版社2001年版。

中；箭头有药者，无论人畜，射中出血即死。

装束：男子衣裤，与华人差仿佛，头留发辫，以巾束之，潞江沿岸者多带小帽。妇女则御花布缀成之长衣，上身着短裤，叭贝、车磲装饰满身。头以布一方，两端缀花线围绕之，称曰花栗粟。耳贯大银环一对。别有语言，多与华人来往，故晓汉语者较多。住房有如野人式，有长椽者，亦有加盖耳房如汉人屋式者，此则视其所住区域习染而定耳。

载民国《永昌府文征》纪载卷30《民四》

北段未定界区域人种，大别之，可分为蒲蛮、浪速、茶山、小山、摆夷、栗粟、球夷七种……

北段未定界内，物产颇为丰富，兹举其著者言之：

（一）贝母　出产于恩梅开江及迈立开江各源头当担力卡山、康藏雪山中，每年产量约五千斤。去年在球夷地，每斤售价现洋六元［印洋四元］，六七月间，华人前去挖采收买者，络绎不绝。

（二）黄连　出产于茶山、浪速、球夷各地，沿高黎贡山及坎底附近山中，驼洛江源头一带，每年产量约三万斤。

（三）琥珀　出产于户拱，每年冬、春两季，腾冲、龙陵所属各土司摆夷前去开采，产量多寡不一。

（四）谷米　未定界区域内，粮食多杂粮、芋薯之类，谷米极感缺乏，独坎底坝出产丰富，除供给坎底坝及附近四山食用外，尚可运销孙布拉蚌野人山一带。数年来，英人经营江心坡中上部，人员、士兵所需粮食，皆由坎底运来。坎底坝地广人稀，现种谷区域不过十分之二三，如全数开垦种植，则谷米出产之数量当更可惊矣。

（五）芝麻　出产于江心坡及迈立开江西面野人山一带，每年产量约百十担，由商人收买，转售密支那榨芝麻油。

（六）食盐　江心坡中部、能林南部、肿木坤补咀蚌东部、窝泽、窝米各地均产，概系盐泉，究中以东部之窝泽、窝米两地所出含盐质更富。土人不知晒澄之法，直接取盐水于锅内煮之，将水蒸干，盐质即沉淀锅内，如瓦片然，称曰瓦块盐，销售江心坡东部及浪速、茶山一带。前清光绪二十一年，六库土司段浩率兵征服窝泽、窝米二寨，派人在内熬盐销售，尚有煮盐大锅及攻城鸟枪、土炮、铜帽枪在该二寨头人家。

（七）杉木　出产于小江源板厂山一带，杉木树所占面积，方方约三四日程。

（八）茶叶　产于小江流域、江心坡及野人山一带，每年产量丰富，除自行饮用外，上销坎底，下销密支那。但制法不精，装置粗陋，盛以茶杯粗之竹筒，味则甚浓。

（九）矿产　五金之属，蕴藏甚富，世人已发现者，岔角江、拉打阁及江心坡、俄犬、戛拱高等处之金矿，江心坡中部能罗之铜矿，驼洛江中部补喇劳之银矿，矿苗均旺，江心坡中部石旦附近且产玉石。

（十）粮食　除坎底谷米外，各地惟产杂粮、小米、稗子、玉蜀黍、芋头、豆、薯之类，间产旱谷，皆各户自栽自食，罕有出售者。

（十一）牲畜　各山寨多畜鸡、犬、豕、牛、羊、马匹，惟头人及坎底始有。

（十二）树浆　出产于户拱、密支那北，迈立开江流域亦间有之。此种野生树浆，二十年前为野人山出品大宗，自仰光、新嘉坡人栽树浆成效后，此野生树浆已无人过问，所谓树浆厂者，仅存历史上之名词耳。

除以上所举十二项外，尚有各种药材、木材、漆树、野物、兽皮、虎骨、麝香、鹿茸、草绵之类。野兽极多，英政府奖励猎取，每击毙一虎，将皮交去，奖印洋百元，豹类奖印洋五六十元，豺狼奖二三十元。此未定界产物之大概情形也。

载民国《永昌府文征》纪载卷30《民四》

六十二、［民国］周钟岳等撰：《新纂云南通志》

（嘉庆）七年谕：本年正月间，傈匪滋事，该民夷等田亩荒芜，秋成无望，殊堪轸念。所有曾经被扰之维西、丽江两厅县，本年应征地丁钱粮，著加恩全行豁免。其地界毗连之中甸、剑川、鹤庆、云龙四厅州，耕作亦多失时，著加恩将本年应征地丁钱粮减免十分之五。兵粮过境之大理府属之太和、赵州、宾川、邓川、浪穹、云南；楚雄府属之楚雄、镇南、大姚、南安、定远、姚州；永昌府属之保山、永平、蒙化；永北等各厅州县，秋获亦未能全收，著加恩将本年应征地丁钱粮减免十分之三，以示朕念切民依至意。

卷161《荒政考三·赈恤》

六十三、郑少成等修，杨肇基等纂：民国《西昌县志》

宁属夷族，古称有八，曰西番，曰僰人，曰摩些，曰路鲁，曰鞑靼，曰苗子，曰渔人，曰倮罗，降逮今日，在县境者，惟倮罗、西番、俐苏三族而已，而倮罗为强大，户口地区数倍汉人，又叛服不常，为肘腋患，非从根本解决，则建设、开发、交通诸要政，皆受其影响，故述兹三族，而以倮族加详焉。

一、倮罗族……

二、西番……

三、俐苏族

一来历及名称　清康熙五十一年，给予威龙州土司印信号纸时，即载明所辖有俐苏一族，而威龙州长官司其先人张起朝，于洪武七年即已授职，则所辖俐苏，明以前即散居于威龙一带可知矣。惟俐苏二字，既见于四川省通志，或又书作“尼苏”；清末以还，附近此族之汉人，则又书作劣步；且因事涉及此族，入官文书亦作劣步，但其字非字典所有，故根据通志作俐苏。

二住地俐苏所住，不仅威龙州，凡德昌所属东西南诸山，或三五户，或十余户，山腰山麓，随地有俐苏耕牧焉。

三语言　与倮夷、西番不同，汉人鲜通其语者，而俐苏则悉通汉语。语言之外，无文字也。

四性情习尚　驯良安分，偶有不法者，众皆鄙弃之。终岁勤苦，耕种为生，妇女牧畜纫麻，无游惰习，故其族颇能自给。

五职业　昔日皆种山地，近亦有佃汉人田而种稻者。耕之外，采薪烧炭，采茯苓、防风等药，养蜂、打猎、牧牛羊，皆其所长。

六衣食住　自制毛布，虽粗而暖。男子短服，赤足，光头，有时或缠青帕。妇女头帕，折为寸余宽，缠至尺余大，整齐紧圆，有若笠然；短衣，拖裙，赤足。暖时衣布，寒则衣自制毛布。毛布外兼纫麻为布，纫火草叶之纤维质为布。织无机，故其为布也窄。食则玉蜀黍为正粮，稍裕者或搀用米。荞子、洋芋、萝卜等品，皆自种而食，常以其余售与汉人。喜饮酒。屋皆覆茅，间有盖以板者。屋中置火塘，而炊则另有灶。用具率多粗恶。

七风俗　强悍好猎，能自卫而不为非。不与他种族通婚姻。婚时新妇步行，两人舆棚遮护而前；贺者以羊为礼，相与吹葫芦笙，作跳舞会。有子成年，取一媳，即酌给牛羊、农具，析居另立门户，唯独子可不析。疾病及遭不祥，或禳以巫；巫则其种族中自相传授，汉人亦偶有请之禳灾者。其他一切简陋。惟力能御倮夷，环山而居，实汉族屏障也。

卷12《夷族志》

六十四、纳汝珍修、蒋世芳纂：民国《镇康县志初稿》

傈僳，通志相传，楚庄蹻开滇时便有此种，无部落，散居姚安、大理、永昌诸府。其居六库山谷者，在诸夷中为最悍。其居赤石崖、金江边地与永北连界者，依树木岩穴，迁徙无常。男人裹头，衣麻布，披毡衫，佩短刀，善用弩，发无虚矢。妇女短衣长裙，跣足，负竹筐出入。种荞稗，随地输赋。现今镇地所居者不过数千家，散居大岩各处；尊崇耶稣教者，多居孟定福音山。

第十五《民族·种族》

六十五、全奂泽修、许实纂：民国《禄劝县志》

傈僳，一名力些，潜居深山，板片为屋，种荞麦为食。见《禄劝州志》

《皇清职贡图》：傈僳，相传楚庄蹻开滇时，便有此种。无部落，散居姚安、大理、永昌四府。其居六库山谷者，在诸夷中为最悍。其居赤石崖、金江边地，与永江连界者，依树木岩穴，迁徙无常。男人裹头，衣麻布，披毡衫，佩短刀，善用弩，发无虚矢。妇女短衣长裙，跣足，负竹筐出入。种荞麦，随地输赋。

又按旧《云南通志》：在大理名栗粟，在姚安名傈僳，有生熟二种。男囚首跣足，衣麻布衣，披毡衫，以毳为带束其腰。妇女裹白麻布。善用弩，发无虚矢。每令其妇负小木盾径三四寸者前行，自后发弩，中其盾而妇无伤，以此制服西番。野力些，披发插羽，尤凶悍。

卷3《种人志》

六十六、李根源、江逢僧等修纂：民国《永平县志稿》

黎苏族　黎苏亦非土著，其先迁来之时间与分布之地带大致与苗族略同，而居处之生活习惯亦复与苗族略同，惟愚而诈，特性情稍殊耳。在先户口颇多，其后陆续迁往顺宁及边夷各地，近留县之人数亦与苗族称伯仲。

卷7《民族》

六十七、李根源、刘楚湘纂修：民国《腾冲县志稿》

傈僳，又作傈苏。《通志》云："傈僳，相传楚庄蹻开滇时，便有此种人。无部落，散居姚安、大理、永昌等四府。其居六库山谷者，在诸夷中为最悍；其居赤石崖金江边与永江连界者，依树木岩穴，迁徙无常。"傈僳是否为云南土著，典籍中可供考案者，惟此数语。民国十九年，德人克勒脱纳率中山大学地理学系学生作云南之地理考查，归而报告其所经历，内有关傈僳种族之考源，曰：傈僳人乃藏缅族之一支。彼等现在似尚继续向南迁移，其居地为高山，与住于山谷低地之掸人，恰成对照。据其推测，则傈僳非云南土著，系藏缅之流支，陆续自北向南推徙，然究皆推拟之言耳。而云龙、大姚皆有此种人。今腾冲古勇琅琊山一及盏西江边、五设治区、江心坡，皆有此种人。此外则潞江流域凡菖蒲桶、上帕、知子罗、泸水各设治区，又兰坪、维西境内，皆其散布区域也。

形状，据人类学家考查，弓鼻直眼，肤色深黄，黑发圆脸。男子辫发，包青巾或挽髻，而以草为缨络，或翻戴瓜皮小帽；麻衣短裤，胫以麻布尺许围之，膝间环漆箍为饰，持弩挂刀，以头负篮。妇人挽髻于首，以赭色或黄赤色布尺许掩之，方缀线赘，耳戴大银环，径三四寸；短衣对襟，胸缀银扣宽寸许，连络至脐；项带银环或料珠漆箍等物，腰束花围衾，后曳布如旗；裙短至骭，边缀银泡贝巴子，以谷铜片线赘为饰，行走之间，音锵锵然。

男女出行，不带箧帽，不穿草鞋，大雨时如落水鸡，淋漓不堪，其足荆棘泥石不惧。每日出作入息，起卧甚早。睡食住地，无桌椅床物。家居则男女共一火塘。嗜酒，醉后虽污泥中亦行睡卧。渔猎，故山巅水涯，均住居焉。其住居多以竹木构成，亦有倚山屋、就土穴以为居住者。男女好弓弩枪支，尤善射弩，箭渍有毒药，猛曾被箭，必跑回被箭处而死，谓之回堂药。食粮多用包谷、荞麦等杂粮，少米。又多食山禽野菜，以其人多居高地，适应环境然也。食肉皆用火烧，不知烹调之法。

业农，其居于高地者种山，居于平原者亦间种水田。种山地者，皆冬伐森林，使大树倒地，至仲春时用火烧之，灰为肥料，土亦被烧疏松而种之，次年又复如是；凡所居住处皆被砍伐殆尽，数年林远，又复他徙。在缅者英政府恨之，以其乱伐森林，不知畜也。种水田者，与汉人耕种法略同。据克勒脱纳所调查，谓傈僳人之农业，以种植种类繁多为其特色。所种谷类，有各种黍类、荞麦、高粱、小麦、大麦、燕麦、玉蜀黍及稻等，此外则为落花生、番薯、马铃薯等。各植物之耕种时期，皆能按农时分配。

其副业，则男多狩猎，以其人性顽悍，好杀善斗，猎时遇猛曾亦不畏避，射之不中，直前与搏，为兽所噬，至死不悔。或设各种机制取之。所售之物，多为熊胆、麝香、鹿角及各种兽皮，此外则为黄连、贝母、漆、核桃、香蕈、木耳及祀神之末香等。

女性较温和，除帮助男子业农外，则纺织麻布。婚姻亦重媒妁，虽其俗男女之畛域不严，多因恋爱而成，然必经父母之命、媒妁之言，且必经正式礼聘，有汉人风。订婚之礼物，多为牛酒。结婚时，男女数十人拥新妇步行，沿途歌唱，夫家则以牛酒款客。夫妇并以木刻一枚为结婚证物。且多为一夫一妻制，惟夫死后妻必另嫁，妻死夫必更娶。男女之地位亦平等，工作分担无劳逸不平之事。结婚后，父子兄弟多分爨析居，为小家制，有欧人之风焉。

居处多茅屋，极简陋。人皆自食其力，不相依赖，既无阶级之分，亦无榨取之弊。所居村寨，有头人名曰把事，或曰大丛，或曰甲长。其在土司境内者，多由人民公推，再请土司加委。民间如有纠纷，报请头人排解。

俗信鬼，其巫觋名曰香通，又曰尼扒。凡人有病，不知服药，多延巫觋为之退鬼祟，与野人略同也。

逢年节或婚嫁，男女老幼聚会一处，牵手作圆圈，中烧火塘，曼声蹈舞，饮酒为乐，有至终宵不倦者。又泸水前后之傈僳，每于春节时，男女老幼群往温泉沐浴，并置酒歌蹈以为乐，凡三四日而止，名曰澡塘会。其乐器亦简单，有口琴、竹箫、三弦、胡芦笙等。

傈僳无文字，近年英国教士亦仿美教士汉生教野人办法，以罗马字母拼为傈僳语，为之创造文字。惟其收效不如野人之普遍，只能行于信仰耶教之一部分。其原始记录法，概用木刻，木刻长二寸，宽五分，凡二个，边各锉为齿形，两木刻之齿缝相遇时必密合，立约者各持其一以为证据，亦中国古代符节之遗意。但傈僳中亦间有渎汉书、略识汉字者。

卷 23《第十五 · 种人》

傈僳种人，原无文字，有美教士翰生，用英文字母拼音法造成傈僳字，教之读书写信，傈僳便之。英教士傅能仁更推广之。乃相率入教。至今腾冲边境，凡有傈僳之村寨，无不有耶教士之足迹焉。其宗教之侵略，洵乎可畏，为政者亦希注意及之也。

卷 25《第十七 · 宗教》

（光绪）二十八年……三月，滇滩隘及河西练傈人叛乱。滇滩隘傈匪长脖子、树湾坡、豆二狗、余小老等，于滇滩隘昌银沟集野傈千余，劫居民烧村寨。腾越厅丞叶如桐，照会驻腾英领事转达密支那府严为防范，勿容出境。三月二十日，腾越镇总兵张松林，率官兵百余往其地，督土兵进剿，将斑鸠塘、搬瓦傈僳寨烧毁，获鸟枪二杆、毒弩十余、药箭五筒、戈矛二十余，阵亡土兵二人，伤七人，毙匪首树湾坡及匪十余。匪首长脖子等远窜，方欲严缉，忽得河西练乃留义字营管带金松林，率四哨兵勇分驻滇滩、麻栗坝防守，而自往河西。初，黄草坝傈僳产一男，曰麻糯，头有三顶，额大耳长，囟门肉突起，栗人附会，谓为傈族之王；又松山跛傈名余二，以卜蓍惑人，自号天师，讹传孔明庙脚有金光，掘之可得金银。于是诸山野人及傈僳千二百余蜂起为乱，三月二十三日，焚掠中山寨。如桐委团正尹占甲等，率团兵往三锅疆防堵。栗匪焚掠鹿厂，二十七日进围孟乃。乡勇合力防剿，毙七名，匪退回后山，图再举。河西绅民请镇厅增兵进剿，张松林乃派兵兜剿，焚毁松山、文笔、大蛇腰各野寨，团兵受伤六人，获鸟枪五杆、刀矛十余、毒弩二十余，匪首十余人槛送到城，伏诛，河西平。案册

卷 4《第二 · 大事记四》

铜壁关　……

万仞关　……

神护关　设于盏西后猛戛山，距城百八十里，所以控制茶山、古勇、威缅、迤西等路也。清乾隆间，以杨东衡世袭正抚夷，原籍江西，住居古永

练，历传祖源、名久、镇邦、茂科、成秀；副抚夷王姓，今传至连彩。所管四至：东至止那隘大丫口；南至与盏西交界老官城，又与万仞关分水岭；西至英侵入滇缅分界第二十三号界桩南，至大坝江，又至万仞关石竹河；北至英侵占滇缅分界第三十三号界桩。其地方村寨有杨家寨、麻栗坝、河心、中草坝、王家寨、小辛下寨、羊乃棚、孔家湾、河西小寨、笼朵大寨、空树、邦别、粟点、老马河、黑河、盆都、那狼、卡牙、磨刀石、袜汤、鲁仰、腊尖、浪速、跑蚌、瓦空河、枯峨河、囊防、八窝、高岩、撇石、木笼河上下二寨、丫口、鸡肝、茅草、芭蕉、窝铺等寨。户口约七百五六十户，汉人约百余户，余均傈僳、野人、浪速，以傈僳为最多。

巨石关　设于户岗锡马山，距城三百三十里，所以控制户岗、迤西要路也。抚夷，清代初由盏达司委派，光绪间有寸怀宝、李曰顺、张廷相。民国来有李正洪、杨有洪、张有龄、李生福。二十三年，改为莲山第四区，区长以杨有洪承充。据《滇西兵要界务图》载，巨石关在户岗锡马山下，坝长十五里，气候清凉，山势起伏，故耕凿困难；且河流卑下，难于灌溉，每年出谷二十余万箩。坝内分四甲，汉人六百五十余户，山头有栗粟、野人十余寨约二百余户，锡马街市尚殷繁。结羊河、石竹河一带与英分界，清代设有营房一所，驻巡防营一哨。巨石关抚夷练田，东至盏达司，南至香蚌林，西至石灰河，北至儿排寨。

右四关，明设蛮哈守备戍之；清顺治十七年，四关各设汛兵十一名。

卷 10《第四·职官》

六十八、李炳臣修、李翰湘纂：民国《维西县志稿》

么些、栗些、古宗各有土音不相同，惟栗些与怒人、俅人所言同者，为栗人土音类怒人，怒人土音又类俅人也。

卷 16《方言·土音》

衣饰　……栗些，男挽髻戴簪，编麦草为缨络缀于发间，黄铜勒束额，耳带铜环，常衣杂以麻绵布。出入常佩利刃。妇发束箍，耳带大环，盘衣长裙曳袴。男女常跣，。怒人，男女披发，面刺青文，首勒红藤，麻布短衣，男著袴，女以裙，俱跣。具见《维西见闻录》。近来夷人礼熏乐陶，渐学汉妆者。

饮食　……么些、古宗、傈些饮食简单，惟嗜酒。么些、傈些多食粥，古宗酥油茶、牛羊肉、糌粑外，无嗜者。

器用　汉人日用器皿，凡应用如桌椅碗盂之属，在在不可缺少。夷人则生活简单，用具简单，锅碗其他，可用可不用；即渡口也无舟，各以绳代之；陆行固山路崎岖无车，富以马，贫步行。

居处　汉人屋宇与内地相仿佛。夷人么些、栗些覆板作屋。古宗屋宇仿洋式房为之，喜居楼，惟楼下关牲畜，卫生不讲究也。怒人亦喜楼居，编竹为屋，上覆板。

习尚　汉人，一切习惯与中州不甚区别。土人则不然也，男妇老幼率喜佩刀为饰，不爱頮泽，衣至敝不浣，数日不沐，经年不浴，冬不重衣，雪亦跣足，严寒则富背以羊皮或白毛毡；卧大半无衾茵，夜则攒薪置火，各携席藁，袒裸环睡，反侧而烘其殿［臀］背。么些、栗些，亦各有字迹，专象形，人则图人，物则图物，为书契，无姓氏。不善治生，数百年来，土人罕有殷实者，可想见其程度也。又信巫，凡疾病不服药。近么些子弟渐读书入学堂，与汉人子弟不甚悬殊。栗些、古宗、怒人，其习尚还在太古，非强迫兴学，恐无开化之时。

卷2《第十七·礼俗》

六十九、屈知春修：民国《云南维西县地志全编》

傈僳种，系土著。有语言，无文字。住山野，刀耕火种，迁徙靡常，以猎禽采药为生活。近城者醇朴，住山者犷悍。麻布为衣，木楞为屋。

民国《云南维西县地志全编》

丧礼……么些则跳东八；傈僳则跳撒尼；古宗则请红、黄教僧念藏经，并装傩以逐不祥；拉玛则哭与唱并，其声哀以思，名曰“哭马龙”，相传明季随马龙来，故遇忧事则思马龙云。

民国《云南维西县地志全编》

七十、方国瑜主编：民国《保山县志稿》

保山境内有傈僳，亦自上游迁至者。保山以南诸县亦有之。兹摘录尹明德所记：

傈僳，以滇省沧、潞两江上游为多。此种民族，性质刚强好斗，并好渔猎。男子出入佩刀外，兼负弓弩，百步内百发百中。箭头有药者，无论人畜被射中，出血即死。装束，男子衣裤与汉人差仿佛，头留发辫，以巾束之。潞江沿岸者，多带小帽。妇女则御花布缀成之长衣，下身着短裤，贝巴贝、砗磲装饰满身。头上以布一方，两端缀花线围绕之，称曰花傈僳。耳贯大银环一对。别有语言，因多与汉人来往，故晓汉语者较多。住房有如山头人式，有长椽者，亦有加盖耳房如汉人屋式者，此则视其所住区域习染而定耳。

卷 13《土族》

七十一、段绶滋纂修：民国《中甸县志》[①]

力些族，散居于第三区，因第三区良美乡一带系居于石戛乡之阴，山深林密，虎豹为害，乃于乾隆年间由士普旺人向维西县属澜沧江边招来唐姓猎户一家，其后遂繁衍于沿江一带高山。

上卷《民族种类及人口》

中甸汉族，有陕籍、赣籍、湖广籍、川籍、滇籍诸种，其一部分系为绿营弁兵之苗裔所繁衍，其余则为贸易、开垦、游艺而来，多居于第三区之金沙江边，次则县城，再次则第四区之上桥头，生性和易疏懒，无冒险性。共有二千二百零四户，男女一万二千零一十五口。

回族，居于第三区三坝乡及县城。生性刻苦果敢。共有五十二户，男女三百零三口。

藏族，住居最久，散布于第一、二、四、五各区。生性强悍尚武，顽固守旧……

摩些族，俗称为本地人，住居最久，散布于第三区之三坝乡及良美、吾车、木笔各乡，生性懦弱，体力单薄。其在良美、吾车、木笔三乡者，渐与汉人同化，惟三坝乡囿于一偏，顽固如故。共有一千六百二十四户，男女八千二百五十九口。

---

① 载中甸县志编纂委员会办公室《中甸县志资料汇编》，1991 年。

倮罗族，自永宁及盐源各县迁移而来，散居于第二区之鲁堆，第三区之吾竹、腊早古、东南三坝各处高山，生性野悍。共有一百二十二户，男女六百五十一口。

苗族，自光绪间始由金沙江西丽江属地迁来，居于吾车乡半山，生性沉默刚勇。共有七十四户，男女四百二十二口。

上卷《民族种类及人口》

力些族住宅，均以木楞为墙、板片为瓦，湫隘狭窄。席地坐卧，无桌凳床榻。饮食俱在火塘周围，不甚清洁。

下卷《社会状况·生活·住》

力些族祭祀，在山中则祭山神，即以猎获之麂、獐、兔、鹿为祭品；在家祭祖，则仍用线香、猪羊之属，惟不立神主或任何牌位。

下卷《社会状况·风俗·祭祀》

力些族，衣服纯用麻布。男服不褐不衫，长仅及膝，科头跣足半剃辫发，麻布裹腿。妇女皆系麻布长裙，终身跣足，喜编连贝子为朋，缀于巾帼以为首饰。

下卷《社会状况·生活·衣》

力些族礼节，仍重磕头。其乐有葫芦笙、横笛、四方四弦之琵琶、锁南。其笙有五管者，在年节喜庆时吹奏；八管者，则用于丧葬。

下卷《社会状况·生活·礼乐》

力些族亦有黑力些、白力些两种，但其婚姻一律平等，绝无贵贱之分。尤重血统，不能混乱。聘礼多以牛羊布匹为准。

下卷《社会状况·风俗·婚嫁》

力些族食粮，以包谷、荞麦、燕麦为主，喜食猪羊野兽之肉。食仍用箸，并用瓷器，惟不知烹饪，食物极粗疠。

下卷《社会状况·生活·食》

中甸山岭高峻，道路崎岖，冬春则积雪隐人，地冻如铁；夏秋则遍地出水，泥塘没膝，无论桥梁，均属不易修治。是以汉、回，藏、摩些、倮罗各族男子多能骑马，女子多系步行。其力些、苗子两族，男女均系步行，泥泞跋涉，备极艰苦，所以每日行程最短，最捷者不及百里，至轿车、摩托之类，伊古迄今，未尝见也。

下卷《社会状况·生活·行》

中甸有汉、藏、回、苗、摩些、力些、倮罗七种民族，而语言仅有六种，因回族与汉族同为一种语言也。今将各民族语言之发音与构造详言之：

1. 汉（回）语　汉语与内地同，最为清晰。因中甸汉回民众，原籍多不相同，盖自雍正归版以来，始有汉人踪迹，其来历不外游学、随营、贸易、开垦四种；其原籍多系金沙江上下游各省人民，但以少数汉、回聚居一隅，其语言自渐同化；复因中甸孤悬江外，接近宁远、八百，故其语音清晰。

……

5. 力些语　力些语多腭音、喉音，而唇音、舌音最少，鼻音、齿音更少，语言粗涩，言词简单。

下卷《社会状况·语言文字》

中甸虽有七种民族，而文字仅有五种，即汉文、藏文、回文、摩西文、倮罗文；其力些、苗子二种，仅有言语而无文字。

下卷《社会状况·语言文字》

力些族仍用棺葬，且有一定墓地，亦有立碑墓者。最重祭扫，虽历数十百年亦能辨认。

下卷《社会状况·丧葬》

七十二、和锡光：民国《中甸县志稿》[1]

俚苏，即《通志》所称之傈僳也。居于金沙江畔之峻岭崇峰间，种荞麦而为食，织麻缕以为衣。喜猎，射则必中。性狡悍，好杀戮，惟敬畏么些头目。

《种人》

① 载西南民族学院图书馆：《云南傈僳族及贡山福贡社会调查报告》第5页，1986年。

七十三、冯骏：民国《中甸县志》

有汉人、倮罗、古宗、么些、傈僳、回民六种。汉人共一千二百六十八人，倮罗七十九人，古宗九千七百七十六人，么些一万二千八百八十四人，傈僳一千三百二十六人，回民八十七人。汉人住境内中部。语言相似英语[1]，有藏文，凡汉人与其往来文件，恒常适用，应翻译之，风俗与汉人略同。么些住江边境沿江一带，语言、文字、风尚概与汉人同。傈僳住东山，另有夷语，有傈僳文，恒不适用，风俗与倮罗同。回民住中部及江边境，语言与汉人同，有回文，恒不适。

《人口·种类》

七十四、段成钧：民国《泸水志》

查泸水在明以前，原族有三：摆夷、倮倮、傈僳。……

傈僳姓氏：密、褚、蔡、禾、余、姬等为源流。

第 15 章《氏族·种族》

语系，有四种：傈僳话、汉话、倮倮话、民家话。

第 16 章《方言·语系》

七十五、民国《纂修云南上帕沿边志》[2]

上帕僻处滇边，居怒江上游，为西北屏障。人种原为“怒子”，后渐始有“傈僳”，由沧江、六库一带移来杂居其间，名虽归丽江府管辖，其实则怒、傈自成部落，亦无土司统属。族中各有一种语言，其最通行者为傈僳语。向无文字，纪事则以木刻或结绳为之。虽颁白者，亦不知其年龄，经过事实，更属茫然，几不知此外别有天；且赋性犷悍，桀骜不驯，反复无常，汉人无敢深入此地。虽有小贩商人冒险前来，皆有怒目等负责保护，始敢深

① 古按：此处“语言”前当脱“古宗”二字。

② 载陈瑞金主编《怒江旧志》，怒江州旧志整理班子据民国二十年铃印钞本标点，1998 年。

入，然居少数，不过二三人而已。

(1) 沿革

（甲）位置

上帕居西北极边，距省城二十七站，计一千八百六十余里，在碧罗雪山（怒山一部）、高黎贡山两大雪山之间。……碧罗、高黎两大雪山，半山之上，冬春积雪甚多，人迹罕到，惟半山之下，始能住居。以故平原甚少，全境高原约占百分之十八，低原约占百分之三十七，平原约占百分之八，山陵约占百分之二十六，江河约占百分之十一。各怒傈皆于半山之下，择险而居。惟村落零散，人户稀少，将来边夷进化，汉民加多，地面或可逐渐开垦也。……

（己）险要

腊乌岩　居怒江东岸，北距帕署十里，为由罗属入境必经要道。此岩绝壁屹立，横插江际，怒、傈往来，则以竹木沿岩架桥，攀藤附葛而过，稍一不慎，则倾堕江心，身葬鱼腹。计年坠江而死者，不下数十人，尸骸无存，惨不忍闻。嗣经杨俊清委员于民国九年筹款兴修，行人始无堕江之患。然石工浩犬，财力有限，未能辟为坦途，骡马往来亦难行。二十年春，保委员仲馨另行改修，加宽尺码，行人往还已称便矣。然究以岩石巨大，开凿维艰，尚须逐渐修筑，始能畅行无碍耳。

腊竹底岩　居怒江东岸，南距帕署十五里。原系通衢，行人来往，络绎不绝。顺江三十余丈，尽属危岩，峭壁屹立，横插江中，上有崇巅，无路可绕。本地怒、傈仍以竹木架桥，攀藤附葛而过，比之腊乌岩尤为陡峻，其危险因之更甚焉，每年堕江溺死者，不一而足。嗣经马宗龙委员于民国十一年募捐兴修，始化险为夷。然因石工浩大，汉人稀少，募捐匪易，必须逐渐筹款，随时开凿，斯能为平康坦途也。

(2) 地势

上帕气候与内地迥别。沿江两岸为两雪山所阻，空气郁塞，蛮烟瘴雨、云雾迷朦、温度最高，潮湿尤重。每年春季，大雨滂沱，连绵数月，阴风暗霾，怵目惊心，蛟翻水泛，声闻数里。夏秋炎热，雨量减少，瘴疫传染，死伤甚众。冬季则逐日晴旱，雨水全无，惟气候寒冷，霜雪早降，瘴疫减退，尚称安适。其温度以华氏表计，在六七月间最高至九十五度，在二三月间最低至四十五度，平均月份皆在六十度至七十度之间。在昔与内地不相往来，因之商贾裹足，行人稀少。每至十月，大雪即行封山，内外隔绝，消息不通。至次年五、六月间，雪始融化，可以通行。现时怒、傈渐次开化，商旅日多，行人来往，络绎不绝。每年至十二月，雪始封山，及次年三月，即可破雪出入。将来边地进化，商业发展，行旅相续于道，或可无雪封之患也欤。

（3）气候

（甲）矿产

沙金　帕属沙金并无矿厂，概系各怒、傈于怒江两岸水浅之处捞沙细淘而出。淘出之金皆薄茸细片，复以水银火炼结而为砂，圆如豆形，每粒一二分、二三分不等，故名为沙金。

铁　帕属铁矿无人开采，亦无产硐。产铁之处，如马吉沱主、扒亥碧果等处，矿苗甚旺，铁质极佳。各怒、傈自行前往该处，于地面挖取矿石数十斤，用打铁小炉化炼成铁，以之制为锄斧刀矛各器，然为数无多，必俟将来官府商贾集资开办，始能成厂发展。

（乙）土产

黄连　帕属黄连产于碧罗、高黎两大雪山之上，为本属重要药材，行销内地。在昔概系野产，嗣因怒、傈采取者多，致令野产尽绝。因其值昂利厚，怒、傈均提倡栽种，递年推广。查此物向无籽种，栽根分苗，花系蓝色，叶似芹菜，干高尺余或数寸。栽种三年，始能采取根苗。年代愈久，则其根愈老而值愈昂。性喜寒冷，不宜向阳。每年怒、傈于碧罗、高黎两半山之上，择林木深处，辟地栽种。近日逐渐推广，愈种愈多。将来普遍种植，则怒傈之生计，翘足可以立而待也。

麝香　怒、傈性喜猎兽，每年雪封山时，即群往碧罗、高黎两山狩猎，张网守之。获獐子后，仅取麝香，其肉概行分食。近以獐子稀少，出产无多，每年所出，不过数十圆而已。

熊胆　帕地之熊有两种，曰牛熊，曰狗熊。牛熊最大，狗熊次之。怒、傈往猎者置弩于地上，箭涂以毒药，熊触之立毙，仅取其皮及胆。皮粗厚，仅能备铺垫之用。胆则分上、中、下三等：上等闪砾夺目，色有金光，名曰金胆；中等色透明似琥珀，名曰珀胆。余则有菜花胆，其色黄黑相杂；墨胆，其色深黑，均属下等。每年出产甚多，概销内地。

贝母　入药用。产于碧罗、高黎两大山寒冷之处。一茎直出，无分枝，杆尺余，花白色，开于顶茎，如胡荽，其根小者如豆。名曰雀嘴贝最佳，比如算盘子者次之。亦系草本，现在价甚昂贵。每年三四月间，怒、傈结伴往碧罗、高黎两山采取，各得数两至十余两者为多。含水甚重，需二、三斤始晒干一斤，仍销内地。

漆油　帕地怒、傈遍种漆树，多不割漆，结籽后取籽榨油，以碗盛之，凝结后去碗取出，状似牛油。怒、傈生活简单，中等人家使用猪油、胡桃油等，然亦掺杂漆油食用，贫寒之户概食漆油。惟出数甚广，每年除本地食用外，尚余数万斤，运销内地。

黄蜡　帕属蜂有二种，居家所养者为蜜蜂，野聚岩畔者为岩蜂，均取其蜜而食之。为蜜渣熬炼滤为黄蜡。然每年出产无多，仅数百斤而已。

香菌　香菌产于深山森林内，树木倒枯横于地面，一经风雨腐朽，则发生香菌。各怒、傈任意采取而售之。

木耳　产如香菌。

牛皮　怒、傈有病，向无医药，素信祭鬼。初则用鸡猪不愈，则以牛祭之。以故帕属之牛皮出产甚多。然无大者，每张仅二三斤或六七斤，其价亦减于内地之牛皮。

獭皮　帕属水獭有二种，在江内者为江獭，在河内者为河獭。河獭毛细茸，价甚昂；江獭毛稍粗，价略减于河獭。然为数甚少，每年仅出数十张。

飞鼠皮　飞鼠原系兽类，惟怒地始有。常居林中食果实，两腋皮毛如翅能飞，故名。怒、傈最善用弩弓射之。其皮甚薄，以之制裘。仅背脊一路，他处则皮板太薄，概不能用。每年出数甚广，运销内地。

黄草　黄草亦系药材，产于岩石之上。细小者色甚黄如金钗，故药名为金钗石斛。粗大者名土石斛，惟细小者方佳。土石斛不堪入药。怒、傈于深山岩畔取得后零售与汉人。又复去其根及粗皮，始运销内地。

茯苓　亦系药材，产于松树之下。怒、傈采取后售与汉人。汉人则用米汁喷湿，以草盖覆四五日取出，则皮色变黑。佳者皮面有花纹，名为胡椒。皮形圆者最佳，长者次之。

（丙）农产

米　帕属之稻，分水旱两种。种水田者曰水谷，种旱地者曰旱谷。旱谷壳红米最白，惟略干，油汁甚少，煮食不甚增长。水谷壳黄，米色稍亚于旱谷，性最软糯，油汁甚多，煮食亦最发长。然仅江边一带能种。高山之地气候寒冷，不甚相宜，概种杂粮。以故帕属杂粮最多，米谷甚少，各怒、傈食米者尚属寥寥。且人户稀少，村落零散，江边芜地尚多，将来边地进化，汉人迁移繁盛，加以官署劝导，提倡陆续开垦，随时改良，谷米自能增多也。

糯米　帕地糯米，亦有两种，谷顶出穗长寸余者为长毛糯，无穗者为常糯。长毛糯性最粘软，常糯次之。然每户仅种一二斗，出数无多。

包谷　包谷又名玉麦，帕地有饭、糯二种，饭者皮最厚，糯者性粘如糯米。高山之地不产米谷，各怒、傈概行舂食。即江边一带有米者，亦常杂米而食之。

高粱　帕地高粱，亦有饭、糯两种。糯者性软，各怒、傈常以作饼而食。饭者概煮酒用之。

荞子　帕地荞子亦分两种，一曰甜荞，一曰苦荞。甜荞性劣，苦荞甚佳。苦荞概行充食，间亦有食甜荞者。余则煮酒及喂牲畜用之。

饭豆　帕属饭豆仅有白色一种，概种于高山。若递年栽种，则不甚生长。以故怒、傈等均隔年一种，以之充食，较之他项杂粮尤佳。

黄豆　帕属黄豆，亦隔年一种。惟鲜充食料，仅以之入菜蔬及喂牲畜之用。

天粟米　帕属天粟米一种，状类小麦，叶秆均红色，穗亦红色，穗内有子如黍米，白色、圆形，然必须有余地之家，始种少许。以故出数甚微，怒、傈等作饼及造酒用之。

鸡脚稗　帕属有鸡脚稗者，其叶如兰，高仅尺余，杆顶结穗如鸡足，故名。惟不能充食。怒、傈素质嗜酒，以故各户均种此物，咸为煮酒之用。

青稞麦　帕属有青稞麦一种，状类大麦，惟麦穗稍长，籽略大，若磨而为面，不甚交融，仅能造酒。怒、傈等均种为煮酒之用。

（4）物产

上帕夷民，原有三种。曰怒子，曰傈傈，曰拉玛。怒子，全系土著，无姓氏，不识年龄，不谙文字，不通汉语。傈傈概由沧江一带移来，亦无姓氏，内分四族：一名瓦咱，二名括咱扒，三名亥咱扒、四名獗咱扒，均系傈傈语。以汉语译之：挖为鱼，从余姓；括为荞，从乔姓；亥为鼠，从褚姓；厥为蜂，从风姓；扒为老者之称。此外别无姓氏，亦不知年龄，不通汉语。拉玛亦从沧江一带移来，咸姓和，并无别姓。名虽三种，而其实则风俗生活相沿成习，俨如一类，非如他属之种族，可以显然区别也。

（5）种族

上帕夷民，虽分怒子、傈僳、拉马三种，而语言则仅有怒子、傈僳两种。拉马语仅沧江一带有之，移来帕地者，概从傈僳语。怒语甚狭，惟怒子一种始用此，外能知者甚鲜。傈僳语则全境通用，尽人皆知。

（6）语言

上帕夷民，虽分三种，而性质则互相传变，习染成风。素性犷悍，桀骜不驯，身傍随时带有刀弩，无分稚老，专以抢劫为生。且极怠惰，不事生产，每年仅种杂粮少许，一家之计，尚不能足，青黄不接之际，尽皆乏食，概行以树皮草根充饥，形容枯槁，菜色憔悴，惨不忍观。在群相结伴，往沧江一带掠人勒赎，已成惯技。现在高官治理，严行查禁，始各迹敛销声，惟团结性最坚。各人均持大同主义，乐则同享，苦则同受；一家有粮，则任意煮酒，合村共饮，日夜欢笑，食尽则散，并无怨言。故全属虽尽赤贫，而向无乞丐依门求食，殊足钦羡。且赋性顽梗，全无欺诈。汉商来往，始则以利诱之，终则以奸计害之，尚服从信仰，而不知其诈也。近来逐渐进化，知识略开，社会变迁，直性稍减。将来交通便利，汉人繁多，风气一开，其浑朴之性，将随之而变也欤！

（7）性质

（甲）习惯——上帕夷民，最嗜烟酒，无论男女老幼，均用竹杆、竹根制为烟具，随身携带，吸食草烟，习以为常，莫之非笑。酒则各户自造，分烧酒、杵酒两种。烧酒系依内地普通方法，煮熬而成。杵酒煮后，即置瓶中，随时取入锅内，用水搅热澄清取水饮之。无论何家有酒，均合村同饮。醉后不择人家，任意酣眠；即道旁村畔，亦有醉卧者，醒后始归。沿江一带，相习成风，不以为异。现经官署禁酒，然数百年习惯，急时难以转移。将来严行查禁，纵不能全数尽绝，亦可望渐次减少，风俗当能改良也。

（乙）信仰

上帕夷民，信仰祈祷，牢不可破。然无寺庙，无偶像，一有疾病，不信医药，即请巫人于郊外，择树一株，系以白纸少许而祭之。初则用鸡猪，不愈则祭之以牛羊。怒族家产，惟恃牲畜，故一人有病，所祭牲畜，几至破产，一家均受其害。且一经死亡，房产器具尽皆抛弃，另行择地徙居。其房屋构造甚易，然因赤贫已极，若死伤甚重，其后裔必至贫无立锥。现在保委员仲馨筹款设立医馆，购办药材，劝导怒、傈，信用医药，将来若能渐次扩充，医药畅行，祭鬼恶俗自能逐渐消灭也。

（丙）婚嫁

怒、傈婚嫁，不用媒妁，亦无选择，婚卜定婚。最早有子之家，探见何户有女，由家长邀亲戚数人，携酒一坛、牛一头、猪半口，前往求亲。女家应允，即收物招待，面商财礼；不允者栽石于门，以示不能别嫁之意。故男家至女家提亲，无不允许者。其财礼完全用牛，内分干牛、活牛两种。干牛系以锅、瓶、三脚等物抵充，每件即抵牛一头。大致每次财礼，活牛六七头干牛十余头，布则二三件，猪酒多少不一。有余之女家，则制银耳环、珊瑚及麻毯等物为奁具。至若男家贫困，其财礼需赖亲族赞助，尚不能一次交足，及至生儿育女，尚有不清者。普通女及笄即接回同住，全系步行，向无轿马。女至男家，有自然配合者，有经父母强制，锁闭一房，仍不能配合者。怒、傈风俗，男女必配合后，男家始煮酒宰畜邀请双方亲友，群集宴会，男女数十，分班唱舞，名曰跳锅庄，欢饮一昼夜始散。客去后，男则抬木，女则割草，另造住房，与父母分居，即为成家矣。其不能配合之妇，往往同他男子相逃隐匿山中，再由三面家族，理论身价。其牛多则五六十头，少则十余头，干牛、活牛均有。必待理论清楚，牛物交付，始出面饮酒，名曰和气酒。故怒、傈婚俗，男子则以自能诱哄妇人为贵，女子则以逃婚再行理论多值身价为荣，从一之节，茫然不知。惟其所悦者，即终身生产困苦，亦忍而同受，毫不计较也。

（丁）丧葬

怒、傈习俗，丧事并无礼节，亦无服制。人死后，洁身置诸房内，通知亲族来看。来人皆携酒一筒，注尸口中少许，以表其情。而至戚密友，则亲口含注，务使饮下。停尸三日，一面选择葬地，用竹签卦为凭，卦宜者用之，不宜者另行选择。俟亲族逐一看毕，即前往开圹，以木板或竹篱镶圹中，亲族齐集抬出置尸于木板或竹篱上，用土掩埋，高与地平，上面用石板空砌如棺状。男则系以弓箭，女则系以篮筐，永悬弗去，葬毕后始回家酬客。若系传染杂症死者，无论多少家人，均走避不顾，概请尼扒（即巫人）抬埋，更无亲戚往吊者也。

（戊）酬酢

上帕怒、傈，索性朴直，团结性尤坚，全无欺诈，纯系古风。一户有事，远近亲族及合村邻众，均竭力相助；然无资财，常以布绵、牲畜、铁器、瓦瓶尽力赞助，必其事结果始罢。否则，倾家破产而不惜。所助之物，必俟当事之家，从缓陆续筹还。若一时未能偿清，继又发生事件者，戚族仍然资助。故怒、傈因资助待酬之债，甚至有数世子孙仍代先人酬报物品者，世世相传，沿以为习，至今犹然。将来边地进化，汉人繁多，此风如能久存，不为习染所变，亦属良善之风俗也。

（己）歌舞

怒、傈习性，最喜歌舞，常于村中，约聚数十人，男女混杂，履舄交错，接手为圈而跳，名曰跳锅庄。其乐有三种：一以木为琴．名曰琵琶，形如月琴，弦则用四，弹之铿然作声。一以竹为箫，前制三眼，后一眼，长三寸余，以口吹，以指按音，亦响越。一以竹为弦，名曰口弦，用竹片约长三寸，宽三四分，中刻一小片如薄纸，一经指弹，则此小片发音，附于口齿之间，殊觉幽扬；其簧有用三片、一片者，音则相同。每当歌舞之际，男弹琴、女吹箫，并弹口弦，随意欢跳，无论婚嫁宴会，均喜举行。对于招待，极为简单。主人仅给之以酒，男女开怀畅饮，不分老少，围坐歌唱，互相答和。所唱之歌，皆触物感怀，临时成句，并无曲谱，音节亦不限韵，字数多寡，尤为不一。……

（8）风俗

（甲）服饰

怒、傈衣服，概用麻布。不居平原，咸于半山岩畔倾斜之地，择险而居。男子则穿衣裤，蓬头跣足，间有戴布小帽、穿一耳坠以珊瑚者；项上常挂料珠及草圈，坠于胸前；手上多带铜镯一二支，或竹草编成者，并用槿棕树叶之筋以漆染为圆圈数十圈箍于腿上。所穿之衣，长短不一，无领无扣，上下宽阔均等，腰间常以带束之。女子装束，上身用衣，下身用裙，衣最短，裙无缝，长仅及膝，两耳皆坠银环，大如手镯；头上则用骨片料珠等，制为一圈，束之如勒；两手亦带铜镯或竹草镯，赤足如男子。现在逐渐进化，汉商来往，中等人家，衣服有用棉布为之者；亦有购自汉商，由内地缝来者。将来汉夷同化，服饰自能陆续改良耳。

（乙）饮食

怒、傈生活最低，每年多种杂粮，仅江边一带稍产稻谷，亦掺杂而食。高山之地，概系杂粮，无论何种粮食，均煮为粥，其能造为饭者甚鲜。菜蔬，仅有青菜、莱服、瓜豆等菜，别无他种。油则概系漆油，间有食胡桃油者，皆中等之家。不饮茶，惟嗜酒。每当收获之季，即任煮酒，阖村共饮，不知节省，不知储蓄，一至次年二三月间，即行借粮，否则忍饥布[①]饿，遍寻树皮草根或果实为食。故怒傈生活，半年充足，半年饥饿。现在保委员仲馨设法增加生产，劝种春苗，提倡垦殖，严禁煮酒，各种善政，积极进行，将来怒傈生计，或可逐渐丰富也耶。

（丙）住居

怒、傈房屋，构造十分简单。建筑房屋，不用工匠，自行削木为柱，编竹为壁，柱栽地尺许，长短不一。高处用短木，低处用长木，就斜地铺平，不用榫口，概用篾缚。中则编竹篱为楼，人住其上，牲畜关于下。一房之柱，用至二三百根，距离仅四五寸而已。谚云“千柱落脚”者，此之谓也。上无砖瓦，盖以茅草或木板，门不开檐前，尽开侧面。且住居零散，不相接壤，每户房址，相距数丈数十丈不等。汉人则择平原而居。现在汉夷渐次融洽，怒、傈间亦有住平地者，然为数无多也。

（9）生活

查上帕地面，在昔归丽江府统辖。茨咱以上，原系叶枝土司管理。茨咱以下至现设公署一带，延长一百八十余里，向无土司管束，自成部落。习性野蛮，专特强横，强者为酋，弱者为仆。其中最强悍者，则有蜡竹底之、上帕之雀阿嘴、黑阿有，姑切之司马所扒。当时均管有数十寨，称为密夺（密夺者即汉语王也），其势力亦可悬想矣。惟无组织、无机关、无专管，不过暂时有事，统率指挥而已。故怒傈极为自由，常随时聚集数十人，往沧江、俅江两处，任意滋扰。沧江一带，则肆行抢劫，掠人勒赎。汉人畏如虎狼，勿敢深入怒地；而怒子除抢劫外，亦无一人敢入内地者。故汉夷隔阂，消息不通。德溪一带，人民为安全计，自愿每年上纳铁器与怒子，图免滋扰之患。俅红因曲子朴实，性极浑厚怯懦，向系归顺怒子，近来虽被英人占据，而怒子管俅子之语，今人犹在口齿之间，而不能湮没也。

（10）管辖

怒、傈所用武器，仅有刀弩两种。刀则锋宽柄窄，长短不一；长者自三尺至四尺余，短者尺余至二尺许；鞘则用木刻为半面，藤缠数道而收束之。

① 布，当为“耐”字之误。

男子无论老幼，尽皆携带，均佩于右肋之下，其出入鞘时，灵便非常。弩以木为之，大小不一。中有一直木横穿一木为弓形，如十字；弦则系诸弓上，箭架于中，以弦推广而射之。大者长四尺余，需百斤力；小者长尺余，需二三十斤力。箭则以竹为之，内分三种：一曰药箭，以毒药裹箭头，射中者登时立毙；一曰铁头箭，以铁炼为三叉，或如矛，甚锋利。一曰白头箭，以竹削尖而用之。怒傈自幼练习，技术最精，百发百中，为他种人所不及也。现在官署严禁刀弩，惟旅行始准携带，违者收毁，其持器斗殴之习，自然渐次退减矣。

（12）武器

上帕怒、傈，犷悍成性，专恃强横，遇有争执，最喜报复，故仇杀之案甚多。往往两边，均各约聚戚族邻众数十人，各持刀弩，并用生牛皮制为皮板，披于背上，以避弩箭，名曰牛皮甲，无则披以棉絮或毛毯（因弩箭入软处则无力），互相争斗。死伤者两边各自收回。若死亡相等，经两边头目从中排解，多死一人，则饬令赔偿牛二三十头（名曰赔骨尸）或可了息，否则世代子孙，仇杀不休。现在设官治理，严禁仇杀斗殴。江西怒傈，以江为恃，难以拘提，间有发生者；若江东夷民，此风全行消灭矣。

（13）争斗

（甲）纺织

上帕麻布，概系怒、傈妇女自行纺织，并供给男子衣服。每户均种大麻，收取后煮洗洁净，纺而为线，织之成布。其法甚简，各户门前均立二桩，用竹竿二根排列于上，以绳系扣，将麻排为经线，置于竿下，无梭子，概用纬线结团，抛织而成。宽不过六寸，质量细密，全境皆然。将来能改良，用机织成，亦为最良之工艺品也。

（乙）木器

上帕怒、傈，仅能造木柜一项，大小皆有。大者高三四尺，能盛粮数石，小者尺许，为居家所常用者。然无锯斧各器，仅以砍刀及小尖刀刻削而成。因此槽榫处太浅，不甚持久。向无技师教授，皆自行研究成也。

（丙）铁器

上帕铁器，向无工匠。怒、傈自制锤钳等件，用旧铁器改造；或往有矿之处，拾矿石数十斤，锻炼为铁，造成锄斧刀矛各器，其质料与内地所造者比较，相差无几。然不能造他项器皿者，因无技师教授改良也。

（丁）竹器

帕属产竹甚多。怒、傈最精竹器，即居家日用簸箕、筛子、箩筐、竹盒等物，均属自行制造。更有一种竹子，节长三四尺，名过江竹，以之造器甚佳。怒、傈常以此编造竹器，光华异常，诚他属所不能及者也。

（14）工艺

查上帕地面，银币尚未通行，即生银、铜、铁，亦不使用。汉商与怒、傈等交易，向系以其所有，易其所无。现在逐渐进化，银币虽已通行，而零星菜蔬等物，仍以盐布互相更换，以物易物之俗，尚不能免。必俟将来市场繁盛，钱币流通，此风或可转移也。

（15）交易

怒俅两江，与英缅毗连，原归中国版图，只以清政府放弃职权，漠视边务，致令本地怒、傈自成部落，犷悍已极，内地人士无敢深入其地。嗣至民国纪元，腾越李应泉先生任云南陆军第二师师长，在前曾至此地，得悉其中有此一段沃土无人管理，当即呈请云南蔡松坡都督派兵征服，委任宗熙为正委员长，景绍武为副委员长，各率拓边队士兵四十名，分道前进。任宗熙由丽江、维西一带进攻上帕，景绍武由剑川、喇井、营盘街一带进攻老母登（距知子罗公署十五里）。任君行至丽江，即有帕属腊竹底傈头目称为乜夺者（乜夺系怒王之称，因此人强横，怒傈尽服其管，故有此称），因其妻妾之子互相争斗，该乜夺不能制止，即声言前往内地求汉兵援救，及至丽江与任君相会，遂派为响导，由富川进兵至腊竹底岩。怒、傈抗拒，将岩桥砍断，无路可通。该乜夺遣亲信怒子深夜用大竹架桥，乘间引汉兵偷过至上帕。怒、傈顽抗，不肯退让，幸任君足智多谋，部属奋勇异常，转战数月，始于上帕村建营垒，筑碉栅，驻守防御。沿江一带，渐次投诚，自愿上纳门户粮，任君遂率队挨村征收。此时兵民虽已相安，而怒傈反复无常，故各兵均严行防范，弗敢稍懈也。元年六月，第二师师长李应泉将拓边队另行编制，改为殖边队，委任宗熙为大队长，驻守上帕；景绍武为中队长，驻守老母登；复加委何泽远为中队长，率兵三十名，由维西叶枝一带，沿路经营，以为任、景两队之援应。

（16）开辟始末

查上帕户口，因村落零散，人户稀少，且怒、傈不居平原，喜住半山悬陡，人不常到，险要非常。其次，即由于怒、傈最喜仇杀，是以择险而居，则道路陡峻，调查困难，易于防范也。前于设行政时，经杨葆光委员派员调查一次。斯时，因甫经开辟，汉夷隔阂，疑忌未释，未便详细调查。嗣至十二年三月，马宗龙委员任内复行调查一次，惟帕属每至夏秋之际，疫疠时行，死亡基众，甚至有一户全行死绝者，挨村均有，故于调查时减少甚多。直到二十年保仲馨委员任内，始分区派员挨村逐户详细调查，无论山间岩畔之村落，调查员均必亲到，故比较从前所调查者均各增加，而且详尽。……

（18）人口

查上帕怒、傈，犷悍成性，言语不通，文字不识。自民国纪元，经任提调宗熙征服后，于上帕、禄马登二处各设汉语学堂一校，各聘教员一员，专授汉语，经费则由公费项下开支。无如各怒傈知识未开，视读书为畏途，尽遣奴仆子弟送校肄业。设治后，仍照旧办理，虽经历任委员随时化导，其疑忌仍不稍改。至十一年，马委员宗龙任内，添设利沙底汉语一校，并委劝学员长一员，以资劝导。因无学款，劝学员长系署内职员兼充，不支薪水。嗣至十三年，复添设姑打汉语一校，三月，始将劝学所成立。亦因款项支出，所长一职由公署科长兼任，仍不支薪。所内并无开支，学校经费照旧由公费项下支给，劝学所则仅有其名而已。至十八年，章委员佩龙任内，又设立贝汉语一校，将劝学所另行组织，所长则免去兼差，专办教育，并添设书记、杂役等人。是年因学校陆续推广，更加劝学所一切开支，款项不敷甚巨。当经召集各绅首会议，每户捐洋贰角以作教育经费，其不敷者，仍由行政公费项下补助。至二十年，保委员仲馨严行整顿，增加教育经费，复添设老马底一校，共六校，一律改为初级小学。并于上帕成立高级小学一校，每校学生额定十五名。本年学款陡然增加，仍召集地方绅首会议，别无款项可筹，照原有户捐每户再加洋叁角，共收伍角。不敷之款，仍由行政公费及临时筹补。考帕地教育不振有两大原因：一因怒民顽梗，知识闭塞，不知向学；一因怒民赤贫，无法筹款，而入校学生，一切衣服伙食书籍笔墨，均须由公供给。有此两大原因，故帕地教育

（20）教育

七十六、民国《征集菖蒲桶沿边志》[①]

菖属夷人原有五种，曰古宗，曰喇嘛，曰怒子，曰傈僳，曰曲子。古宗喇嘛，现住一区，相传由清初（不记年）西藏大喇嘛率领古宗二三十人来此传经，勘悉此地可以栽种，遂择地垦荒而家焉。喇嘛系古宗之奉红教者。怒子散居一二区，原系土著。傈僳散住三四区，系由上帕及沧江边移来。曲子系原始土著，现住曲江五区。此各种夷人，各自成为部落。古宗、傈僳，由喇嘛寺管束。喇嘛在清咸同间势力甚大，地方之公务、夷人之诉讼，均由喇嘛处理审判。一二区山地尽被喇嘛霸为己有，夷民栽种须纳与租粮。光绪五年，始委维西普喃土司受辖，喃土司刻虐，夷民怨恨。至光绪三十年，改委维西叶枝王土司管辖，仍归维西二府节制。

第一《沿革及设治》

贡山达拉乡及茨开乡之一二两保，在前清时归维西叶枝王土司管理。时于光绪末叶，王女土司信佛，将管辖区钱粮送与藏属察瓦隆喇嘛作香火资，嗣由察蛮征收，异常刻虐，民不聊生。光绪三十四年，喇嘛变后即改土归流，怒俅两江委阿敦弹压委员夏瑚管辖，始与察蛮划界，不许征收。察蛮不服，历年以木函件捆捕、恐吓。民国十二年，察蛮深悉驻防军队已经调离，适梁委员之彦庸懦无能，遂勾结三四区（属叶枝茨开）傈僳阿肯生、尼妈阿匹、托欠等煽惑傈民，驱逐汉官，欢迎蛮官。察瓦隆百长渣西率领蛮兵六七人，各持快枪，竟来打拉收粮，全江人民未经兵事，异常惊惶。梁委员无法制止，准予征收，并立与契约，丧失主权，大损威信。至民国十四年，政府将梁委员撤任。董委员家荣接任后，察蛮又来收粮，经董委员督饬团队，将察蛮枪弹提收，察蛮畏怖，立下永远不敢再收字据，始将枪弹发还，人民至今尚受其赐。傈僳阿肯生等，委以保董甲长之职，遂得消患无形。又民国十五年四月中旬，羊拉蛮匪十余人各持快枪，窜入一区，以缉拿逃犯为名，实欲恣意抢劫。贡属从未遭遇匪患，人民异常惊恐。经前委员董家荣调团防堵，蛮匪慑服，要求给粮出境，人民未受损失。

宣统二年六月，上帕傈僳叛变，巡防队被围，驻防贡属镇北营后哨官肖

① 载陈瑞金主编《怒江旧志》，怒江州旧志整理班子据民国手稿本标点，1998年。

绵党率队赴援，击毙傈匪数人，阵亡伙夫廖银祥一名，地方始获安。

民国二年正月，上帕傈僳复叛，以美人计诱驻上帕游击官兵三十余名，一并砍死，损失枪弹无数。驻防菖国民军后哨官高促岭督率队往援，傈匪据险抗拒。肖队官以声东击西之法，引诱傈匪舍其险要防堵江边，肖队始将傈匪巢穴击破，格毙傈匪百余十名，余匪揁锷归农，边事稍靖。

第二《大事记》

管理征收　菖属地方夷人，有喇嘛、古宗、怒子、傈僳、曲子五种。在昔名义上虽归维西叶枝土司管理，其实系强者为酋，弱者为仆。土司对于怒俅两江，只每年派人来收钱粮一次，地方之民刑案件，即由收粮人处理；收粮人撤回后，民间发生争执，又由喇嘛寺解决。彼时喇嘛众多，习性强横，古宗、怒子均畏之，虽威福擅作，生杀由己，莫敢谁何。是为喇嘛管古宗、怒子。至俅江、曲子上与傈僳钱粮，系因俅地深远，土司鞭长莫及，管理虽周，将俅江、狄之狄瞒两江钱粮委傈僳托漏扒征收，将俅江独龙以下拉达阁以上钱粮委傈僳巫千征收，其拉达阁以下钱粮系席米扒征收。所收之粮，尽系山货皮毛。因为傈僳收粮，即由傈僳管曲子，迄今犹在人口齿间。自宣统元年设治后，喇嘛亦无足遗迹。民国四五年间，英人侵占俅江后，傈僳不敢再往征收，惟王土司之于怒江钱粮，虽改土设官后，八九年间仍旧征收。系为夏委虽兼管怒俅两江，并未常驻怒境，亦未将土司钱粮拨归地方，且夷人服从土司已久，一旦使其拒绝土司，恐生意外，以故仍由土司征收。至民国九年，经杨委员毓铣呈准政府，将王土司征收钱粮永远拨作团费，怒俅两江始与土司断绝关系，纯系省委印官管理。俅江地方，先由喃王丙土司管辖，继由前菖蒲桶之官委袁裕才管理，业经历年所是，俅江为中国领土毫无疑义。

第四《舆地》

学制　菖属在未设治以前，并无学制。

学官　在未设治前，并无学官，亦无庙祀乐舞。

……

菖属尽系古宗、怒子、傈僳、曲子，顽梗成性。语言隔阂，不识文字。在土司管辖时代，并无一人读书。清宣统元年，夏委员瑚兼辖怒俅两江，提倡义学，于一二三四区各设小学一校，委教员，强迫汉夷子弟入校肄业，夷童专授汉语、体操，兼授浅近文字，其一切衣服、伙食、书籍、笔墨，均由公家供给。原有教费经由喇嘛寺每年补助银十两，不足之数，由汉童及因案罚金弥补。无如各种夷人知识浅陋，视读书为畏途，尽选奴仆及孤贫子弟来应门户。设治后，历经官吏极力开导，并于每区分委一劝学员，以资督促劝勉，终未引起其向学之心。推原其权，一由于夷民顽梗，知识闭塞，不知读书之益；一由于民赤贫，生计艰窘，虽有子弟，无款供给读书；兼之地方公款支出，各校筹设并未完备，历年聘用师资，亦因限于经费，希图廉薪就地取材，迄无良好教员。以致办学十余载，教育毫未发展。除委员应昌到任后，集绅议决整顿教育办法两项：（一）成立教育局，委刘朝忠兼充教育局长，月给津由五元，专司指导督促及计筹备之事；重资外聘教员四员，每员每年薪水一百元；增设各区小学名额，每校汉夷学生为三十名，可增不可减。夷童书籍、伙食、衣服、笔墨照旧由教育局供给，汉童学费一项豁免。年约需经费七百余元，现由各区门户项下分捐，每户每年收银三角，年共收银四百元，加以原有教育费七十元，共四百七十元。尚不敷银三百元，已连同后项教育费呈请拨补，于二十一年一月一律实行。（二）……

第九《教育》

津渡：怒江面上，并无桥梁，夏秋水涨以溜索，冬春水涸渡以小船筏。近村江边即有溜索，溜索渡口共有十五处。溜索以篾纽成，索之两端系于江之两岸，复以木制为梆，如瓦形，人缚梆上，以梆架索上而过。篾以大[1]扎成。木舟以大枝挖空，形如猪槽，名为猪槽船，全县有十三处。俅江面上并无船锋姻藤条溜索以渡，危险异常，全江面上共有二三处，已令改良。

第十《交通》

农时：夷人不知节令气候，傈僳、曲子每届春季，听雀叫即种苞谷。古宗、怒子亦届春季，樱桃开花即种苞谷，又届秋末胡桃落叶种青稞、小麦。每一架牛之山地，约产苞谷一石五斗，产小麦、青稞各一石。夷人种苞谷于三四月，收于八九月；种小麦、青稞于十月，收于四五月。若勒慎之农，可种三季。

第十一《农政》

泥木工：各夷人住房，尽系自造，手续简单。木料接榫处尽用刀斧刻削，或

---

① 古按："大"后疑脱"竹"字。

用篾扎成：因无锯、锛等器，不能造制榫口，难以持久。曲子、傈僳之房四面无墙，因无人会做泥工。古宗、怒子之房四围筑土，尽系自筑，尽人能为之。

石工：无。

造纸：无。

酿榨：菖属夷人尽皆嗜酒，人人能酿。其法甚简，将粮煮熟后拌以酒药，置于瓶中十余日后，将粮取出用木甑蒸之，用一槽插于甑中，其酒即由槽内流出。惟无榨油、榨糖之人。

竹工：菖属产竹甚多，夷人尽能制造器，如居家日用簸箕、筛、箩、筐、篮等物均系自编。

第十二《工业》

种族　贡山夷民，原有五种，曰古宗，曰喇嘛，曰怒子，曰傈僳，曰曲子。古宗由西藏迁来，喇嘛系古宗之入红教者，怒子系土著，傈僳由上帕及沧江搬来，曲子亦系土著。喇嘛、古宗、怒子，散处怒江一二区，傈僳处怒江三四区，曲子处五区之俅江。此五种夷人，均无姓氏，不识汉文，不通汉语。古宗、喇嘛，有学习藏文者。曲子、傈僳，均不识年龄岁月。傈僳族昝约分四种[①]，四名厥咱扒。均系傈僳语，以汉语译之：挖为鱼，汉余姓。括为荞，汉乔姓。念（应为害）为鼠，汉褚姓。厥为蜂，汉风（应为丰）姓。扒为老者之称。此外别无姓氏。名虽五种，其实风俗习惯无甚差异，非如他属之种族，可以显然区别也。

争斗　菖属各夷人中，唯傈僳生性犷悍，专恃强横。遇有争执，最喜报复，故仇杀之案甚多。两造均各勾串族邻亲友三四十人，各持刀弩，并用生牛皮制为皮板，披于背上，以避弩箭，名曰牛皮甲。无则以绵絮或毛毡（因弩箭入软处则无力）披之。互相争斗，死伤平均，经两造头目调解了息；若多死一人，则饬令赔偿牛一二十条（名曰赔骨尸），亦可了息，否则世代子孙仇杀不休。在民国十二年，梁之彦委员任内，尚有发生，嗣经后任严禁，迄于今日，此风销也。

第十五《氏族》

菖属民虽分喇嘛、古宗、怒子、傈僳、曲子五种，而语言仅有三种。喇

---

① 古按：此句文义不通，“昝”字疑衍。

嘛、古宗，均系古宗语。怒子、曲子，均系怒子语，均通傈僳语，傈僳通古宗、怒子语者甚少。全境通用傈僳语。

第十六《方言》

婚嫁　菖属夷人婚嫁，并不选择卜婚，定婚早。有子之家，探见何户有女，请媒携酒前往求亲。女家不允，仍携酒回；女家允许，媒人于女之父母兄弟姊妹各敬酒一碗，即为定婚，面商财礼。傈僳风俗，不允许者，栽石于女家门前，以示不能别嫁之意。古宗、怒子聘礼，用酒一坛，黄牛一条，铁三脚一盘，布一件。曲子聘礼，用酒一瓶，黄牛一条，山羊皮一张，麂皮一张。傈僳聘礼，用酒三十碗，牛七八条；内分干牛、活牛两种，活牛每次不过三条，干牛以铁三脚、铁锅抵充。男家贫穷，由亲族赞助；如一次交不足者，可以至生育子女后陆续凑交。女家嫁奁，系银耳环、料珠、麻毯等物。俟结婚日，婿家约数十人往女家欢迎，女家亦无论数十人送新妇[1]；沿途步行唱歌至婿家时，男女杂坐饮酒。黄昏后，男女老幼团聚火塘边，携手跳舞歌唱，名为跳锅庄；二三日后始散，仍携新妇归。三日后，由男家往接回，成夫妇。傈僳娶归后，即与父母分居，虽父母年老、衣食不济，亦不照拂，天性甚薄。

丧礼　傈僳丧事，亦无礼节服制。人死后，置于房内，通知亲族来看。所来亲朋皆携酒一筒，注尸口中少许，以表其情，至亲密友则亲口含注。停尸一二日，削湿木为棺，即行殡殓。以竹签卦卜地于屋之左近，挖一土穴，亲友抬出，用土掩埋。亦有不用木棺，仅用木板一块或竹篱一张，置尸于上，抬出掩埋者；上建木架如屋形，盖以石板或木板，用蔽风雨，并将死人平日所用弩弓、弩箭挂于坟屋上。如系妇女，以篮筐系之。葬毕后，回家酬客。若系传染病死者，无论老幼男女，家人父子均走避不顾，慨请尼扒（系巫人）殓埋，且亲朋往吊[2]，亦不讲饰终之典，均无祭扫之礼。

衣饰　菖属各种夷人衣服，男子尽穿麻布衣裤，蓬头赤足，间有戴布小帽者，亦有以草圈挂于项上者，又有用董棕树叶之筋，以漆沾为圆圈数十圈箍于腿上者。所穿之衣，长短不一，头领无扣，上下宽阔均等，腰间常束以带。女子装束，上身麻布衣，下用麻布裙或用布裙，衣短裙长，无缝；两耳

① “无论”二字疑误。

② 古按：“且”后原有“铁道”二字，当衍，今删。

坠银环，大如手镯，头上用骨片料珠等制为一圈，束之如勒；两手带铜镯或竹镯，亦有带银戒指者。赤足男子。现在逐渐进化，中等人家，有改穿土布衣服者。将来汉夷同化，不难陆续改良。

……

饮食　菖属夷人生活最低，饮食粗粝，每年只有杂粮。江边一带略产稻谷，亦掺杂而食。高山及偏坡地，概产杂粮。无论何种杂粮均煮为粥，其能以杂粮造饭者，仅汉人耳。夷人不食菜蔬，亦无栽种之人。油则食漆油、胡桃油，食猪油者甚鲜。盐则有即食，无则不食。尽皆嗜酒，每至收获后，任意煮酒，阖村聚饮，不知节省储蓄。一至五六月，即闹饥荒，概系忍饥耐饿，或食树皮草根、山肴野味。夷人生活，饱半年，饥半年。制造饮食，不用厨灶，于室中火塘上置铁三脚一盘，架锅于上，或制粥，或造饼；熟时群聚火塘边，以手抓食者有之，用木碗竹筷盛食者有之，食后不洗碗筷。纵遇婚丧宴会，仅用肉酒，不用菜蔬，亦不用桌凳，尽皆席地而坐，殊觉太不卫生。

器用　夷人居家用器，极为简单。木器系木桶、木碗、木勺、木瓢。铁器系怒锄（即条锄）、铁刀、铁斧。竹器系竹筛、竹簸、竹箕、竹篮、竹筐。

船筏　怒江面上，渡以船筏。船系猪槽船，以大树一株，挖空其中，长一丈余，面窄底圆，不能载重，仅能载三四人。筏系大竹扎成，长在丈余尺，宽四五尺，亦不能载重。

居处屋宇　古宗、怒子房屋，构造十分简单。尽系住在偏坡。所建之房，系用蛮木匠，技艺极劣。剥木为柱，不用榫口。四围筑墙，尽皆面山。上盖石板或木板，中隔木板，人居于上，牛羊猪畜关于下，臭秽异常。

傈僳房屋，构造尤为简单，尽住山岩倾斜之地。建筑不用工匠，自行削木为柱；柱栽地中尺许，长短不一，高处用短木，低处用长木，不用榫口，概用篾缚。上盖茅草，四面围以竹编篾笆，中亦铺以篾笆。楼上住人，楼下关牲畜，臭秽之气，较甚古、怒之房。每建一房，用料二三百根，俗谓千柱落脚。门不开于檐前，尽开在侧面。住户零散，不相接连，距离数丈数十丈不等。

曲子房屋……

习惯菖属各夷民，均嗜烟酒。无论男女老幼，均用竹根竹杆制成烟具，长约数寸一尺，随身携带，吸食草烟。其烟种于住屋之前后空地上，随时摘绿叶烘干吸食，习以为常。酒则各户自造，分烧酒、水酒两种。烧酒照内地普通方法，煮熬而成。水酒煮后，置于瓶中，随时取出，拌水而食饮之。无论何家有酒，概系阖村同饮，醉后到处酣眠，即路旁村畔亦有醉卧者，相习成风，不以为异。现经官署严禁，此风渐次减少。

集会　傈僳、曲子，并无集会之事。惟古宗、怒子，于每一村中建一公众房，每月十日，在公众房办会。……

酬酢　傈僳、曲子，性情纯朴浑厚，全无欺诈，纯系古风。一家有事，远近亲族邻众，均竭力资助。然无资财，常以牲畜、布帛、铁器、瓦器尽力赞助，必至其事结束始罢，否则倾家破产亦不惜。怒子、古宗，性情虽然朴真，知智识较为开化，遇搁财物铢必较。亲友遇事，赞助为办。婚丧礼储藏，亲友酬酢，亦不计较厚薄。较之傈僳、曲子，何啻天渊。

信仰　傈僳、曲子，信仰鬼神，迷信祈祷，牢不可破。一有疾病，不事医药，即请尼扒（即巫人）于屋之前后，择一僻处而祭之，初则用鸡猪，不愈则用牛羊。夷人家产惟恃牲畜，一家之中，有一病人，竟将所养牲畜完全用作祭鬼，尚不愈者，用之倾家破产，阖家均受其害。且一经死亡，房屋器具尽皆抛弃，另行择地徙居，子孙因之赤贫。古宗、怒子，虽家有死人，尚无弃屋弃物之事，然有病人必要祈祷，实不亚于傈僳、曲子。先请尼扒祭鬼，不愈，继请喇嘛念经；若仍不愈，惟有听之而已。现在陈委员应昌已派员往购药材，再为陆续劝导，信用医药。将来医药遍行，祭鬼之风或可销灭。

歌舞　夷人惯性，最喜歌舞。每遇婚嫁宴会之家，主人招待可以简慢，惟须预备烧酒水酒，以待客人跳舞之需。每于黄昏后，或在室中。或在屋外，平地上烧一火塘，男女数十人，携手团围火塘边，一面跳舞，一面饮酒唱歌，名曰跳锅庄。其乐有三种：一削木为琴，形如月琴，名为琵琶。弦则有二，弹之铿然有声。一以竹为箫，前制三眼，后一眼，长二三寸，以口吹，以手按，音亦响越。一以竹为弦，名曰口弦，用竹片约长三寸，宽三四分，中刻一小片如薄纸，一经指弹，则小片发音，附于齿间，殊觉幽扬。每当歌唱之际，男弹琴，女吹箫，并弹口弦，随意欢跳，互相和答。所唱之歌，并无曲谱单节，皆临时成句，字数多寡不一。

兹将其歌译释于下：

古宗歌：……

傈僳歌：

多夺麻觉大爷觉，
渣着麻觉秋普手。
挂夺麻觉黑烟拄，
麻科阿姐多阿尼。

译傈僳歌：

吃烟要吃金堂烟，
吃米要吃好白米。
穿衣要穿好布匹，
热来要吃好凉水。

第十七《礼俗》

菖属之天主教，系咸丰末年传自法国教士（名失考），在怒江青拉桶（今秋那桶，下同）地方，建一木楞房传教，引诱夷人入教。当时夷人畏惧外人，并无敢有入教者，兼之察瓦隆喇嘛仇视天主教，驱逐法教士过溜坠江而死。至光绪二十二年，法教士任安收复来传教。于二十八年，在白汉洛地方修建教堂十余间。三十年，于茶蓝（今查腊，下同）地方又修教堂三间。任教士四处煽惑夷人入教。一区喇嘛五儿等异常仇恨，遂于光绪三十一年七月，勾串古宗、怒子叛变，焚毁白汉洛、茶蓝两处教堂，惹起教案交涉。喇嘛寺还银三千两，清政府赔银五万两，其事乃寝。光绪三十四年，任安收重修白汉洛教堂。宣统元年，又修仲底（今重丁，下同）教堂三间。宣统三年，改修青拉桶教堂。民国十四年，教士安德肋建修捧打（今捧当）教堂。十八年，任安收添修促底教堂。统计法教堂有四，教士二人。近数年来，入教者已达二百五十余人，尽系怒子、古宗，傈僳、曲子并无入教者。朝夕念经一次，每星期礼拜一次。教规甚严。于白汉洛、促底两教堂内，各附设有小学一校，专授藏藏文。入教学生，尽系教友子女。并未设教会医药。在前清时，该教士等势力甚大，竟自受理民情。民国成立后，已不敢胡行乱为。

巫觋　菖属只有尼扒一种，亦系巫教之流，到处诱骗夷人酒肉。因各种夷人迷信鬼神，每遇疾病不求医，惟请尼扒祭鬼。病轻者祭以猪鸡，病重者祭以牛羊，甚至有因祭鬼破产者，亦不悔悟。此皆尼扒吓诈所致。现在陈委员严禁，均皆敛迹销声。此外并无其他异教。

第十八《宗教》

七十七、民国《宁属调查报告》[①]

黎苏，一作为力苏，为数无多，散居盐边、会理等地，尚保持其独立的语言风俗。其人性柔胆怯，能忍苦耐劳，除务农外，尤工射，以打猎、采药为主要副业。能制药箭毒弩，无论人兽，触之即死，虽倮夷亦畏之。以彼族人口之少、势力之微，而能免于倮倮侵灭者，即由于此。

《政俗门》

七十八、云南省编辑委员会编:《纳西族社会历史调查》(二)

《平彝碑》

嘉庆八年癸亥（公元一八〇三年）维西大饥，坚持两年多的恒乍绷义军乏粮绝食，傈僳兵牺牲者颇众，最后，恒乍绷也壮烈牺牲。是年九月，觉罗琅玕获胜，乃立《平彝碑》以记其“功”。平彝碑在石鼓西十五里金沙江畔，兹录碑文于后:

古有京观，所以示武功也。嘉庆七年正月，维西傈匪恒乍绷，勾结滋事，蔓延千有余里。余奉命督兵剿办，派拨将弁，分路搜捕，自七年二月至八年九月，始将首逆恒乍绷及其家属一并生擒，分别凌迟斩首，明正典刑。而各路领兵文武，于各路击杀之外，斩获首级，并将著名贼目及助逆伙党擒拿净尽，先后押解来营。于各营斩剿示众者，不下二千余人。蠢尔顽夷，生当圣世，胆敢于光天化日之下，共作不靖。其骈首擒诛，固由自取，而目睹垒上枯髅，心甚恻焉。事竣，命有司各就其地掩埋之，土冢岿然，盖以示戒，非以示武。爰记其事于石，使群夷触目而知警云。

大清嘉庆八年，岁次癸亥九月　日，兵部尚书都察院右都御史、总督云南贵州二省等处地方赞理军务兼理粮饷觉罗琅玕撰文。

《纳西族社会历史调查》（二）第267—268页

---

① 载福贡县政协文史编辑室、民族宗教委员会合编《福贡文史资料选辑》第六辑《傈僳族专辑》，1995年。

七十九、云南省编辑委员会编：《傈僳族社会历史调查》

赵学谦：《清政府镇压傈僳族首领恒乍绷起义布告的发现》

管领官兵署云南省军门乌[①]为明白晓谕降傈，各安生业，以广皇仁事：照得维西、通甸二路，汉夷杂处；而傈僳一种，久服王化，向为醇良，从未滋事扰民，乃首逆恒乍绷，不安本分，妄言祸福，以致挟仇滋事，酿成剿案。大兵临境，两路傈僳，均已畏威投诚。本部堂本军门仰体皇上好生之德，准其降顺，一概免究前非，仍令各归本寨，安心耕业，共作盛事良民。此乃法外施仁，自应各发天良，永不得再滋事端。查首逆恒乍绷虽逃往江外山箐潜匿，谅此釜底游魂，作孽为恶，伤害生灵之大逆，上天岂能容留？谅难以久稽显戮。但尔傈僳等既已投诚，务须从此安分，谨守王法，各安旧日生业，勤务耕凿，与尔等父母妻子，自食其力……

八十、德宏州史志编委会办公室编：《德宏史志资料》第十一集

盈江地区清代及民国时期部分档案史料选
（1751—1949年）

选件从若干侧面不同程度地反映了大盈江地区十八世纪中叶到二十世纪中叶，二百年来的政治、经济、文化、外务等方面情况。特别是发生在清代的土地买卖典当契约，是研究这一地区社会经济形态及货币流通的第一手资料。

选件的标题和标点是选编时加的，并作了简注，对一些相同的套语作了删节，错别字改正用方括号标明。

原件由盈江县志办提供，特此感谢。

选编者　杨炳堃

① 按：云南省军门乌，即当时的云南提督乌大经，本布告发布者。

一、土地买卖典当契约选（1751—1911年）

（四）傈僳族地区土地买卖典当契约7件

（1）1874年11月朱老二卖契

立杜卖田契文约人崩林寨朱老二，情因家中应用不敷，情愿将自已本田一段，立约出杜卖与李应忠名下，实接受杜价银净纹银五十两整，入手应用。其田坐落：东至齐坡脚，南至坡脚，西至齐朱老六田格垦［隔埂］，北至齐控沟外。田头左右两小漕子，俱在契内，四至书明在据。自杜卖之后，任随授主管业耕种，永为世代子孙之耕业。杜主之子孙，永远有力不得取赎，无力不得加找。此系二比情愿，于中并无私债准折等情。德有内外异言争竞，立有杜主一力承当。恐有后代人心不古，故此立下杜卖文约，存照为据。

实杜本田一段，接受杜价纹银五十两净整，所杜是实。

同治十三年十一月初三日立

（2）1876年4月二官当契

立典当田契文约人崩林二官，为因家中应用不足，情愿立约出字，将已面水扳田一断［段］，坐落地黑泥塘边，当与大头目双至名下，田一段接受田价钱二十千文净整。钱净九七八，其田当主又租种，每年冬收水利谷子，每千谷子一斗，不得短少。如有短少，钱主插犁耕种，当主不得异言。系实二比情愿，中间并无逼迫等情。今恐人心不古，立下田契为据。实是。

光绪二年四月十五日立

（3）1882年8月李应福当契

立当田契文约人李应福，为因家中应用不敷，情愿立约当到熊头人名下，实接受田价钱二十三千文净整，入手愿用。其田坐落黑泥塘河边田一段，东至齐李姓田，南至齐沟，北至齐本家田，西至齐李姓田，四至开明在契。自当之后，任随钱主插犁耕种，田主不得异言。不论年月远近，钱到契归，二比不得刁难，有力取赎，无力加找。系是二比情愿，中间并无逼迫等情。今恐人心不古，立此当契为据。实是。

光绪八年三月十六日立

(4) 1907 年 1 月李应洪卖契

立卖杜契文约人李应洪，为因家下应用不足，情愿将自己本田一段，立约杜卖到本寨冻六名下，实接受杜卖田价钱一百吊零三十一千文入手应用。其田坐落黑泥塘河头田一段，秧田沛［配］足。自杜之后任随杜［钱］主耕种为业，杜主不致异言。有力不得取赎，无力不得加找。其田倘有内外人等争竞，有杜主一力承担。此系二比情愿，中间并无逼迫等情。今恐人心不古，立此杜契为据。实是。

光绪三十三年正月十八日立

(5) 1908 年 5 月栋二卖契

立卖杜契田文约人杨柳栋二，为因家中应用不敷，情愿将自己本田一段，立约杜到与本地栋六名下，实接受杜价钱三十二千文净整，入手应用。其田座落龙塘河边，东至齐坡脚，南至齐沟，西至齐坡脚，北至齐坡脚，四至开明在契。其田自杜之后，认随钱主插犁耕种管业，杜主不致异言。系是二比情愿，并无相强，倘有内外人等争竞，有杜主一力承当。田杜主子子孙孙，世世代代永久不得异言过问。日后有力不得取赎，无力不得加找。今恐人心不古，立此杜契为据。是实。

光绪三十四年五月初一日立

(6) 1908 年 2 月栋五卖契

立卖杜契田文约人沧桐栋五，为因家中应用不敷，情愿将自己本田一段，立约卖到与本地栋六名下，实接受卖田价钱二十五千文整，入手应用。其田坐落龙塘河边，东至齐坡脚，南至齐沧桐栋六格垦［隔埂］，西至齐栋三格垦［隔埂］，北至齐栋三田，四至开明在契。秧田配足。自杜之后，认随钱主插犁耕种管业，卖主不致异言。系是二比情愿，并无相强，倘有内外人等争竞，有卖主一力承当。卖主子孙世代不得过问，日后有力不得取赎，无力不得加找。今恐人心不古，立此杜卖为据。实是。

光绪三十四年二月初十日

(7) 1907 年 3 月刘姓换田合同

立合同凭据立约人刘世发、申朝芳二人。因有围墙田一段，祖父首二姓争论，至于鸣官理论。凭刀思鸿助司主大人亲驾到关，将此田均分二分。至后刘姓亦难放水，情愿请凭亲族人等于中说合，申姓情愿将自己面分田让与刘姓开沟放水，其刘姓情愿将自己面分田河边二丘吐出与申姓为业。自立凭据之后，二姓不得异言争论反悔。如有那边反悔者，罚银三十六两。今恐人心不古，立此合同凭据，永远存照。是实。

光绪三十三年三月初八日立

八十一、王恒杰：《恒乍绷〈供单〉笺注》

恒乍绷《供单》

《供单》：据恒乍绷供，今年二十八岁，系江外傈僳，在康普居住。幼时学做端公，占卜治病，众人称为沙尼，是汉话的活佛。向在康普山头打鼓念经，众夷人前来布施。昆头人和昆仁说我妖言惑众，将我拿去，用女裙蒙头，狗血抹面。我再四哀求，将我责放。六年冬底，维西一带雪大无收。众傈僳来说，康普、古刹二寨存有余粮，向借不允。我想起禾昆仁欧辱的仇恨，想借此报仇，遂唆使众人硬抢。当与相好的腊者布等商议，转约吉尾、树苗、江内傈僳千余人，于七年（1802 年）正月内，聚集山头，要去抢劫。兵前来查拿，众人动手，弩伤官兵，乘势将康普一带并乐吉古银厂及附近仓粮、塘汛、兵房全行烧抢。腊者布说："已经做出事来，歇不得手。维西一带原是夷地，趁此攻破维西，分头踞住，将地土给与众傈僳耕种。即或兵来，层山密等，断不能进。"遂占踞康普，夷众俱各顺从。一面守住合江桥，一面叫众人分传木刻，纠各处傈僳，还有二三百怒子，共有三千余人。任腊者布为大总管，瓦怒等为头目，带人打仗，做假符水给众人吃了，说是能避枪炮。众傈僳信以为实，又贪得田地，俱各听从。遂分路，将树苗、通甸、小川一带及盐井、铜厂并塘汛房屋，全行烧抢。三月内，官兵已到。腊者布带人攻扑维西，又到后路截粮，被官兵枪炮打死了多人，伙党时被拿获。我看着光景不好，就留挖底女沙妮等在康普带人打仗，腊者布在小维西堵截官兵。我同叔父乌孜带了家口，还有随身的吉尾傈僳三百余人逃出江外。后来官兵攻克康普，腊者布与父亲凹孜、叔父乌孜，被官兵各处剿杀，投顺之人甚多。我就住在江外，随有胞兄乌垣布由怒地找我，帮同在江外滋扰。到九月内，官兵陆续撤回。有同伙的别的扒商议说："官兵已撤，断不再来。不如还是过江，逼胁众夷，再行烧抢。如能抢过维西，便可勾结丽江傈僳，占踞木土之房，令我居住；抢来田地，给与众傈僳，令各夷人都为佃户，大家专享富贵。”我信以为实，就将他放为都总管，称为总都，称胞兄乌垣布为江东王，并令他们先行过江。又招集了些强壮傈僳，放为大小头目，俱令穿戴抢来汉人衣帽，给与白顶、金顶，称为总都、总管、道府等项官名，各处勾结，如有不从者，即行杀害。并有西诛、岩池在江外南路招集夷众，代为接应。又招了几个能见鬼的女沙尼，教他逢人便说我的福气甚大，亥年必参成事。众傈僳害怕，复听从分路烧抢。因在杵达、树苗等处伤害官兵，众人愈觉信服。凡所到之处，傈僳跪接跪送，见面磕头，供给食物，称为泥扒夷主。不料今年江内各处内党，被官兵夷练生擒剿杀，头目人等亦多被拿获，别的扒等也没能勾结丽江傈僳。我连次差挖干、庆度、赤目练、黑片、挖底女沙尼等各处约人，都被兵练、顺夷拿获。别的扒、乌垣布等害怕，也都逃过江来。他们说官兵断不过江，等撤回之后，再做商量。谁知江外北路的人，陆续过江投顺。我们不敢在彼安身，向南逃走，被乡勇、顺夷赶来，乘夜雨逃脱；派怒否扒过江扑卡，被枪炮打死；又连夜逃回，各处躲藏。不料官兵已经过江，处处搜到，幸有望哨的伙党先为报信，得以逃脱。别的扒设计诈降，带人扑卡，又被识破。我情急逃往怒地，谁知怒子齐心要拿，又连夜逃回，要向西诛、岩池处躲藏。闻知西诛被杀，岩池已投，不敢再去，又带同别的扒等逃往普陀洛山崖藏匿。后有岩池找去，说他并未投过官兵，叫我跟他再去纠人打仗。我心疑不肯。旋又有官兵找来，幸遇雨雾，又翻山逃走。那时众伙因无食，各自分散，别的扒同我胞兄乌恒布前赴怒地，还想勾结那里的傈僳。我就带着家口，还有几个吉尾傈僳，往菖蒲塘采食天生野谷，等候别的扒的信息。过了几日，别的扒、乌恒布找来说，他们潜往怒地，闻那里也要拿他，遂害怕逃回，将抢的幼孩换些粮米，送来接济。他又招了逃散的二十余人，在岈口防堵官兵。因连日雨雾，我乘机又向他们告知，能以呼风唤雨，皆是我的法术，官兵总不能拿我，过此就有好处。谁知过了两日，又被官兵、顺夷找来，我们又翻山逃到泥金箐。别的扒就向我商议，说中北西路兵勇，总要拿我。派了三个吉尾傈僳，带我向南路躲避，或能乘机勾结，再为合伙。他与我胞兄乌恒布即在箐内藏匿，密行派人各处招人，并听我们信息。我因女人怀孕，并同胞姊池姑妈都留给他们，我就带了小女人并三个吉尾傈僳，随路又招了三个逃散的伙党，共足八人，逃到南路德宏山苦菜箐内藏躲。谁知又被南路顺夷找来，我在山上望见，将衣物抛下，又翻山逃跑到念念密后山藏躲。恐顺夷等向内追寻，想着南路难以安身，还想再往中路寻找别的扒。因闻别的扒、乌恒布连家带口并我女人俱被拿获，又不敢再往前走，就在其栖、施罗两界箐内山崖上藏匿。不想到二十日天将亮时，猝不及防，忽有官兵、顺夷直上崖上，先用枪弩打死了两个吉尾傈僳，余具滚崖逃走。我带着小女人先往林后逃跑，因小女人患病行走不快，被兵勇赶上，将我同小女人普更妈一齐拿获的。我实因听腊者布、别的扒们话，忘（妄）思富贵，以致犯了弥天大罪，连父母、叔父、兄弟、姊妹、妻子全家被杀，实系自己作孽，如今后悔无及了。再我有一个四个月的儿子，系沙尼要线所生，从前逃跑时，因儿子幼小，原叫人保护后行，听说亦被拿获，此外再无亲人。至大小头目，原有五十余人，除岩池已投官兵，其余俱陆续被拿，此外无别人。至我所说命大福洪、呼风唤雨、能避枪炮的话，都是哄骗众人，其实并无法术是实。

《腊者布供单》："头人禾昆仁恐怕人多生事，曾把恒乍绷拿去，百般污辱，苦求放回。恒乍绷怀恨要想报仇，向小的商量。小的因去年冬间雪大，田禾不收，众傈僳都系寒苦无食，康普地方富庶，即乘机怂恿恒乍绷纠人抢劫。康普那时还有他的叔子，也同在商议。"

《凹孜供单》："年六十五，系江外傈僳。子恒乍绷，年二十二（按：傈僳族无准确纪年，故异于《恒乍绷供单》的'二十八'。当以其本人自述为难），是前妻所生。妻三十一，生二岁幼女。恒乍绷素念经治病，傈僳因此都信服他。上年五月，在康普山头打鼓念经，就有傈僳礼拜，头人禾仁把他拿去责打。本年正月，约相好腊者布议烧抢稼报仇出气。"

《腊者布供单》；"小的系江外傈僳，年四十七岁，与恒乍绷向日认识。""那时还有他的叔子乌孜也同在商议，因恐人少，不能行事，就去约树苗、吉尾傈僳前来相帮，议定抢得牛羊银米，大家分用。本年正月二十六日，在康普聚会，那时只有一千有余的人。"

《别的扒供单》："我系江内傈僳，年三十七岁。上年恒乍绷起事时，我虽入伙，不过随同打仗、烧抢，并不管事。"

《岩池供单》；"我系江外念念密傈僳，年三十岁。上年恒乍绷起事的时候，我就到江内入伙，帮同勾结，到处带人烧枪、打仗，杀害官兵。"

《腊者布供单》："汛闻知，带兵来压服，众人不依，恐被捉拿，就同放药弩，将兵射死。"

《腊者布供单》："小的复与恒乍绷商议，索性乘势烧抢起来。复派出瓦怒、念谷、恒必的三人作为头目，各处传散木刻，纠得三千余人。并令恒乍绷捏称能避枪炮，愚惑众人，向各处滋扰。康普一带夷民，也有被杀的，也有顺从的。我们即在康普居住，抢得粮米、银钱、牛马，俱系我掌管分派散给。众人都称我是带兵总管，称恒乍绷为沙尼。原想四山雪大不化，官兵来得迟缓，便可攻破维西城，令恒乍绷居住；小的住居康普，此处山势极险，量官兵难到。"

《乌垣布供单》；"我系恒乍绷胞兄，年三十五岁……上年恒乍绷在江内生事，我一闻信赶来，恒乍绷已逃江外，我就帮他在江外烧抢。"

《乌恒布供单》："到九月内，官兵撤后，别的扒同我商议说，官兵已撤，断不再来，还是过江烧枪，并可勾结丽江傈僳，侵占土官房屋、夷民地土。恒乍绷就给他戴了白顶，呼为总都；我也戴了白顶，呼为江东王。我又改名恒者布，假充沙尼，就同别的扒先到江内勾结已降傈僳，在于通甸、羊山、鸡脚卫、小川、小甸、高轩井一带，逼胁众人烧抢。"

《谷泥供单》："我系江内木斯主傈僳，年三十三岁。上年九月内，恒乍绷复行勾结滋事，我就乘机约同附近穷苦傈僳，在巨甸、桥头、石鼓一带烧抢。经官兵搜捕，即率众打仗，曾伤过官兵，原是有的，并未与恒乍绷合伙。本年春间，官兵到桥头沟搜拿严禁，我就随着众人出来投顺。后来因闻得官兵进了维西，复又纠约数十人，想在后路一带抢粮。因防护严紧，不能得手，就在山后无兵卡处烧枪。"

《乌恒命供单》："自罗吗洛击散之厉，实觉势孤，我与别的扒潜至怒地，还要想勾结那里的傈僳。后闻得怒子要来擒拿，又折回菖蒲塘，找着恒乍绷同住了几日，被顺夷寻来，又打了一仗。别的扒令恒乍绷望南路逃走，我带着家口，还有胞妹池姑妈及恒乍绷的妻子，同别的扒的家小，在泥金普藏匿。"

《别的扒供单》："不料官兵竟自过江，数月以来，我带人各处抵敌官兵，乘夜扑卡，设计诈降，屡被官兵击败。各处夷寨已投，同伙渐少，我就同乌恒布潜至怒地，要想找那里居住的傈僳，还去勾结。不想怒子要齐心捉拿，我又同乌恒布折回，在菖蒲塘找着恒乍绷同住了几日，被顺夷寻来，又打了一仗，望山后逃脱。我怕一同被围，没有救应，就叫恒乍绷同他小女人，带了随身的吉尾傈僳三人引路，望南路白甸一带逃走，叫他相机结些人，来会合打仗。恒乍绷因他妻子怀孕，连他胞妹池姑妈一并交给我与乌恒布，带着我们的家口，又招集二十余人，在呢金箐崖上藏匿，探听官兵消息并恒乍绷之信。”

《乌恒布供单》：“我带着家口，还有胞妹池姑妈及恒乍绷的妻子同别的扒的家小，在泥金箐藏匿，不想又被兵勇找着，连日围攻，抵敌不住，将我及家口并招集的二十余人一并拿获。”

《别的扒供单》：“在泥金箐陡崖上藏匿……不想又被兵勇找着，连日围攻，先将恒乍绷之妻姊并乌恒布同家口及手下三十余人，一齐生擒杀毙。我带了妻子儿女还有吉尾三人，逃在密森，又被官兵上山搜拿，我头受刀伤被拿获的。”

八十二、王恒杰：《清朝官员有关弄更扒起义奏折的点注》

太子少保云贵总督臣张允随、云南巡抚臣图尔炳阿、云南提督臣潘绍周谨奏：《为奏明清理野贼余孽事》：

窃照滇省云龙、腾越、保山三州县境外，有傈僳一种，形同野兽，散处山谷，素性凶顽，惯用强弓毒矢，人莫敢撄。上年秤戛寨熟傈僳弄更扒勾结江外野夷，侵扰潞江、芒市、遮放三司地方，抢掠保山县边境村寨。臣等以野贼滋事，若不大加惩创，必致扰害无休，奏明俟秋深瘴消，发兵擒剿。又，马面关外阿昌夷酋早可，恃其地广人众，自弃化外，于乾隆十一年正月，率众攻夺云龙州六库土巡捕段联第所管之片马渔洞地方，将头人栋老六全家杀死，并杀掳夷民男妇一百五十名口，抢去牛羊牲畜一百数十余只。

臣等查片马等寨，既系六库土目所管，即属云龙边境，岂容化外凶顽擅杀无辜？当调汉土官兵一千九百余员名，遴委署腾越协副将谢光宗、楚姚镇中军游击岳从美带领前往，一并相机查办。除弄更扒一犯，先经署云龙州葛庆曾遣令土目段复健、茶尚庆诱擒滚菁跌毙外，将幸党、猛哦、秤戛等寨贼首密老五、欧傈僳、祝黑子、阿昌贼首早可及潞江土司所属赛林寨贼首老乌睹等先后擒斩，并将贼党逆属拿获，解省收审。经臣等于乾隆十三年正月二十七日会折，奏明在案。

兹于二月初八日，据保山县知县顿权报称：正月二十四日夜，有江外傈僳潜至县属鲁掌寨土目茶尚庆家放火并杀伤人口等情，臣等当即飞饬署副将谢光宗星驰前往，查明系何处野贼？因何事仇杀？如已逃窜，即跟追贼踪，严拿务获；如尚在聚集，即酌带兵练迅速扑剿，毋任免脱。去后，嗣据该署将复称：上年清理野贼，官兵撤旋之后，责成沿边各土目查拿余党，其向附早可之浪速蒲蛮等处夷境及江外归附傈僳四十余寨，现俱宁贴，止有秤戛寨傈僳黑得窝、枝花扒等，素与弄更扒勾结为匪。又因鲁掌土目茶尚庆随时征剿，多所斩获，逆党咸怀怨恨，今见尚庆查拿弄更扒，余党恐被拿解，遂与猛哦、幸党二寨余孽，并勾结江外二别罗等寨傈僳共三百余人，于正月二十四日五更时分齐至鲁掌，将茶尚庆屋围烧。尚庆仓卒抵御，被贼杀死家属男妇一十三名口。尚庆亦杀死傈僳四名，并将贼首黑得窝射死。贼众现聚秤戛，声言欲杀尚庆报仇等情。

臣等先后行委署腾越协副将谢光宗、提标中军参将高钦，酌调汉土官兵一千五百八十余员名，带领星赴登梗，调遣进剿。据该府将谢光宗报称，职未到登梗之先，有防守新关把总王训于二月二十七日探得，有傈僳四五百人在关外三里之火烧寨聚集，即同千总赵世勋、土目茶尚庆，带领兵练前往擒剿。官兵放枪打死野贼数十名，活擒四人，余皆逃入山箐。该千总分路回关，有王训、茶尚庆过河由山路踩探，遇贼埋伏箐内，用药弩射伤兵丁，五名身故。二十八日，贼众复致关外放火，千、把总等带兵往拿，贼已遁去。职即分遣千、把、土目星赴蛮云、蛮喧，严加堵截，一面尾追剿杀。初四日酉刻，官兵齐抵蛮云，正与贼遇见，大兵突至，仓皇拒敌，职等督率弁兵目练奋勇冲杀，枪炮齐发，打伤逆贼甚多。贼众四散奔逃，滚崖跌毙者，不计其数。至晚收兵，查点兵练，并无伤损。查逆贼败窜，势必奔回秤戛巢穴。职于初五日，遣令守备韩宗良、把总刘经邦带领兵练，由新关、新寨一路剿杀，又令千总赵世勋、把总杨基带领兵练，由练地、龙塘、古龙一路剿杀，俱于登龙会齐，进捣秤戛，听候计取，另为捷报等情前来。

臣等查傈僳野贼，先因抢掠沿边村寨，经臣等调兵扑剿，凡为首凶渠及附逆伙党，业已次第擒斩；乃余党黑得窝等，因土目茶尚庆查拿贼党，胆敢纠众报复，不法已极，自应痛加剿洗，庶足震慑凶顽。今野贼被官兵两次奋击，枪炮打死数十余人，贼众溃败。据署副将谢光宗报称，现在派遣弁兵堵截追杀，自可计日授首。除飞饬上紧剿扑务尽根诛外，所有臣等清理野贼余孽缘由，合先会折奏闻，伏乞皇上睿鉴。臣等谨奏。

（乾隆皇帝亲笔草书朱批）若此，则谢光宗善后之经理未妥，可查奏，不宜迴护也。

乾隆十三年三月十三日

太子少保云贵总督臣张允随、云南巡抚臣图尔炳阿、云南提督臣潘绍周谨奏：《奏报官兵连破贼巢擒斩贼党追拿首恶情形事》：

窃照傈僳余孽黑得窝、枝花扒等，纠众焚杀鲁掌隘土目茶尚庆家，经臣先后调遣汉土官兵一千五百八十余员名，檄令署腾越协副将印务、抚标游击谢光宗、提标中军参将高钦统领前往擒剿，已于三月初四日进抵蛮允喧，击败贼众，遣兵追剿，进捣秤戛贼巢。当于乾隆十三年三月十三日会折，奏报在案。

嗣据总统高钦、谢光宗陆续报称：查得秤戛贼首汪且扒，一名祝老四，系已死弄更扒妻父，及排把贼首黑得窝等，勾结江外喇白、乌别等寨傈僳，聚集六百余人，欲杀茶尚庆，并抢掠十五喧地方。自蛮允喧败回之后，在雪山梁牛路、擂石坡、瓦喇、二口等处分头屯扎。贼首会集秤戛，将各要隘口俱安放滚木擂石。又有二别罗贼首黑坎、黑则，纠集二百余人，在藏王地宰牛歃血，口称逢寨掳寨，并将兰州土舍罗君美投文人杀死，甚属不法。职等当令守备韩宗良、翁达等带领兵练，于三月二十六日攻打鱼定江边头道擂石坡，贼人败遁。官兵乘势进攻牛路，枪炮齐发，打死贼人八名，打伤十数名。贼众死踞山顶，弩石如雨。官兵阵亡一名，带伤十余名。从巳至申，不能攻克。职等查秤戛逆寨，四面奇险，背倚雪山，下临怒江，擂石二道，逼近江沿。贼人先据险要，非三面合攻，遽难克取。当遣守备虞人政带兵，由鹅毛顶躧开雪山，绕至江边，用炮攻打，使贼不能拒守江岸。又遣土目茶尚庆、段联第带领土练埋伏牛路、瓦喇、二口之傍，遣守备翁达、千总陈天直等带兵攻打头道擂石，遣守备韩宗良、千总李正宗等带兵攻打二道擂石。于四月十九日寅刻，汉土官兵奋勇攻克三道擂石，直入贼巢。贼众滚箐奔逃，官兵尾后追袭，阵斩贼人一名，打死二名，打伤十余名，伤亡土练一名，带伤兵练八名。查秤戛贼巢既破，贼必潜窜二别罗、喇白乌别一带，即遣守备虞人政带兵由黑乌睹过江，绕出喇白乌别之后；又遣守备翁达、韩宗良带兵，由喇白乌别一路进剿二别罗。职等于二十一日进兵三台山，居中督剿等情前来。

臣等当查秤戛逆贼，胆敢焚劫鲁掌边隘，及至官兵进剿，尚敢屡次拒敌，罪不容诛。前据该将等以贼人踞守险隘，骤难攻取，节经飞檄严饬，并差员持令督催。今虽据报已将贼巢攻破，但斩杀无多，显系攻围不力，被贼予行遁去，以致仅克空城。兹贼既败遁，应即速行追袭，将为首之祝老四、枝花扒、黑坎、黑则等尽数擒斩。并晓示各寨，如能将各逆犯擒献，仍准安插原址；倘敢庇匿抗拒，即痛加剿洗，毋得稍存姑息。其未经附逆各寨夷民及先被胁从后能悔罪投诚者，亦不得妄加杀戮，致失威信。并查二别罗一带，贼寨后路山径错杂，兵练不敷堵截。又经檄调提标鹤丽、永顺官兵五百余名，丽江么些土练二百名，刻日前往攻剿去后，续据总统高钦、谢光宗报称，探得逆贼自称戛败遁之后，复窜踞喇白乌别。职等会筹后路，兵弁未到，若即进兵，纵将贼巢攻破，贼必复由响习一带逃遁。当于四月二十六日，飞饬土舍罗君美带领土练，会合守备虞人政，由响习过江，堵截贼人去路。不意连日阴雨，江水泛涨，筏不能渡，若待水退，又恐延缓。当令土练踩明雪山路径，于五月初四日，令把总刘经邦、外委宋有功、土目茶尚庆带领兵练，攻打喇白乌别寨擂石口；令守备韩宗良、千总李正宗、把总余湖带领兵练，攻打贼寨之东；令守备翁达、千总赵世勋、把总杨正宗带领兵练，攻打贼寨之南；令千总陈天直、把总杨基、土目段联第带领兵练，由雪山梁绕下，压攻贼寨之西。汉土兵练俱于初七日寅时，四路并进，奋勇合攻，枪炮打死逆贼甚多，打伤者无数。贼人势不能支，齐往响习一带奔逃，即将贼巢焚毁。

查秤戛、阿勒挖底、喇白乌别贼寨，实属奇险，今皆倾巢覆穴，贼势已成瓦解。现在督令弁兵目练，尽力搜剿，务期擒斩净尽，另外飞报。……（下略）伏祈圣鉴。臣等谨奏。

（乾隆皇帝草书朱批）知道了。

乾隆十三年六月十一日

八十三、腾冲县志编纂委员会编纂：《腾冲县志》

傈僳族《余氏孺人墓》碑[①]

此碑位于古永旧街东坡，无额无座，长52厘米，宽35．5厘米，楷书

① 腾冲县志编纂委员会编纂《腾冲县志》中华书局1995年版，第819页。按：该碑位于腾冲县城南猴桥镇胆扎村旧街东坡，为大理石墓碑。铭文楷书阴刻，计293字。……墓主余氏孺人是今胆扎、轮马、猴桥等村寨蔡姓傈僳族之先祖，其迁徙年代为康熙十年前后（1671年左右）。据碑文可知该家族从怒江上游迁徙到古永，后又定居胆扎的历史。到清光绪二十二年（1896年），余氏孺人的后裔已“相传九代”。该墓碑是腾冲傈僳族迁徙发展史的实物见证。（见陈子丹《傈僳族档案文献及其开发利用》，《档案学通讯》2008/年第3期。）

17 行。余氏迁徙年代，为康熙十年前后。碑文主要内容为：

原籍江头，祖太余家。创业古永，居住胆扎。领来三子，喇庆为大，次子富官，庆波嗣乏。祖太余氏，寿高福大。乾隆年间，坟墓造打，日久年深，碑记歪斜。相传九代，人多昌华。喇庆富官，两枝发达。光绪丙申，另行设法，重换碑座，略叙根芽。盘龙吉穴，芬芳瓞瓜。清故醇柔，享阳八十尚寿。祖太余氏孺人墓。

大清光绪二十二年丙申季冬月上朔十日吉旦

（下略后裔奉祀名单 22 人）

八十四、《傈僳族简史》修订本编写组：《傈僳族简史》

云贵总督觉罗琅玕奏折①

傈僳有家野之分：家傈僳住澜沧江内，耕田住屋，各有村寨头人，能通汉语，服官管束，交纳钞粮，与民人无异。野傈僳住居江外，山硐密箐，并无村寨头人，不通汉语，亦不服官约束，惟种有青稞、苦荞，并无钞粮，每遇冬季江水浅涸之时，即过江在山后一带，打牲为食，与家傈僳认识。近年以来，野傈僳亦有潜入江内山硐密箐，搭盖草棚居住者。

嘉庆七年云贵总督觉罗琅玕奏折②

至傈僳一种，向来不善耕作，惟以打牲糊口，间于山头土脉稍厚地方洒种青裸、苦荞，为数亦属无多，且因地瘠不能年年成熟，以致迁徙无常……

嘉庆八年十月二十三日觉罗琅玕奏摺

《查明傈僳逆党并无缘坐家属及叛产由》，中央档案馆藏档案③

---

① 转录自《傈僳族简史》编写组、《傈僳族简史》修订本编写组《傈僳族简史》，第 19 页。

② 转录自《傈僳族简史》编写组、《傈僳族简史》修订本编写组《傈僳族简史》，第 19 页。

③ 转引自王恒杰《1801 年云南傈僳族人民反封建起义》，《历史教学》1963 年第 11 期。

八十五、周汝诚、许鸿宝、王恒杰编纂，郭大烈整理：《纳西族史料编年》

《石鼓谣》

长江倒着红石岩，弩箭如雨洒腥血。
满谷枪炮空传声，落日荒凉战不成。
三年傈僳尽卧倒，山田山地无人耕。
僵卧头耳恣割取，一头头颅五两轻。
剑川城中贺太平，一日功成江水清。
迤西四府夜开宴，红顶白顶遍军营。
肥马趋尘如风过，斑眼翎子照眼明。
嗟乎赤子百万众，安得长江亿万年，
永洗甲兵长不用。

［清］桑映斗：《味秋轩集》

引录书目

1. ［唐］樊绰撰：《云南志》，木芹补注，云南人民出版社 1995 年。

2. ［元］孛兰肦等著，赵万里校辑：《元一统志》，中华书局 1966 年。

3. ［明］陈文修：景泰《云南图经志书》，李春龙、刘景毛校注，云南民族出版社 2002 年。

4. ［明］周季凤撰：正德《云南志》，载方国瑜主编《云南史料丛刊》卷 6，云南大学出版社 2001 年。

5. ［明］刘文征撰：天启《滇志》，古永继校点，云南教育出版社 1991 年。

6. ［清］范承勋等修纂：康熙《云南通志》，1930 年重印本。

7. ［清］靖道谟等纂：雍正《云南通志》，乾隆刻本。

8. ［清·乾隆］谢圣纶辑：《滇黔志略》，古永继点校，贵州人民出版社 2008 年。

9. ［清］阮元、伊里布等修，王崧、李诚纂：道光《云南通志稿》，道光刻本。

10. ［清］王文韶等修、唐炯等纂：光绪《续云南通志稿》，光绪刻本。

11. ［民国］周钟岳等撰：《新纂云南通志》，李春龙等点校，云南人民出版社 2007 年。

12. ［民国］赵尔巽等撰：《清史稿》，中华书局 1977 年。

13. 《清实录》，中华书局 1986 年影印本。

14. ［清］顾炎武撰：《天下郡国利病书》，《续修四库全书》597《史部·地理类》，上海古籍出版社 2002 年。

15. ［清］陈梦雷等辑：《古今图书集成》，中华书局、巴蜀书社 1985 年影印本。

16. ［清·康熙］毛奇龄撰：《蛮司合志》，载方国瑜主编《云南史料丛刊》卷5，云南大学出版社1998年。

17.［清·康熙］刘昆撰：《南中杂说》，载方国瑜主编《云南史料丛刊》卷11，云南大学出版社2001年。

18.［清·乾隆］倪蜕撰：《滇小记》，载方国瑜主编《云南史料丛刊》卷11，云南大学出版社2001年。

19.［清·乾隆］《张允随奏稿》，载方国瑜主编《云南史料丛刊》卷8，云南大学出版社2001年。

20.［清·乾隆］吴大勋撰：《滇南闻见录》，载方国瑜主编《云南史料丛刊》卷12，云南大学出版社2001年。

21.［清］董善庆撰，王凤文整理：《云龙记往》，载方国瑜主编《云南史料丛刊》卷11，云南大学出版社2001年。

22.［明·嘉靖］杨慎编辑，［清·乾隆］胡蔚订正：《南诏野史》，光绪刻本。

23.［清·乾隆］余庆远撰：《维西见闻纪》，《丛书集成初编》第3142册，中华书局1983年影印本。

24.［清·乾隆］张泓撰：《滇南新语》，《丛书集成初编》第3142册，中华书局1983年影印本。

25.［清·嘉庆］檀萃辑：《滇海虞衡志》，宋文熙、李东平校注，云南人民出版社1990年。

26.［清·嘉庆］师范辑：《滇系》，台北成文出版社有限公司1967年影印本。

27.［清］乾隆朝官编绘：《皇清职贡图》，载徐丽华主编《中国少数民族古籍集成》第1册，四川民族出版社2002年。

28.［清·光绪］杨琼撰：《滇中琐记》，载徐丽华主编《中国少数民族古籍集成》第87册，四川民族出版社2002年。

29.［清·光绪］刘慰三撰：《滇南志略》，载方国瑜主编《云南史料丛刊》卷13，云南大学出版社2001年。

30.［清·光绪］《清代滇黔民族图谱》，云南大学图书馆编，云南美术出版社2005年。

31.［清·宣统］李根源撰著，［民国］李根沄录：《滇西兵要界务图注》，载李根源辑《曲石丛书》，苏州曲石精庐1931年。

32. ［民国］尹明德：《滇缅北段界务调查报告》，载民国《永昌府文征》纪载卷30《民四》。

33. ［民国］李根源纂辑：《永昌府文征》，杨文虎、陆卫先主编校注，云南美术出版社2001年版。

34. ［清］傅天祥等修、黄元治等纂：康熙《大理府志》，1940年刻本。

35. ［清］周钺纂修：雍正《宾川州志》，雍正刻本。

36. ［清］陈希芳修、胡禹谟纂：雍正《云龙州志》，雍正刻本。

37. ［清］张德霈修、杨文奎纂：光绪《云龙州志》，民国抄本。

38. ［清］王清贤等纂修：康熙《武定府志》曹晓宏、周琼校注，载杨成彪主编《楚雄彝族自治州旧方志全书》，云南人民出版社，2005年。

39. ［清］莫舜鼐纂修、王弘任续修：康熙《元谋县志》，李在营校注，载杨成彪主编《楚雄彝族自治州旧方志全书》，云南人民出版社，2005年。

40. ［清］杨德恩、吴集贤等纂：光绪《元谋乡土志》，李在营校注，载杨成彪主编《楚雄彝族自治州旧方志全书》，云南人民出版社，2005年。

41. ［清］管棆纂修：康熙《姚州志》，陈九彬校注，载杨成彪主编《楚雄彝族自治州旧方志全书》，云南人民出版社2005年。

42. ［清］郭怀礼、孙泽春纂修：光绪《武定直隶州志》，赵志刚校注，载杨成彪主编《楚雄彝族自治州旧方志全书》，云南人民出版社2005年。

43. ［清］郭存庄纂修：乾隆《白盐井志》，张海平校注，载杨成彪主编《楚雄彝族自治州旧方志全书》，云南人民出版社2005年。

44. ［清］刘荣黼纂修：道光《大姚县志》，陈九彬校注，载杨成彪主编《楚雄彝族自治州旧方志全书》，云南人民出版社2005年。

45. ［清］管学宣等纂：乾隆《丽江府志略》，乾隆刻本。

46. ［清］陈宗海修、李星瑞等纂：光绪《丽江府志稿》，光绪抄本。

47. ［清］陈奇典等纂修：乾隆《永北府志》，乾隆刻本。

48. ［清］叶如桐修、刘必苏等纂：光绪《永北直隶厅志》，永胜县史志委员会办公室点校，云南大学出版社1999年。

49. ［清］刘毓珂等纂修：光绪《永昌府志》，光绪刻本。

50. ［清］陈宗海修、赵瑞礼纂：光绪《腾越厅志稿》，光绪刻本。

51. ［清］吴自修修、张翼夔纂：光绪《新修中甸志书稿本》，徐丽华主编《中国少数民族古籍集成》第88册，四川民族出版社2002年影印本。

52. ［清］辜培源、曹永贤等修纂：光绪《盐源县志》，光绪刻本。

53. 郑少成等修，杨肇基等纂：民国《西昌县志》，1942 年铅印本。

54. 纳汝珍修、蒋世芳纂：民国《镇康县志初稿》，1936 年稿本传抄。

55. 全奂泽修、许实纂：民国《禄劝县志》，1928 年铅印本。

56. 李根源、江逢僧等修纂：民国《永平县志稿》，民国传抄稿本。

57. 李根源、刘楚湘纂修：民国《腾冲县志稿》，宋文熙、罗纶校勘，腾冲县志办公室 1983 年编印本。

58. 李炳臣修、李翰湘纂：民国《维西县志稿》，1932 年抄本。

59. 屈知春修：民国《云南维西县地志全编》，维西县文化局抄录云南省图书馆收藏民国十年抄本。转录自“维西史志资料①”——李汝春主编：《唐至清代有关维西史料辑录》，维西傈僳族自治县志编委会办公室编印，1992 年。

60. 方国瑜主编：民国《保山县志稿》，保山市隆阳区史志委点校，云南民族出版社 2003 年。

61. 段绶滋纂修：民国《中甸县志》，载中甸县志编纂委员会办公室《中甸县志资料汇编》，1991 年。

62. 殷成钧纂：民国《泸水志》，台北成文出版社有限公司 1975 年影印本。

63. 民国《纂修云南上帕沿边志》，载陈瑞金主编《怒江旧志》，怒江州旧志整理班子据民国二十年钤印钞本标点，1998 年。

64. 民国《征集菖蒲桶沿边志》，载陈瑞金主编《怒江旧志》，怒江州旧志整理班子据民国手稿本标点，1998 年。

65. 民国《宁属调查报告》，载福贡县政协文史编辑室、民族宗教委员会合编：《福贡文史资料选辑》第六辑《傈僳族专辑》，1995 年。

66. 云南省编辑委员会编：《傈僳族社会历史调查》，云南人民出版社 1981 年。

67. 《傈僳族简史》编写组：《傈僳族简史》修订本编写组《傈僳族简史》，民族出版社 2008 年。

68. 云南省编辑委员会编：《纳西族社会历史调查》（二），云南民族出版社 1986 年。

69. 福贡县政协文史编辑室、民族宗教委员会合编：《福贡文史资料选辑》第六辑《傈僳族专辑》，1995 年。

70. 腾冲县志编纂委员会编纂：《腾冲县志》，中华书局 1995 年。

71. 德宏州史志编委会办公室编：《德宏史志资料》第十一集，德宏民族出版社 1988 年。

72. ［明·正德］木公原辑，梁之杰等增订：《木氏宦谱》，张永康、彭晓主编，云南美术出版社 2001 年影印本。

73. 方国瑜主编：《云南史料丛刊》卷 8、11、12、13，云南大学出版社 2001 年。

74. 王恒杰：《恒乍绷〈供单〉笺注》，云南民族大学编：《民族学报》第 4 辑，民族出版社 2006 年

75. 王恒杰：《清朝官员有关弄更扒起义奏折的点注》，载政协怒江州文史资料研究委员会编《怒江文史资料选辑》第 14 辑，1990 年。

76. ［清］王定柱撰：《滇语备忘录》，载徐丽华主编《中国少数民族古籍集成》第 87 册，四川民族出版社 2002 年影印本。

77. 白庚胜、郭大烈主编《纳西学资料丛编》，周汝诚、许鸿宝、王恒杰编纂，郭大烈整理：《纳西族史料编年》，云南民族出版社 2011 年。